CHUKOU KATEER JINGZHENGFA
GUIZHI YANJIU

# 出口卡特尔竞争法
# 规制研究

刘廷涛——著

 中国政法大学出版社

2023·北京

**图书在版编目（ＣＩＰ）数据**

出口卡特尔竞争法规制研究/刘廷涛著. —北京：中国政法大学出版社，2023.8

　ISBN 978-7-5764-1095-2

　Ⅰ.①出… Ⅱ.①刘… Ⅲ.①反托拉斯法－研究－中国 Ⅳ.①D922.290.4

中国国家版本馆 CIP 数据核字(2023)第 174332 号

-------------------------------------------------------------------------------------------

出 版 者　　中国政法大学出版社

地　　址　　北京市海淀区西土城路 25 号

邮寄地址　　北京 100088 信箱 8034 分箱　邮编 100088

网　　址　　http://www.cuplpress.com (网络实名：中国政法大学出版社)

电　　话　　010-58908586(编辑部) 58908334(邮购部)

编辑邮箱　　zhengfadch@126.com

承　　印　　固安华明印业有限公司

开　　本　　880mm×1230mm　1/32

印　　张　　7.75

字　　数　　210 千字

版　　次　　2023 年 8 月第 1 版

印　　次　　2023 年 8 月第 1 次印刷

定　　价　　49.00 元

　　第一章主要分析美欧法域竞争法单边规制出口卡特尔的现状，由此揭示现行规制的冲突性。在具体分析冲突之前，首先确定本书分析的出口卡特尔的含义，并划分相应类型，从而划定所探讨的出口卡特尔的范围。卡特尔组织与行为具有古老的历史，其法律价值判断跌宕起伏，时褒时贬。现今大多国家均认为其是违反市场竞争的行为，原则上法律给予否定评价，例外给予豁免。被法律所否定的卡特尔根据内容可以被分为价格固定卡特尔、数量限制卡特尔和市场划分卡特尔，被经济合作与发展组织（OECD）明确认定为核心卡特尔，因此具有明显的限制竞争效果，应被法律所禁止。具有涉外因素的出口卡特尔也可以被划分为多种类型，本书研究的类型仅限于与核心卡特尔相对应的价格固定出口卡特尔、数量限制出口卡特尔和市场划分出口卡特尔。之所以划定本书适用的出口卡特尔范围，目的是有利于分析出口卡特尔对市场竞争的影响，正确适用竞争法规则。当前，学界在阐述出口卡特尔的影响时一般是泛泛而谈，将所有类型的出口卡特尔对竞争的影响混在一起，无法得出较为确定的结论。本书将研究范围限于上述三种出口卡特尔，可以将其与核心卡特尔和国际卡特尔加以对比，比较容易使人接受出口卡特尔应当受到禁止的结论。

　　接着以美国与欧盟的竞争法为例，分析各法域如何豁免本法域的出口卡特尔，如何管辖域外的出口卡特尔。基于出口卡特尔所具有的涉外因素，法律对于出口卡特尔的价值判断与国内卡特尔大不相同。法律豁免其域内组成的出口卡特尔的反垄断法责任，却对域外组成并对其国内市场具有影响的出口卡特尔追究竞争法责任。同一出口卡特尔，进、出口国竞争法给予的法律待遇不同，即不同的法律价值判断，实有冲突之含义。不同法域的竞争法对于本法域内的出口卡特尔的豁免条件及形式不同，对域外出口卡特尔的管辖条件也不同，即使是在本法域内，不同的权力机关对于上述内容的理解也不一样，在引致法律冲突的同时使法律更具不确定性。在豁免条件上，美国强调的是对域内市场的影响程度，无直接的、实质的和可预见的市场竞争损害，即可豁免反垄断法律责任。欧盟在注重出口卡特尔对域内市场影响的同时，还关心生产者效率的获得及消费者福利的分享，以及限制竞争行为的必要性。两法域豁免条件的不同反映出了其追求的价值不同，前者以消费者福利为导向，后者则含有多重目标，包括对共同市场的追求。在对域外出口卡特尔的管辖方面，美欧竞争法适用的规则大相径庭。美国一贯主张并适用效果原则，而欧盟则坚持由属地原则演化出的同一经济体和履行地规则。虽然其在并购领域也适用效果原则，但这与本书的联系不密切。上述区别系由两法域所主张的国际法原则与理念不同所致，美国坚持国际法属地原则的例外——效果原则，欧盟则坚持国际法基本原则——属地原则。细致考究，两法域均以不容忍域外出口卡特尔对本法域市场的影响为前提，从本法域的经济效果考虑均给予法律否定价值判断，只是选择适用的规则不同，目的一致。二者仅关心本法域的市场竞争利益，对于本法域之外的受害人利益则漠不关心。

第二章将分析第一章所阐述之冲突的原因，分析路径为经济学与法学之间的关系，从而阐述此种冲突存在的不合理性，主要原因是法学与经济学对话的背离。经济学对于市场竞争行为的经济效果评价无市场划分，将竞争行为所影响的市场统一整体作为分析基础，从而得出一个完整的经济效果结论。各法域竞争法仅以本国市场为起点，将经济行为所影响的整体市场进行分裂，仅考虑本法域所在市场相关者的利益，对与本法域无关的相关利益不予考虑，故而各法域竞争法对出口卡特尔的法律价值判断不同。法学与经济学对话的背离主要体现为：出口国竞争法在对出口卡特尔的经济效果进行价值判断时，将进口国消费者福利的损害分离出去，仅对其域内生产者利润给予肯定性法律判断，从而豁免其域内出口卡特尔之反垄断责任。各法域之所以如此规定，乃是因为竞争法系属国内法，仅考虑其本国市场经济的利益或损失。此原因说明了各法域尽管在域外管辖方面实施了相关自我约束，但"理性人"的域内利益追求无法使自我约束得到良好的公平运用，无法根除现有冲突。对原因的分析证明了将出口卡特尔管辖权赋予出口方较为合宜，使其在考虑全球福利的情况下禁止出口卡特尔。然，任何出口方均不会单方规制自己域内的出口卡特尔，只有奉行对等原则才能使此方法得以有效实行。对等原则的实现要依靠国际条约的缔结，否则将无相应的法律约束力促使此方法得到现实运用，由此也揭示了无法依靠竞争法单边规制解决现有的冲突。目前，国内外学者在论述出口卡特尔的经济效果影响时，没有以确定的出口卡特尔类型为基础，其会得出不同的甚至是矛盾的结论也属正常，因为其将那些本是附属限制竞争但本质上是提高效率的合作也视为出口卡特尔。本章将在分析竞争法单边规制出口卡特尔不合理性之前，先澄清相关学者对于出口卡特尔三种不同经济效果的论述，以此作为本章经济分析的基础。

　　第三章论述在竞争法单边规制的豁免与管辖并存状态下，进口方所在法域例外承认出口方所在法域所豁免出口卡特尔反垄断责任的域外效力，其有限情形是外国主权强制，对域外效力的承认缓和了由竞争法域外适用引起的冲突。但外国主权强制应具备相应的前提条件，其实质条件为出口卡特尔的限制竞争行为系基于出口国的强制，由此，出口卡特尔得以对进口方发起外国主权强制抗辩。外国主权强制的构成理论包括强制的实质要件、强制的形式要件、强制的地域条件、强制的法律效果，并涉及强制构成的理论基础。强制的实质要件是指现实中是否存在强制，其以违反相应的规定是否会面临相应的惩罚为认定条件，此种惩罚包括经济受损、刑事责任承担等多种情形。强制的形式要件是指强制的存在是否必须以法律形式为要件，有些强制可以非法律法规形式存在。强制的地域要件是指此种强制是否必须发生在出口方所在法域。强制的法律效果是指构成外国主权强制后是否必然引发豁免反垄断责任。不同法域的外国主权强制的构成要件并不相同，由此造成了适用该理论的困惑性和不确定性，进而使得出口卡特尔难以提起外国主权强制抗辩。实质上，外国主权强制已经使私人行为变成了国家行为，使得外国主权强制理论的适用存在局限性，因为主权强制存在的情形相对较少，大多数出口方法域竞争法豁免私人出口卡特尔均不符合强制的实质构成要件，不存在惩罚之后果，均属出口卡特尔的私人自愿行为，无法适用外国主权强制理论。故该理论虽可以解决一些由域外限制竞争行为引发的冲突，但无法根除冲突。由此说明，无论从出口方享有域外效力的出口卡特尔豁免角度，还是从进口方享有受到自我约束的管辖权角度，竞争法单边规制出口卡特尔均具有局限性，这为出口卡特尔的国际法规制打下了基础。

第四章阐述以全球竞争法规制出口卡特尔的理论可行性及实践困难。面对无法靠竞争法自身约束机制规制出口卡特尔冲突之现实，解决问题的根本途径为消除冲突产生的原因，将被分割的市场恢复至统一体，对竞争行为的法律价值判断建立在完整市场的经济效果基础上。各法域虽然可以改革其法律规定，但鉴于利益自我放弃没有对等原则的保证，此改革方案在实践中往往得不到良好实施，不可寄予厚望，以国际市场统一为基础的国际法可为佳选。通过国际法解决问题应尽力选择现行的国际法机制，在无法利用现行机制时再行探讨缔结新国际法的可能性。现行倡导世界贸易自由化的世界贸易组织（WTO）固然可以被作为争端解决机制，但限于 WTO 的目的是防止国家壁垒阻碍贸易自由化，而出口卡特尔的本质仅在于掠夺垄断利润，并非意在阻碍竞争者进入市场，此与 WTO 的目的不符，因此无法在 WTO 现行框架内加以规制。与 WTO 的目的不符这一点可以从 WTO 所规定的国民待遇原则、数量限制原则、非违约之诉规则无法或难以被适用于出口卡特尔体现出来。另行制定全球竞争法虽具有理论可行性，但各个国家（地区）对于出口卡特尔如何规制观点分歧较大，发展中国家要求发达国家取消对出口卡特尔的豁免。与此相对，发达国家之间的观点并不一致，尤其是美国坚持出口卡特尔豁免。此种广泛的观点分歧无法在短期内解决，实现竞争法全球化缺乏现实可行性。

第五章提出了本书主张的以区域竞争法规制出口卡特尔方案，认为现行区域一体化条约可被作为解决冲突的途径。由于不可能单独就竞争法缔结条约，竞争法通常被与贸易统一规定在一个条约之中，本书为保证名称的逻辑性，称之为区域竞争法。在具体说明我国缔结区域竞争法的内容之前，先对缔结区域条约的理论与实践可行性进行分析，为现行区域一体化条约提供可选择的途径。区域一体化不仅实行贸易自由化，防止贸易壁垒被私人限制竞争行为所代替，还追求市场的统一化，从而区别于 WTO。统一化的市场禁止所有限制竞争行为，包括出口卡特尔，进而可以在区域条约中对出口卡特尔加以规制。通过区域一体化规制出口卡特尔可以使出口市场与进口市场统一为整体市场，恢复法学与经济学的对话，由法学对经济行为的整体经济效果作出完整的法律价值判断。实践中，除欧盟之外，还存在南美共同市场等区域性组织。该条约规定了统一竞争规范，禁止包括出口卡特尔在内的限制竞争行为。

运用产业组织学分析我国的产业竞争力，目前我国产品在全球市场中增加值不高，传统的成本比较优势已渐渐失去竞争力，只能以技术革新带来的产品差异比较优势来提高竞争地位。为提高国际竞争力，我国必须实行产业结构升级和产品优化。结合我国市场经济的地位，利用开放带来的外部竞争和正在兴盛的区域条约，我国可以同具有产业国际竞争力的个别国家缔结一体化条约，使那些无法通过内部市场改革并无碍国家安全及社会稳定的产业得到升级。依此类推，在适当时机可以较为全面地实行区域一体化，从而整体提高我国的产业竞争力，实现我国的市场结构改革任务。此一体化条约要求规制出口卡特尔的竞争法得到严格实施，可以有效避免由单边规制引发的冲突。缔结双边条约时，出口卡特尔在划分类型的前提下，对达成一致意见的出口卡特尔统一适用禁止规则，并将相应的管辖权赋予出口国家，未达成一致的其他限制竞争行为按效果原则由进口国家管辖。

# 目录 Contents

## 一、研究意义

出口卡特尔虽然具有限制竞争效果，但其跨越国界的涉外性及国家（地区）竞争法的内部属性使得竞争法对其规范有别于国内卡特尔。不同之处主要体现为，现有的大部分国家（地区）作为出口国（地区）对本法域的出口卡特尔实行反垄断豁免，而进口国竞争法却因出口卡特尔对本法域市场具有不利影响，对其实行管辖并追究其竞争法责任，此单边法律规定及域外适用的司法实践引发了诸多冲突。如何解决由单边域外适用竞争法引起的问题实具有重要意义，其不仅表现在理论方面，也具有实践意义，因为许多国家（地区）都存在针对出口卡特尔的反垄断诉讼，我国也不例外。近年来，我国出口企业因出口卡特尔被美国私人提起反垄断诉讼，此类案件均系由出口卡特尔的单边域外适用所引致，故其实践意义不言而喻。

目前，国内学者对出口卡特尔的研究较少，没有专门研究出口卡特尔竞争法规制的专著，只有少数专著如王健和朱宏文合著的《反垄断法实施问题研究》设有专章分析，虽然也主张以全球福利作为规制出口卡特尔的标准，但没有详细分析出口卡特尔现行冲突的经济原因，也没有提出从国际法视角规范出口卡特尔的观点。在硕、博士论文中，从中国知网未查到以出口卡特尔为论题的博士论文，仅有 3 篇硕士论文：2010 年吉林大学王涛涛的《论出口卡特尔的国际规制》，2009 年暨南大学祝茹的《中国出口卡特尔反垄断豁免制度研究》，2008 年华东政法大学林洁西的《反垄断法下的出口卡特尔制度》。上述硕士论文没有运用经济学理论分析出口卡特尔的不合理性，没有分析国内属性的竞争法人为分裂了经济行为效果，没有分析出口卡特尔的本质特征是掠夺性而非排斥性。出口卡特尔的本质特征与世界贸易组织（WTO）的主要目的不符，恰与一体化的条约目的相符，由区域一体化条约规制出口卡特尔，既符合经济学理论，也符合一体化条约目的。前述研究缺乏对此种解决方法的论述。在区域一体化条约的世界潮流下，前述论文没有从产业经济学角度提出我国应缔结包含竞争法内容的相关区域一体化条约，以规制包括出口卡特尔在内的限制竞争行为，利用具有国际竞争力的外国产业逐次改造我国产业，实现产业结构升级、产品优化目的。

鉴于上述研究现状及出口卡特尔的理论实践意义，本书研究出口卡特尔的竞争法规制显得极为重要。另外，由于本书主张通过区域竞争法规制出口卡特尔，因此正与当今区域条约一体化热潮相吻合。在我国已将市场经济置于根本性地位并主张产业结构升级和产品优化的前提下，竞争问题显得尤为重要。出口卡特尔作为限制竞争行为，常与国家贸易政策相联系，如何处理二者的关系也现实地摆在了我们面前，进而增加了本书的研究意义。

## 二、文献综述

第一章，关于出口卡特尔的含义，经济合作与发展组织（OECD）对此有相应的解释，但其将投标操纵价格独立于价格固定单独列出，似有重复之义。因为后者包括前者，前者是后者具体应用的体现。因此，对出口卡特尔的含义可以进行进一步限缩。在出口卡特尔的类型划分问题上，国内外学者均将其分为纯粹国家出口卡特尔与混合国家出口卡特尔，并以此与国际卡特尔相区别。[1]但国内外学者在论述出口卡特尔的经济效果时并未进行类型限定，导致对出口卡特尔经济影响的结论不一致，因为纯粹国家出口卡特尔对国内市场没有影响，仅对国外市场有影响，而混合国家出口卡特尔对国内市场的影响不确定，故很有必要在论述出口卡特尔规制时划分其类型。

　　针对域内出口卡特尔豁免规定问题，我国学者对美国竞争法的豁免研究仅限于豁免方式和豁免程序，没有详细研究豁免实体条件，少数学者对此有简单列举。[2]美国学者对《韦布-波默林法》（Webb-Pomerene）的豁免条件分析得较为详细，分别阐明了该法的立法目的、各个条件含义及与相关条款的联系。[3]我国学者对于欧盟[4]竞争法的豁免研究仅限于《欧盟运行条约》第 101 条第 3 项所列举的 4 个豁免条件，并没有结合其规定的实体限制竞争条件加以分析。欧盟学者对《欧盟运行条约》第 101 条第 3 项的分析较为详细，主要是结合竞争限制条款一并分析。[5]针对域外出口卡特尔管辖问题，我国已有很多学者对美国的效果原则进行了较为详细的分析，但并未对《对外贸易

---

〔1〕　国内学者可见余菲："论建立和完善我国出口卡特尔反垄断豁免审查制度"，载《法学杂志》2008 年第 4 期；国外学者可见 Margaret C. Levenstein and Valerie Y. Suslow, "The Changing International Status of Export Cartel Exemptions", Am. U. Int'l Rev. , Vol. 20, 2005.

〔2〕　王健、朱宏文：《反垄断法实施问题研究》，法律出版社 2013 年版，第 256 页。

〔3〕　Donald Zarin, "The Export Trading Company Act: Reducing Antitrust Uncertainty in Export Trade", Geo. Wash. J. Int'l L. & Econ. , Vol. 17, 1982.

〔4〕　基于行文方便考虑，本书将欧盟及其前身欧洲经济共同体统称 "欧盟"。

〔5〕　Angela Ortega González, "Restrictions by Object and the Appreciability Test: the Expedia Case, A Surprising Judgment or a Simple Clarification?", *European Competition Law Review*, Vol. 34, 2013.

反垄断促进法》（FTAIA）规定的三个管辖条件进行详细分析，仅有少数学者对此有较为简单的列举。国内学者对欧盟域外出口卡特尔的管辖问题论述得较为详细，鉴于欧盟案例相对有限，国外研究资料也并不十分丰富，国内学者在现有资料基础上对欧盟语境下之履行地含义缺乏详细的分析。

　　第二章，关于出口卡特尔单边规制冲突产生的原因，我国学者多从竞争法是国内法的角度认为国内法仅保护本国利益，无保护其他国家利益的义务，即从出口国生产者利益保护角度分析，除此之外并没有特别分析之处。国外学者以出口卡特尔对进口国和出口国的影响分别论述，并且具体分析此种影响的体现。对出口国的不利影响体现为造成出口国产品价格升高、形成出口国内的卡特尔；[1]对进口国的不利影响是剥夺进口国的消费者利益。对出口国的有利影响除了出口国生产者获得垄断利润外，有学者认为还包括出口卡特尔可以联合推销产品，进入新的市场，取得规模经济，从而积极参与世界经济，[2]这种积极作用被称作促进作用（enabling role）；[3]对进口国的有利影响是可以打破进口国的垄断结构，使消费者获得收益，出口卡特尔成立后可以协调各公司的行为，可以行使对抗力量以反对国外买方卡特尔等，从而克服进入市场的困难。[4]但上述分析并没有给定的出口卡特尔类型，换言之，其将那些赤裸裸

---

〔1〕 Ulrch Immenga, "Export Cartels and Voluntary Export Restraints Between Trade and Competition Policy", *Pacific Rim Law and Policy Journal*, 1995, pp. 125~126.

〔2〕 Simon J. Evenett, "International Cartel Enforcement: Lessons from the 1990s", *The World Economy*, 2001, p. 1233.

〔3〕 Marek Martyniszyn, "Export Cartels: Is It Legal to Target Your Neighbor? Analysis in Light of Recent Case Law", *Journal of International Economic Law*, 2012, p. 5.

〔4〕 James D. Whitney, "The Causes and Consequences of Webb-Pomerene Associations: A Reappraisal", *Antitrust Bulletin*, Vol. 38, 1993, p. 398.

的核心出口卡特尔与附属限制性的出口卡特尔混淆在一起，导致结论难以达到统一程度，而且也没有综合评估有利与不利影响，故而无法得出出口卡特尔是否合理的结论。如巴塔查尔杰（Bhattacharjea）认为，出口卡特尔是否违法不能一概而论，要在个案中逐案分析。分析要素包括：卡特尔是否是新成员、卡特尔主张的效率抗辩因素、市场结构和进入的难度等。[1]学者迪克（Dick）认为，出口卡特尔应被分为两种类型：一是能够促进效率的出口卡特尔；二是能够促进垄断的出口卡特尔，能够促进垄断的卡特尔具有很大的世界市场份额并且在面对相对无组织的购买者时，垄断假设比较明显。[2]但其并未从内容上对能够促进垄断的出口卡特尔实行类型化处理。更为重要的是，其也没有从福利学与法学对话的视角分析现行竞争法出口卡特尔规定的不合理性，因为经济行为的经济效果评价是建立在效果统一基础上的，而现行国内竞争法对出口卡特尔经济效果的价值判断却是对统一经济结果的割裂，会造成法律判断的偏颇。

第三章，关于竞争法单边规制出口卡特尔的局限性，国内外学者均有不同程度的研究。在出口卡特尔法律价值判断相互冲突的情况下，如何通过竞争法单边规制出口卡特尔？对此，我国有学者仍坚持出口国对出口卡特尔的豁免，但应采取明示方式。[3]此种观点的核心是树立全球福利观，即考虑外国市场

[1]　Aditya Bhattacharjea, "Export Cartels-a Developing Country Perspective, Working Paper No. 120", *Center for Development Economics*, p. 25.

[2]　Andrew R. Dick, "Are Export Cartels Efficiency-Enhancing or Monopoly-Promoting, Evidence from the Webb-Pomerene Experience", *Research in Law and Economics*, pp. 92~93.

[3]　王健、朱宏文：《反垄断法实施问题研究》，法律出版社 2013 年版，第 258~259 页。

及消费者利益。国外学者布伦丹·斯威尼（Brendan Sweeney）认为，应由出口国家根据效果原则对出口卡特尔的合法性进行评估，此处的效果应包括所有受到影响的外国市场。换言之，由出口国家对出口卡特尔行使管辖权，此种观点十分新颖，也比较符合经济学观点，是将经济学与法学的割裂恢复至对话状态。但这种管辖权以特定的核心出口卡特尔为适用范围，对能提高生产效率、节约成本的出口卡特尔则不适用。[1]我国学者在研究出口卡特尔时，并没有对出口卡特尔进行类型划分，其所坚持的豁免本无可厚非，但在将此种豁免方式适用于那些具有明显危害性的出口卡特尔或核心出口卡特尔时会存在不确定性，因为其给予的与竞争无关的豁免积极条件与全球福利竞争理念不符，也无法根除豁免与管辖之间的冲突。布兰登·斯威尼的理论立基于全球福利观点，并以出口卡特尔类型划分为基点，值得借鉴。但是，该学者提出的出口国不履行此义务时可将案件提交到 WTO 解决的前提不具有可行性，因为目前出口卡特尔无法在 WTO 框架下通过争端解决方式得到规制，而是必须重新达成新的协议，此难度可想而知。另外，出口国单方面管辖存在很大难度，其建议方案以缔结国际协定为基础，因此这并非通过竞争法单边解决冲突的方法。另外，国外学者弗洛里安·贝克尔（Florian Becker）提出，为何国家大多在关注由受到影响的进口国行使管辖权，而没有讨论由发生限制行为的国家管辖并规制？[2]在竞争法单边规制的情况下，未分析是否存在出口国豁免具有域外效力，从而行使限制行为域外管辖权的

---

〔1〕 Brendan Sweeney, "Export Cartels: Is There a Need for Global Rules?", *Journal of International Economic Law*, Vol. 10, 2007, p. 113.

〔2〕 Florian Becker, "The Case of Export Cartel Exemptions: Between Competition and Protectionism", *Journal of Competition Law & Economics*, Vol. 3, p. 118.

情形。出口卡特尔豁免具有域外效力的情形是，赋予由私人所为但由出口国强制的出口卡特尔外国主权强制抗辩权，这样可以在单边适用竞争法的情况下消除部分豁免与管辖之间的冲突。对此，未见国内学者详细分析，国外学者则对外国主权强制有详细论述，[1]但其论述并非立基于通过竞争法的单边适用解决豁免与管辖之间的冲突，这是其分析的不足。外国主权强制抗辩也存在局限性，其国家强制的存在认定和构成要件具有不确定性，且此种情形极为有限，实质上仅限于将私人行为变为国家行为，本质上已不是私人的出口卡特尔的情形。除此之外的私人出口卡特尔的竞争法管辖与豁免之间的冲突仍无法解决。

第四章，关于能否在全球范围内形成国际竞争法，国内外学者亦达成了共识。虽然全球国际竞争法的形成具有必要性，但这在短期内不可能实现。[2]当然，也有学者反对全球竞争法能够形成的观点，如斯宾塞·韦伯·沃勒（Spencer Weber Waller）论述了全球竞争法形成的政治、经济、社会价值条件，认为其在全球范围内无法达成，只能以区域协定或双边条约方式解决竞争法问题。[3]

就通过 WTO 规制出口卡特尔是否具有可行性问题，目前没有看到国内学者的研究。国内学者对 WTO 与竞争政策的分析，

---

[1] Jane Lee, "Vitamin 'C' is for Compulsion: Delimiting the Foreign Sovereign Compulsion Defense", *Virginia Journal of International Law*, 2010, p.101.

[2] 如国内学者刘宁元在其专著《反垄断法域外管辖冲突及其国际协调机制研究》（北京大学出版社 2013 年版，第 212 页）中对此作出了专门陈述。国外学者如安德鲁·古兹曼（Andrew T. Guzman）比较详细地分析了全球竞争法的条件，"Is International Antitrust Possible?", N. Y. U. L. Rev., Vol. 73, 1998；埃莉诺·福克斯（Eleanor M. Fox）主张在 WTO 中解决竞争法问题，See "Competition Law and the Millennium Round", J. Int'l Econ. L., Vol. 2, 1999, pp. 670~72.

[3] Spencer Weber Waller, "The Internationalization of Antitrust Enforcement", B. U. L. Rev., Vol. 77, 1997, p 136.

仅以 WTO 专家组在"日本富士胶卷案"中的观点为例说明通过 WTO 解决竞争政策问题的可能性。[1]国外学者不仅有专门针对出口卡特尔是否可以在 WTO 得到规制的论述,还有针对 WTO 是否可解决竞争政策问题的论述。前者如布兰登·斯威尼在其论文中认为可通过达成协议的方式在 WTO 框架下解决出口卡特尔问题,[2]但是此种达成协议的可能性微乎其微,不具有现实性。学者弗洛里安·贝克尔认为,在 WTO 框架下规制出口卡特不具现实性,其分别从国民待遇原则和非违约之诉视角加以论证,[3]但却没有从出口卡特尔的本质特征是否与 WTO 解决纠纷目的相吻合的角度加以分析,因为出口卡特尔的本质是剥夺国外消费者利益,而并非阻止进口国生产者进入市场,因此出口卡特尔的本质特征与 WTO 的目的严重不符,不可在 WTO 框架下规制。另外,也没有分析数量限制出口卡特尔问题是否可在 WTO 框架下得到解决,此问题具有可探讨空间。此外,各个主权国家对于形成全球竞争法的观点分歧较大。

第五章,关于以区域竞争法规制出口卡特尔,国内学者未对此加以分析,少数学者只是介绍了区域协定的竞争法条款,未分析区域条约缔结的目的理论,如刘宁元教授比较详细地介绍了南北美洲、非洲和亚洲的几个区域条约,[4]国外有学者论述了在区域内或双边达成竞争协定的理论合理性,并以区域竞

---

〔1〕 王先林:《WTO 竞争政策与中国反垄断立法》,北京大学出版社 2005 年版,第 78 页。

〔2〕 Spencer Weber Waller, "Export Cartels: Is There a Need for Global Rules?", *Journal of International Economic Law*, Vol. 10, 2007, p. 98.

〔3〕 Florian Becker, "The Case of Export Cartel Exemptions: Between Competition and Protectionism", *Journal of Competition Law & Economics*, Vol. 3, p. 112.

〔4〕 刘宁元:《反垄断法域外管辖冲突及其国际协调机制研究》,北京大学出版社 2013 年版,第 230 页。

争法规制出口卡特尔为佳策,[1]但该学者对通过区域竞争法规制出口卡特尔的理论性只是从竞争法本身的特性及政治社会价值观方面加以分析,没有针对出口卡特尔本身是否适合在双边或区域内规制加以论述。换言之,没有将出口卡特尔的本质特征与区域协定的目的结合起来。关于区域协定的缔结目的,联合国相关文件已有相关阐述,即区域一体化协定的目标有两个:市场一体化与排除市场进入障碍。正是市场一体化目的使区域一体化有别于 WTO,[2]此目的恰恰适合规制出口卡特尔,因为共同市场排除一切限制竞争行为,为规制出口卡特尔留下了空间。对此,国外学者没有相关论述。在通过区域条约规制出口卡特尔的实践分析方面,由于任何一个协定都不可能单独规制出口卡特尔,因此对于将其列为竞争法的内容,国内学者的研究较少。刘宁元教授在其专著中有专门分析。国外学者对此研究较多,[3]但大都缺乏相应的案例加以支撑。沿着竞争法区域化规制的思路,我国学者大多没有提出相应的方案,仅有少数学者认为应选择多种模式,[4]但没有以我国产业竞争力的实情为基础。结合产业经济学分析我国产业竞争力的现状以缔结适当的条约,综合前面所述的解决方案及缺陷,可为我国探索的方式。

---

〔1〕 Spencer Weber Waller, "The Internationalization of Antitrust Enforcement", B. U. L. Rev. , Vol. 77, 1997, p. 128.

〔2〕 Philippe Brusick, Ana María Alvarez and Lucian Cernat, "Competition Provisions in Regional Trade Agreements: How to Assure Development Gains?", *United Nations Conference on Trade and Development*, United Nations, New York and Geneva, 2005.

〔3〕 See Pedro de Abreu e Lima Florencio, What Kind of Interaction between Anti-dumping and Competition Policies is Desirable within Mercosur, Dissertation submitted in partial fulfillment of the requirements for the Master of Laws degree in International Economic Law at the University of Warwick.

〔4〕 于馨淼:《我国反垄断法国际合作的模式选择》,法律出版社 2012 年版,第 265 页。

### 三、研究思路与方法

本书首先对出口卡特尔的定义、范围和特征进行了适当界定，以免造成由内涵不清导致的混乱，以此作为本书的写作基础。之后以比较方法，较为详细地分析欧美竞争法关于出口卡特尔的规定，总结目前单边规制出口卡特尔引发的冲突，其体现为国家（地区）竞争法对本法域出口卡特尔的豁免，对本法域外的出口卡特尔进行管辖。即对同一出口卡特尔，进出口国（地区）竞争法赋予不同的法律价值判断。

随后，运用经济学方法揭示竞争法单边规制引发冲突的原因，说明出口卡特尔导致价格升高，造成消费者损害及无谓损失，出口卡特尔限制竞争的本质与市场经济原理相悖，各国竞争法基于其自身国内法属性对无疆域划分的经济行为进行了人为分割，从而使各国竞争法不能全面、正确地评价出口卡特尔的法律属性，形成了经济学与法学对话的割裂。

在经济与法律原因分析之后，本书指出当前各法域的竞争法正运用外国主权强制豁免的抗辩，以尽力避免冲突的产生。本书对外国主权强制抗辩的构成要件进行了历史梳理和比较分析，详细论述了其构成要件，阐述其无法根除单边域外适用冲突之缺陷。

在此基础上，本书以目的解释论为基础，对出口卡特尔的本质特性同国际条约和区域条约的实现目的进行比较分析，认为出口卡特尔的主要本质特征是掠夺性，不宜于在 WTO 框架内加以规制，因为 WTO 自由化的主要目的是去除国家之间的贸易壁垒，规范具有排斥性的限制竞争的国家行为，此与出口卡特尔固有特征不同。但是，出口卡特尔的本质特性与一体化性的区域协定具有一致性，因为一体化条约追求共同市场，要求成员国家（地区）之间的市场连结程度恰如一国之内的市场那样紧密，没有政治疆界区分，符合经济学的无疆域划分特征。因此，可以在一体化的区域性条约中规制出口卡特尔。

最后，本书以产业经济学分析的结论为基础，并以实证方法分析中国产业的实际情况，以此说明中国应以竞争促进产业结构升级，实现产品优化，不应以出口卡特尔豁免作为保护贸易的方法。重要的是，去除出口卡特尔豁免有利于我国已经签署的自由贸易协定，并有利于亚太自由贸易区协定的签订。本书尝试提出，先选择个别发达国家与我国签订一体化条约，待条约涉及的相关产业结构升级改造完成后，再与其他具有国际竞争力且符合我国需要的产业强国签订一体化条约，依此类推。时机适当时，可以签订全面一体化条约。

# 竞争法单边规制出口卡特尔产生的冲突

　　本章分析的冲突是指国家（地区）制定的竞争法对在本法域内组成的出口卡特尔实行豁免或不追究反垄断责任，对在本法域外组成并对本法域市场有影响的出口卡特尔实行管辖，从而使出口方所在国家（地区）竞争法对其域内的出口卡特尔持肯定性法律态度，而进口方所在国家（地区）竞争法对此出口卡特尔持否定性法律态度。针对同一出口卡特尔，不同国家（地区）竞争法给予的法律待遇不同，显示出了国家（地区）竞争法对于出口卡特尔的法律歧视，会造成国家（地区）适用竞争法的冲突。本章仅以美国与欧盟两个经济发达国家（地区）的竞争法规定为基础，分析竞争法单边适用时所遇到的具体冲突。在分析冲突之前，先阐明出口卡特尔的含义及类型，以此作为本书分析的基础，以免因对出口卡特尔的含义理解不同而引发不必要的混淆。

## 第一节　出口卡特尔的含义及类型

### 一、出口卡特尔的含义

　　在谈到出口卡特尔之前，首先应了解卡特尔，因为出口卡特尔仅是卡特尔的一类，不理解卡特尔自然无法准确分析出口卡特尔。卡特尔的存在历史悠久，但据学者考查，其含义与竞争法无关。英语中的卡特尔最早出现于 16 世纪，来自古意大利语。当时，这个词有两个含义：一是决斗前一方向另一方所下的战书；二是交战双方为交换俘虏而订立的书面协议。上述第一种含义现在已完全失去了意义。但在国际法中，卡特尔仍被解释为战争期间交战方之间就它们一致许可的行为达成的协议，特别是交换俘虏的协议。在德国，有学者认为，在 19 世纪 80 年代，卡特尔用来描述政治上相互对立的派别所建立的政治联盟。[1]但也有学者认为："19 世纪 70 年代的危机让许多企业倒闭，持续不断的价格和利润压力使这种危险尤为真切。这使得许多企业为维持价格而乐于合作。于是，卡特尔在 19 世纪 80 年代左右迅速增长，其兴旺程度尤以德国和奥地利最为突出。到了 19 世纪 90 年代，卡特尔在欧洲大陆的许多地方已被视为经济生活中的'自然'现象。"[2]由此看来，最初竞争法领域卡特尔的本质就是同行生产者之间的协议，因为"它们的共同目的是消除或管制卡特尔成员之间的竞争行为"。[3]卡特尔等同于我国《反垄断法》所称谓的横向垄断协议，不包括纵向垄断协议。由此理解，出口卡特尔的本质也应是竞争者之间达成的消除竞争的协议，其特殊性仅表现在具有涉外性上。此种涉外性必然表现为卡特尔产品输至成员市场之外，否则其与国内卡特尔便无本质区别，因为产品仅在同一法域内流动的卡特尔无法被称为出口卡特尔。

由于"具有涉外因素的竞争关系是指构成竞争关系的主体、

---

[1] 王晓晔：《反垄断法》，法律出版社 2011 年版，第 98 页。

[2] ［美］戴维·J. 格伯尔：《二十世纪欧洲的法律与竞争》，冯克利、魏志梅译，冯克利、冯兴元统校，中国社会科学出版社 2004 年版，第 30 页。

[3] ［美］戴维·J. 格伯尔：《二十世纪欧洲的法律与竞争》，冯克利、魏志梅译，冯克利、冯兴元统校，中国社会科学出版社 2004 年版，第 30 页。

客体和有关事实与外国相关的竞争关系",[1]因此其涉外性的表现也可能呈现出多样性，为了更好地理解出口卡特尔的含义，本书根据涉外性因素的多种可能性，将与出口卡特尔类似的国际卡特尔进行区别。从主体组成来讲，国际卡特尔系由位于不同国家的出口商组成的卡特尔，出口卡特尔是指由一国的出口商组成的卡特尔。有学者对此持有不同观点，弗洛里安·贝克尔认为，出口卡特尔可以由单一国家生产者组成，也可以是由多个国家的生产商组成并将产品出口到非组成成员市场的国际卡特尔。[2]显然，若仅从出口卡特尔的主体是否来自同一个国家视角来分析，我们将难以分清出口卡特尔与国际卡特尔的区别。由于多国组成的出口卡特尔可能不存在国家竞争法的豁免问题，如美国司法判例仅豁免由美国国内出口公司组成协会的反垄断责任，对参与到国际卡特尔的出口商不豁免反垄断责任，[3]为规避不同观点之间的冲突，本书的讨论仅限于来自一个国家的出口卡特尔，即美国学者斯宾塞·弗伯·沃勒所称之单一国家出口卡特尔。[4]从客体来讲，出口卡特尔是将出口商所在国的产品输至进口国，此点与国际卡特尔并无区别，但二者的本质区别是国际卡特尔不仅会影响进口国市场还会影响出口国市场。而出口卡特尔则并不影响其本国市场，即使是由多国组成的出口卡特尔，出口产品也不会被输至卡特尔成员所在法域，

---

〔1〕 刘宁元、司平平、林燕萍:《国际反垄断法》(第2版)，上海人民出版社2009年版，第42页。

〔2〕 Florian Becker, "The Case of Export Cartel Exemptions: Between Competition and Protection", *Journal of Competition Law and Economics*, Vol. 3, 2007, p. 101.

〔3〕 U. S v. United States Alkali Export Assoc. 325 US 196 (1945).

〔4〕 Spencer Weber Waller, "An International Antitrust Challenge: The Ambivalence of United States Antitrust Policy Towards Single- Country Export Cartels", NW. J. INT'l & BUS. , Vol. 10, 1989, p. 99.

此为国际卡特尔与出口卡特尔之本质区别。有关事实是指输出产品在进口国消费，此消费可指由进口国终端消费者直接消费，也可指由进口国中间商间接消费。换言之，出口国输出的产品并非仅途经进口国而未被消费，其最终必须由进口国消费。此为出口卡特尔之核心，也为国际卡特尔所共享，因为没有进口国的消费，出口卡特尔和国际卡特尔的目的便无法实现，正是消费使得出口卡特尔得以维持。显然，国际卡特尔与出口卡特尔的本质区别体现在卡特尔的主体及是否对出口国市场竞争产生影响方面。针对主体而言，主要涉及出口卡特尔成员是否来自一个国家，国际出口卡特尔的成员来自多个国家，而出口卡特尔仅由一个国家的出口商组成。在出口国市场竞争影响方面，国际卡特尔对成员的市场竞争具有不利影响，而出口卡特尔对其成员的市场竞争没有影响，或影响甚小，或其不利影响可被其他竞争法所允许的效益取得所抵消。通过对二者含义的对比分析，我们可以更好地理解竞争法对出口卡特尔的价值判断，分析其与国际卡特尔是否应享有同样的法律待遇，因为各国（地区）竞争法对国际卡特尔几乎一致给予否定性评价。

综上所述，卡特尔的定义为"具有竞争关系的经营者之间达成的垄断协议"，结合出口卡特尔所具有的涉外性因素，我们似乎可将出口卡特尔定义为：由同一个国家的两个或两个以上出口商就出口产品价格固定、数量限制或市场划分内容形成的合同、其他一致行动或其他协议，并在非成员方的进口方市场进行直接消费或间接消费。与 OECD 对出口卡特尔的解释——"出口卡特尔是公司之间收取某特定的出口价格或/和划分出口市场的协议或安排"——相比，[1]本书对出口卡特尔的解释，

---

〔1〕 Glossary of Industrial Organisation Economics and Competition Law, by Organisation for Economic Co-operation and Development.

仅在卡特尔内容上多了一个数量限制，因为数量限制是核心卡特尔的限制种类之一，对此下文将有解释。

## 二、出口卡特尔的类型

了解了出口卡特尔的含义后，自然涉及出口卡特尔的类型确定，这有助于进一步理解出口卡特尔的含义。由于划分标准不同，划分结果也就不同。以内容为标准来划分，由于出口卡特尔内容分别表现在价格、数量和市场等方面，因此出口卡特尔应被相应划分为价格固定出口卡特尔、数量限制出口卡特尔、市场划分出口卡特尔和联合抵制出口卡特尔等；以出口卡特尔是否对国内市场有影响可以划分为纯粹国家出口卡特尔和混合国家出口卡特尔，前者是对国内没有影响的出口卡特尔，后者是对国内市场有影响的出口卡特尔。之所以区分类型，其原因之一就是不同类型的出口卡特尔适用的规则不同，法律给予的价值判断也不同。以协议内容划分为例，对于就科学技术研发达成的协议，由于其经济效益远超过其限制所带来的损失，因此被大部分国家所豁免，不适用违法规则，而价格固定出口卡特尔则为大多数国家所禁止，适用违法规则。再以是否对出口国市场具有影响为例，如对出口国国内市场有重大影响，此出口卡特尔将为大多数国家所禁止，而对出口国国内市场没有影响或影响轻微的卡特尔则为大多数国家所豁免。鉴于不同类型出口卡特尔的法律待遇不同，本书不得不划分出口卡特尔类型，以确定研究范围。

本书所指的出口卡特尔从内容上讲仅指价格固定出口卡特尔、数量限制出口卡特尔和市场划分出口卡特尔，之所以如此确定出口卡特尔内容，是因为其与 OCED 对核心卡特尔的界定相一致，即"核心卡特尔是由竞争者之间就固定价格、操纵竞标（合谋投标）、确定产量限制或份额或配额，或者通过分配消费者、供应者、市场领域或商业界限所达成的反竞争协议或反竞争一致行动或反竞争安排"。[1]核心卡特尔已被 OECD 明确列为打击对象，因为其"最明显违反竞争法，通过提高价格和限制供应来伤害许多国家的消费者，从而使其供应的产品和服务完全不适于部分消费者，对其他消费者而言也是不必要的昂贵"。[2]虽然 OECD 对核心卡特尔的解释包括了联合投标，但笔者认为，联合投标的本质就是将价格固定在招投标领域，二者仅属形式差别，无本质不同。除此之外的卡特尔均不在本书的讨论之列。

　　由于纵向垄断协议中包括价格固定的限制竞争行为，其价格固定包括最低价格的固定与最高价格的固定，二者具有不同的市场经济效果及不同的适用规则，因此就其划分是否对横向垄断协议即卡特尔同样适用，有必要加以分析。最高价格固定的纵向限制竞争协议由于价格固定而对消费者有利，各个国家对此一般不予禁止，规制的主要对象是最低价格固定的限制竞争行为，其适用的规则并不是本身违法规则，而是合理规则。那么，横向的价格固定卡特尔是否也存在类似划分？如果根据卡特尔目的理解，此种划分实无必要。卡特尔成立的目的主要是限制卡特尔成员之间的竞争，从而避免竞争风险，带来垄断利润。如果卡特尔成员约定最高价格内容，其约定将与卡特尔的成立目的相违背。唯横向垄断协议即卡特尔可以与最低价格内

---

〔1〕 Recommendation of the Council Concerning Effective Action Against Hard Core Cartels, adopted by the Council at its 921st Session on 25 March 1998〔C/M（98）7 PROV〕.

〔2〕 Recommendation of the Council Concerning Effective Action Against Hard Core Cartels, adopted by the Council at its 921st Session on 25 March 1998〔C/M（98）7 PROV〕.

容相互兼容，但为了便于卡特尔的执行，其价格多为固定不变。

从是否对出口国的国内市场产生影响来看，本书所指的出口卡特尔不包括那些对出口国国内市场具有重大影响的出口卡特尔，因为其多为出口国的竞争法所规制，对其加以研究并无太多实际意义。本书也不仅限于研究那些对出口国国内市场没有影响的出口卡特尔，毕竟此种纯粹国家出口卡特尔在现实中实属罕见，或存在比例极少，将研究范围仅限于此种出口卡特尔，同样会降低本书的研究意义。至于如何判断出口卡特尔对出口国国内市场的影响，出于写作方便考虑，本书不予过深讨论，对此仅理解为对出口国国内市场具有轻微的并非实质性的影响，或者其影响可以为出口国所容忍。

## 第二节　竞争法豁免域内出口卡特尔

美国对于出口卡特尔豁免的规定主要有 1918 年的《韦布-波默林法》（Webb-Pomerene），1982 年的《出口贸易公司法》（Export Trading Company Act，ETCA）。另外，1982 年的《对外贸易反垄断促进法》（Foreign Trade Antitrust Improvement Act，FTAIA）规定的内容主要涉及美国出口贸易限制竞争的管辖问题，由于规定的管辖条件与竞争豁免相关（如果美国法律对于具有限制竞争效果的出口卡特尔不予管辖，从某种意义上讲就是对于出口卡特尔的豁免），因此本书认为有必要一同分析此成文法的管辖条件。鉴于《韦布-波默林法》在现实中意义并不是很大，因此本书没有单独分析，而是在分析 ETCA 时，将该法的必要部分与 ETCA 进行比较分析。

### 一、美国竞争法豁免本法域的出口卡特尔

1982 年 10 月 1 日美国国会通过《出口贸易公司法》（Export

Trading Company Act，ETCA），本法由4个条文构成：第1条确定了一些定义；第2条规定了银行法修正，允许银行参与出口公司经营，参与方式既可以是取得所有权也可以是控制方式；第3条涉及美国商务部对出口公司反垄断豁免的认证条件与程序；第4条涉及美国出口反垄断豁免的条件及司法管辖，也就是后来的FTAIA。与出口卡特尔豁免有关的规定是第3条与第4条，二者虽均规定了出口卡特尔豁免，但这两条规定存在明显不同，前者是关于美国行政部门豁免的规定，后者是关于司法部门豁免的规定，且与FTAIA紧密相关。鉴于此，本节仅阐述第3条规定，将第4条放诸后面的管辖内容分析。第3条规定了一个认证程序，由商务部和司法部联合行使相关权力，其所颁发的证书豁免了特定的出口贸易活动和经营方式的反垄断责任。商务部和司法部的主要任务是预先筛选违反反垄断法的出口安排，其筛选的条件有4项，只要出口商能够证实其行为不符合此4项条件，其行为便会被反垄断法所允许。在具体分析相应的实体条款之前，有必要先行分析此法的立法目的。理解了法律的目的，也就自然容易理解法律条文。另外，由于本书仅分析豁免实体条件，因此对于程序要件的认证程序也将不予分析。

（一）ETCA的立法目的

ETCA这部法律的制定存在特殊的历史背景，即当时美国的出口贸易在全球的份额已由20世纪60年代的25%下降到80年代的20%，其全球最大生产用品出口国的地位已被德国取代，且日本也紧随美国之后，日本1981年占全球出口份额的14.5%，大有赶超美国之势。同时，美国也因此出现了严重的经济赤字。为了防止这种趋势继续发展，美国认为应当扩大出口并提高出口市场竞争力，为此应成立贸易中间商，为出口商提供全面服务。为鼓励贸易公司的成立，国会认为应当去除两个障碍，银行投资限制和美国反垄断法对联合出口活动适用的不确定性，而这正是制定 ETCA 的原因。

ETCA 与本书相关的内容是反垄断法对出口贸易活动的规定。有必要提及的是，在 ETCA 制定之前，美国于 1918 年已存在一部关于出口贸易的《韦布–波默林法》。由于这部法律存在一定的缺陷，如其适用范围仅限于货物，服务出口无法享受应有的反垄断法豁免，即使是货物的反垄断豁免规定也存在很大的局限性。因此，改革《韦布–波默林法》的 ETCA 也就呼之欲出。基于此，ETCA 的制定目的之一是澄清美国反垄断法对于出口贸易的豁免适用，进一步提高美国中小企业的出口意识及动力，进一步解决美国贸易赤字，增加就业。因而，反垄断法的正确适用是实现前述目的的根本方法，ETCA 的适用也因此十分重要。

（二）ETCA 豁免反垄断责任的条件

ETCA 所规定的反垄断责任是以发布豁免证书为前提的，豁免证书的条件主要基于商务部对出口商申请豁免认证的规定，只要出口商能证实其行为符合下列规定即可豁免其反垄断责任：①既没有严重减少美国境内竞争或限制美国境内贸易，也没有严重限制申请人的任何竞争者从事出口贸易。②没有不合理提高、固定或压制申请人出口的同类货物、商品或服务在美国境内的价格。③没有构成不正当竞争，从而不利于从事与申请出口同类货物、商品，或服务的竞争者。④没有排除在美国境内为消费而销售或转售申请人出口的货物、商品或服务的任何行为的合理期待。[1] 上述条件主要是围绕出口商对美国境内竞争市场或竞争者的影响程度来确定其行为是否能够被豁免反垄断

---

〔1〕 英文规定为：result in neither a substantial lessening of competition or restraint of trade within the United States nor a substantial restraint of the export trade of any competitor of the applicant.

责任，这意味着 ETCA 第 3 条允许豁免的垄断行为对国内竞争造成一定程度的损害，只是对损害程度的要求因情形不同而不同。4 个条款所保护的利益存在区别：第 1 款针对国内竞争市场和竞争者；第 2 款针对对国内市场价格影响；第 3 款针对对国内竞争者出口的影响；第 4 款针对再转售对国内市场的影响。就国内市场而言，其被豁免的竞争损害不能达到严重程度，否则便不能通过认证。就竞争者而言，第 3 款规定了不正当竞争方式损害出口竞争者的责任，第 1 款以反垄断法保护了出口竞争者，均以出口商的利益为核心。但是，这两款存在文义区别：第 1 款是以保护竞争者出口市场的利益方式保护竞争者，而第 3 款规定仅保护出口与申请同类产品的竞争者，对具体是国内市场利益还是国外市场利益并未言明。换言之，如果申请者的行为影响了其出口竞争者的国内利益便也应受到反垄断法责任追究。由于资料限制，笔者没有查到相应的案例加以佐证，以上只是本书的理解。

既然 ETCA 允许出口商以垄断行为损害国内市场，这便说明这种豁免是利益衡量的结果，其实质是对出口贸易利益与国内市场竞争利益加以衡量，此种利益衡量分别体现在 4 个条款之中。鉴于第三个条件是不正当竞争的内容，本书不予分析。

1. 对贸易或竞争的严重限制

贸易限制是追究反垄断法责任的必要条件，已为《谢尔曼法》第 1 条所规定。[1] 由于《谢尔曼法》并没有对贸易限制程度进行解释，这使得《谢尔曼法》的适用有过于泛滥之嫌，由于任何合同或结合均可构成程度不一的限制，因此必须对其适

--------

〔1〕《谢尔曼法》第 1 条的相关部分英文为：Every contract, combination in the form of trust or otherwise, or conspiracy, in restraint of trade or commerce among the several States, or with foreign nations, is declared to be illegal.

用范围加以限制，法院在"标准石油案"中对贸易限制程度进行了解释，即这种贸易限制必须是不合理的。[1]故《谢尔曼法》规定的限制是"不合理的限制"，但是 ETCA 规定的限制是"严重限制"，二者的用词不同。从文义理解，似乎 ETCA 要求的限制程度要高一些，即构成豁免的条件要相对低一些，但是，笔者认为，"不合理限制"不是从限制结果的严重与否来评判的，而是针对限制的方式是否合理而言的。

此种文义理解似乎难以成立。主要理由是，国会意图使用合理规则来分析限制的重要性，即以"Minnesota Mining 案"作为决定是否严重的标准，[2]而法院在"Minnesota Mining 案"中的观点是出口卡特尔适用合理规则，并非本身违法规则。[3]合理规则的内容在"Chicago Board of Trade 案"中得到了精当的描述，[4]以合理规则判断限制是否合法的标准是：是促进竞争还是破坏竞争？如何衡量？法院主要考虑的是限制行为的促进竞争与反竞争两个效果之间的衡量。[5]此合理规则在国内环境下适用不成问题，但在国际环境下却存在困惑，因为出口贸易活

---

[1] Standard Oil of New Jersey v. United States, 221 U. S. 1, 60 (1911).

[2] Donald Zarin, "The Export Trading Company Act: Reducing Antitrust Uncertainty in Export Trade", Geo. Wash. J. Int'l L. & Econ., Vol. 17, 1982, p. 340.

[3] 法院对此陈述的相关内容为：Now it may well be that every successful export company does inevitably affect adversely the foreign commerce of those not in the joint enterprise and does bring the members of the enterprise so closely together as to affect adversely the members' competition in domestic commerce. Thus, every export company may be a restraint. But if there are only these inevitable consequences an export association is not an unlawful restraint. The Webb-Pomerene Act is an expression of Congressional will that such a restraint shall be permitted. See United States v. Minnesota Mining & Mfg. Co., 92 F. Supp. 947, at 965 (1950).

[4] Chicago Board of Trade v. United States, 246 U. S. 231, 238 (1918).

[5] National Soc'y of Professional Eng'rs v. United States, 435 U. S. 679, 692 (1979).

动不存在与反竞争效果相抵销的促进竞争效果。由此，似乎所有出口贸易活动皆会因为其固有的限制竞争结果而违法，此结论显然难以令人接受。"Minnesota Mining 案"解决了此种困惑：虽然出口贸易没有促进竞争活动，但只要其没有对国内市场或国内出口竞争者造成严重影响，其行为就应被认定为合法，[1]哪怕其存在的不利效果。这也是联合出口企业不可避免的后果，因为诸如固定海外价格、建立贸易协会作为每个成员对外销售的唯一渠道、向每个成员分配额度及价格以使其向协会供应产品等是联合企业的正常特征。[2]

由此可以看出，ETCA 规定的"严重限制"本质上仍属于合理限制，只是出口贸易的目标是国外市场，其不同于国内贸易之处是不存在有利于国内市场消费者的情形，无法实现促进竞争与抑制竞争之平衡，只存在是否有利于国内市场竞争一面。故其平衡有异于国内贸易，其主要衡量出口贸易对国内市场的不利影响是否系固有属性，如果超出此种限制即为违法，出口贸易只要"没有特殊情形揭示其存在不公平或压抑之本质"[3]，其就是被允许的行为。换言之，裁判者会对出口贸易实际的限制竞争效果与拟制的出口贸易本应有的限制效果进行比较，从而得出出口行为是否合法的结论。

2. 不合理提高、稳定和压制价格

对这一条款的理解可以分为两部分：一是价格变化的原因；二是价格变化的合理性。前者从条款的文义解释来看，主要规定申请人出口同种类产品及服务对美国国内价格的不合理影响，且此种影响是由该产品的供应量变化引起的，此几无争议。重

---

[1] Tampma Elec. Co. v. Nashville Coal Co., 365 U. S. 320, 327~329 (1961).

[2] United States v. Minnesota Mining & Mfg. Co., 92 F. Supp. 947, 965 (1950).

[3] United States v. Minnesota Mining & Mfg. Co., 92 F. Supp. 947, 965 (1950).

要的是对不合理概念的理解，其是否意味着对价格的影响程度越大就越存在不合理的可能性？细究该条款的历史，答案是否定的。该条款来源于《韦布-波默林法》。在该法的制定过程中，国会讨论了出口贸易协会人为造成美国国内市场产品短缺的可能性，以及海外价格较高的吸引力会影响美国国内市场的供应并进而影响出售价格。在该法最终通过时，国会对外国销量的增加对美国国内市场价格的影响不予担心，认为贸易协会假装为出口在美国购买产品而实际上在美国国内市场利用过剩的库存进行掠夺性定价的行为不应得到豁免。[1]由此可以看出，国会担心的并非国内产品价格的提高，而是价格提高的方式，如果价格的提高系由出口量增加所致，其行为便是合理的。如果并非通过正常出口经营而是通过人为操纵，那就是不合理的。显然，此处的合理与否是以价格增长的方式作为分析对象的，而不是以美国国内价格升高作为评判标准。这里存在的问题是，如果正常出口导致美国国内价格升幅巨大，该如何处理？是否仍属合理？对此未见答案，此问题仍值得深思。

3. 在美国转售或为消费出售条件

此条排除了一切对能够合理预见的为消费而出售或在美国市场内转售行为的认证。此条规定也同样来源于《韦布-波默林法》。国会担心出口贸易协会以该法作为掩饰在美国市场内从事反竞争贸易活动。[2]因此，国会明确表示，在美国境内的上述任何活动均不符合《韦布-波默林法》的豁免条件。[3]显然，在

---

〔1〕 Donald Zarin, "The Export Trading Company Act: Reducing Antitrust Uncertainty in Export Trade", Geo. Wash. J. Int'l L. & Econ., Vol. 17, 1982, p. 344.

〔2〕 S. Rep. No 9, 65th Cong., 1st Sess. 2 (1917).

〔3〕 Promotion of Export Trade: Hearing on H. R. 17350. Before the Senate Comm. On Interstate Commerce, 64th Cong., 2d Sess. 82-83 (1917).

美国市场内从事反竞争活动与《韦布-波默林法》豁免出口贸易之目的相违背，并由此无法享受该法所规定的豁免。但是，ETCA 并没有将《韦布-波默林法》的规定全部照抄过来，而是作了一些相应的改变，将原先的"表面假装出口而实际在美国出售"的用词改为了"实际出口但随后再次进入美国"。其改变的原因不得而知，立法史无任何说明。

　　从文义解释来看，似乎任何出口产品重返美国国内销售均会导致对此规定的违反，但是如此不加分析地划一理解将会有碍于美国内场竞争。例如，有些在美国生产并出口的产品在国外经过外国生产商的进一步加工制造在美国国内具有一定的竞争力，如果禁止此种产品被进口到美国，将会阻碍美国的市场竞争，不利于美国消费者利益。可见，此种结论有违美国反垄断法的目的与精神。当然，此种情形仅限于出口产品与再进口的产品并非同一情形。如果出口产品与进口产品系同一产品又该如何理解？是否应一概否定而不予认证？笔者认为，对此问题的理解应与"合理预见"相联系。只要行为人利用 ETCA 或者《韦布-波默林法》掩饰自身的反竞争行为，"合理预见"便存在。此处合理预见的存在是基于行为人主观故意及客观表现来判断的，因为其出口的本质目的是从事反竞争行为。当然，只有出口价格低于国内市场价格才有可能发生重新进口，这种情形发生的可能性极小，似乎只有在倾销中才可能出现此种情形。

　　（三）ETCA 规定了豁免证书的法律效果

　　向出口商颁发审查许可证的主要目的是豁免符合条件的出口商的反垄断责任。这里的符合条件是针对那些被明确记载在认证书上的行为，未被此证书所包含的行为不能享受反垄断豁免。此问题较为明显，也没有争议。美国追究反垄断责任的方式有私人诉讼以及公权力所提起的民事诉讼。此处的豁免是否均适用于公权力和私权利两种方式？非也。其豁免的责任主要是政府追究的刑事责任和民事责任，因垄断行为而受害的私人仍有权利请求反垄断损害赔偿，只是赔偿责任由三倍赔偿降为实际损害赔偿。为什么政府追究责任豁免不能导致私人追究责任豁免？笔者以为，此与私人反垄断诉讼的三倍赔偿功能相关。美国反垄断法之所以规定私人有权获得三倍反垄断损害赔偿，是以私人诉讼来履行国家权力，借助私人利益自我保护的积极性弥补公权力的不足。基于 ETCA 的规定，作为公权力机关的贸易部和司法部已经豁免了符合条件的出口行为的反垄断责任，无理由再次追究公法的责任。因为贸易部作出豁免决定系行政行为，根据行政法的信赖原理，只要行政机关的行为给予私人信赖，其行为即应受法律约束。因此，行政行为的信赖原理支撑了此立法规定理由，否则便有违公平原理，贸易部的决定否定了三倍赔偿的存在理由。当然，此处的豁免也存在限制条件，仅限于豁免书所确认的具体行为以及证书有效期间。前者关于效力所涉及的行为应无歧义，至于证书有效期间该法则并无明确规定，此可为该法之遗憾。

　　既然公权力起诉反垄断责任已经豁免，为什么私人仍然可以追究？笔者认为，答案与行政行为的效力范围有关。ETCA 第 3 条仅规定贸易部与司法部赋予出口商行为反垄断责任豁免，其行为属于行政行为，行政行为的效力仅涉及行为的相对人，即申请豁免的出口人。如果因行政行为会对第三人造成损害而赋予相对人救济权，则此救济权不仅涉及行政诉讼也包括民事诉讼。从第三人角度来讲，行政行为不能损害其利益。因此，行政豁免无法免除出口人对于第三人的损害赔偿责任，私人反垄断损害诉讼仍存在适用余地，这也是法律赋予行政行为第三人的权利救济方式。那么，私人针对豁免证书所载明的行为所提起的反垄断诉讼是否有限制条件？该法规定，只有在贸易部与司法部错误颁布证书的情况下才可以请求私人诉讼。有学者也认为，受到损害的一方可以起诉要求赔偿实际损失的理由是，行为不符合立法标准。[1]换言之，起诉以违反法律规定为前提条件。此结论似乎与前述分析的豁免结论相悖，但稍加思考即可得知，前述分析仅限于行政行为的一般效力，如果法律对其效力进行修正，应遵从修正规定，此修正可基于国家利益和社会利益等方面的需要，此处的限制条件正是基于如此考虑才设置。如果豁免证书发布无错误，即使对私人造成损害，其损害相较于国家社会利益也居于次要地位。那么，如果私人利益受到严重损害也无救济之可能？其实，允许行政行为造成第三人损害必须有法律的明确规定，且损害程度也必须受到限制，并非可以无原则地剥夺第三人利益，否则公民财产权将无法得到法治社会的保障，有悖法治原理。ETCA 第 3 条也体现出了这种原理，该条规定的豁免证书发放条件考虑到了利益的平衡，第 1款规定了严重损害竞争者利益，第 2 款规定了不合理条件，第 3款规定了不正当竞争方式，第 4 款规定了不合理方式，这些规定均是利益衡量的体现。国会公布的法律已经允许个人利益受到损害，符合法律的但又造成第三人损害的行为自然无法得到救济。换言之，只有法律明确规定可以他人利益损害为代价从事的行为才可以免受他人的赔偿追究，至于法律规定是否合理则属于立法层面的问题，司法只能依此法适用。基于 ETCA 的规定，只有商务部没有按照法律规定条件执行造成的损害才属于法律救济情形，否则私人无提起私人反垄断赔偿诉讼之可能。

---

〔1〕 Florian Becker, "The Case of Export Cartel Exemptions: Between Competition and Protectionism", *Journal of Competition Law and Economics*, Vol. 3, 2007, p. 102.

对于就认证书上的行为追究反垄断责任的时效，ETCA 也提出了较之前不同的限制条件。根据美国反垄断法，追究反垄断责任的诉讼时效是 4 年。如果受害人所遭受的损失是由垄断行为持续发生造成的，则损害的发生即使超过 4 年，也可以不受此限制。[1]然而，ETCA 的规定进一步限制了私人诉讼的时效，当事人必须在知道行为人不符合规定之日起 2 年内提起诉讼，但无论如何不能迟于诉因发生之日后的 4 年。可见，ETCA 对私人反垄断诉讼的时效限制较为明显，不仅一般情形下的诉讼时效被从 4 年改为 2 年，更重要的是这里似乎规定了类似中国法律的 4 年除斥期间。除斥期间的存在使垄断行为的持续性导致诉讼时效的计算起点延长无适用余地。换言之，如果受害人自持证人从事的垄断行为发生之日起超过 4 年仍没有提起诉讼，其就不得再提起反垄断诉讼。笔者认为，ETCA 为了加强对持证人的保护，为了使更多的人利用 ETCA 从事出口活动，增强国外市场竞争力，已将原反垄断法规定的诉讼时效制度改为了除斥期间，这一改变虽然不利于对受害人的损害救济，但是为增强出口公司提交证书审查、充分利用法律的确定性创设了积极条件。

由于符合 ETCA 第 3 条条件的出口行为被认定为合法，私人反垄断诉讼的举证责任也将有利于持证人。既然符合该条款的行为被推定为合法，欲推翻此种推定的责任也就将由原告承担，这加重了受害人的举证负担，因为在一般反垄断诉讼案件中被告行为没有被推定为合法，二者在举证责任上存在明显的不同。

---

〔1〕 Zenith Radio Corp. v. Hazeltine, 401 U. S. 321（1971）; Imperial Paint Colonnades Condominium v. Mungurian, 549 F. 2d 1029, cert denied by 434 U. S. 1018（1972）.

## 二、欧盟竞争法豁免本法域的出口卡特尔

《欧盟运行条约》没有明文规定出口卡特尔豁免，但是根据其禁止欧盟市场及贸易限制竞争行为的规定，其无意管辖对欧盟市场没有限制效果的限制竞争行为。依据为：一是竞争法是公权力对市场的干预，也就是对私人自由的干预，竞争法的适用应依照公法原理，法无明文规定者不得为。二是依据竞争法原理，对本区域无经济不利影响的竞争行为不属于限制竞争行为，也就无干预必要。鉴于此，理解了欧盟域内卡特尔适用规则及豁免规定，也就明确了出口卡特尔的豁免规定。对此，有学者也认为，欧盟委员会[1]与欧盟法院认为欧盟竞争法条款原则适用于欧盟之外的出口卡特尔。[2]

欧盟关于卡特尔的法律规定是《欧盟运行条约》第 101 条，其被分为三部分，与本书相关的是第一部分与第三部分。第一部分是关于卡特尔行为的一般禁止性规定，第三部分是禁止性行为的例外豁免规定。总体来说，其法律规定构成框架是原则性禁止规定和例外豁免规定相结合。

（一）欧盟竞争法对出口卡特尔的禁止规定

《欧盟运行条约》第 101 条第 1 项对限制竞争行为构成要件采用了原则性规定和例示性规定相结合的方法，原则性规定协议[3]需要符合两个构成要件：一是可能影响成员间的贸易，本书称为"影响贸易条件"。二是以阻碍、限制或扭曲共同市场竞

---

〔1〕　基于行文方便，本书将欧盟委员会及其前身欧洲经济共同体委员会统称"欧盟委员会"。

〔2〕　Florian Becker, "The Case of Export Cartel Exemptions: Between Competition and Protectionism", *Journal of Competition Law and Economics*, Vol. 3, 2007, p. 105.

〔3〕　此处的协议包括此条规定的企业间协议、企业协会的决议和一致行动，为行文方便，本书如无特别说明，协议均包括以上三种含义。

争为目的或有此效果，本书称为"限制竞争条件"。两种条件必须同时具备方符合竞争违法性要件。实践中，对"限制竞争条件"的争议较大，本书仅限于对此条件进行分析。

限制竞争可被分为两个类型：一是目的限制，即协议当事方具有限制竞争目的。二是效果限制，即协议当事方虽无限制竞争目的，但行为客观上具有限制竞争的效果。两个类型之间的关系是选择关系而非积累关系，此可以从规定中两个类型之间的连接词 or 的语义得知。而且，司法实践也是如此认定：欧盟法院认为"object or effect"之间是"alternative"，而并非"cumulative"的要求。[1]既然仅需具备二者之一便可构成限制竞争，那么是否需要确定二者的适用顺序？哪个类型优先分析？对此，法条无明示规定，但从法院分析的逻辑性来看，目的分析似乎通常是第一步，欧盟法院认为，一旦证实协议目的是限制竞争，《欧盟运行条约》第101条第1项即被违反，没有必要进一步证明协议具有限制竞争效果。其实，该司法实践符合司法经济原则，因为目的限制是实践经验的推论，某些行为通常具有限制竞争目的，所以可以对号入座的办法来检验被考察行为是否符合此范畴，从而得出答案。

1. 目的限制的认定

（1）目的限制的含义：何为目的限制？欧盟法院在早期的"LTM 案"中认为，如果对一个合同条款的分析可以充分揭示出其对竞争有"足够"的危害，目的限制便可成立，[2]本书称之为"充分损害"标准。在近期的"BID 案"中，欧盟法院对于

---

[1] EU Case 56/65, Société La Technique Minière v. Maschinebau Ulm GmbH, 1966 E. C. R. 234, p. 249.

[2] EU Case 56/65, Société La Technique Minière v. Maschinebau Ulm GmbH, 1966 E. C. R. 234, p. 249.

目的限制的解释是在区分目的限制与效果限制差异的情况下进行了说明。欧盟法院认为，当企业之间的合谋"本质"损害竞争功能的正常运行时，此种共谋就是目的限制，[1]本书称为"本质损害"标准。由此可以看出，该案对于目的限制的认定，是以协议本质是否损害竞争为视角的。此认定方式似乎有别于早期的合同条款分析，"充分损害"标准是对协议整个条款及协议运行背景加以综合考虑之后得出的结论，而"本质损害"标准强调的是协议类型，并基于以往经验对其进行判断。近期的另一个案件的审理法院也认为，一个合同是否具有目的限制，是基于合同固有的对竞争消极影响的充分程度来分析的。[2]对此案的分析与前述两个案件相比较，其实质还是"本质损害"标准，因为其强调协议"固有"的限制竞争能力。

　　欧盟委员会对目的限制含义的理解体现在适用《欧洲经济共同体条约》第81条第3项指南中，是指"具有限制竞争可能性的行为"，且"这种限制非常有可能对竞争产生消极影响，因而不必证明其对市场产生了实际影响，即可适用《欧洲经济共同体条约》第81条（现《欧洲运行条约》第101条第1项——笔者注）"。此理解的背后理论依据是："这一假定的基础是该限制的严重性质，且实践表明，以限制竞争为目的很可能会对市场产生消极影响，并危及共同体竞争规则的目标实现。"[3]欧盟委员会对目的限制的理解也遵循了"本质损害"标准。[4]有

---

〔1〕　EU Case C-209/07, Competition Authority v. Beef Industry Development Society Ltd, 2008 E. C. R. I-8637, p. 17.

〔2〕　EU Case C-8/08, T-Mobile Nethelands, 2009 E. C. R. I-4529, p. 31.

〔3〕　欧盟委员会发布的《关于适用条约第81条（3）指南的委员会通告》第21段。

〔4〕　Bruno Lebrun, Thibault Balthazar, "Definition of Restrictions of Competition by Object: Anything New Since 1966?", UGGC, 2011.

必要提及的是，最近欧盟法院在"Expedia 案"中提到："一旦协议将阻止、限制和扭曲竞争作为目的，就没有必要考虑该协议的具体效果。"[1]对此有学者如此评述："尽管本身目的这个术语没有再次出现，但是法院似乎支持本身目的限制的思维，而不是考虑进行或要求深入的分析。"[2]从上述欧盟法院判例的发展轨迹来看，欧盟法院对于目的限制的理解越来越倾向于限制竞争的本质类型化，而不是刚开始所追求的对协议加以详细分析的路径。此种含义理解与目的限制的证明方法相联系。

（2）目的限制的认定方法：如何认定目的限制？欧盟法院审理的一系列案件对此已有阐述，只是其观点在不断变化。首先，早期的"LTM 案"审理法院认为应该各案逐一分析，并无统一标准，要分析协议内容、协议寻求达到的目标、协议形成的经济与法律背景。实践中，一些协议内容已经被揭示出了其固有的限制竞争属性，对这种限制可以简短方式来认定，而不必对复杂内容进行分析。"Montedipe 案"的审理法院认为，违反《欧盟运行条约》第 101 条第 1 项的规定，排除了合理规则的适用，因为在这种情形下，限制竞争行为必须被认为是对竞争规则本身的违反。[3]该院将那些具有限制竞争固有属性的协议认定为本身违法。有必要说明的是，此处的本身违法与美国的本身违法规则有着本质不同，具体不同在下文中分析。"Euro-

---

〔1〕 EU Case C-226/11, Expedia Inc v. Autorité de la concurrence, 2013 4 C. M. L. R. 14. , p. 35.

〔2〕 Caleb Vesey, "Per se Rules in U. S. and EU Antitrust/ Competition Law", http://www. eucomplaw. com/comparing-eu-and-us-competition-law/per-se-rules, 2013-12-28.

〔3〕 EU Case T-14/89, Montedipe ApA v. Commission of the European Communities, 1992 E. C. R. Ⅱ-1155, p. 265.

pean Night Service 案"的审理法院对此也作出了呼应，该院认为，除非协议中含有诸如价格固定、市场分配等明显限制竞争的内容，否则就应对协议进行综合因素分析。[1]由法院在这些案例中的观点变化似乎可以看出，欧盟法院对于目的限制认定已由个案分析向类型划分转变，将那些明显的限制竞争行为归类为目的限制范畴，从而节省司法成本，增加法律确定性，对私人行为具有明确的引导性，以便私人得以比较清晰地判断自己所从事的竞争行为是否违反了竞争法规定，当然也为竞争执法、司法机构确立了法律适用标准。

目的限制的另一种证明方法是"显著检验"标准，其含义是限制竞争必须达到显著程度，此标准在"Völk 案"中得以确立。[2]"显著检验"通常是参考当事人市场地位和限制竞争的严重程度。支撑此检验标准的背后逻辑是：协议当事人在市场中的地位较低，无从谈起对欧盟市场限制的危险性。[3]然而，有学者提出了疑问：显著检验标准是否仍然对目的限制适用？欧盟委员会在其公布的最低标准通知中提出了市场份额门槛，即企业未达到一定市场份额，其行为不具有违法性，但是含有核心限制的协议不适用此种标准。所谓核心限制就是诸如价格限制、市场分割、数量限制等明显具有限制竞争作用的卡特尔行为。因此，欧盟委员会的观点是，具有目的限制的协议无须以显著方式来证明，因为此类协议限制竞争的作用已经很明显

---

〔1〕　EU Case T-374/94, European Night Service Ltd （ENS） v. Commission of the European Communities, 1998 E. C. R. Ⅱ-3141, p. 136.

〔2〕　EU Case 5/69, Völk v. S. P. R. L. Ets J. Vervaecke, 1969 E. C. R. 295, pp. 5~7.

〔3〕　Angela Ortega González, "Restrictions by Object and the Appreciability Test: The Expedia Case, A Surprising Judgment or a Simple Clarification?", *European Competition Law Review*, Vol. 34, 2013, p. 462.

了。这一观点得到了欧盟初审法院的支持。[1]尤其需要注意的是，2012年12月13日欧盟法院在其审理的"Expedia案"中再次确认了协议含有核心限制本身即已经表明其限制竞争目的很明显，没有必要再适用显著检验标准，可以直接推定协议存在侵害竞争的显著性。[2]

2. 效果限制认定

（1）效果限制含义。欧盟对效果限制的理解主要是依据合理规则，其含义是指，当协议不存在目的限制时，要对协议整体进行分析，促进竞争与反竞争因素均须予以考虑，从而最终判定该协议是否具有限制竞争效果。[3]学者对合理规则含义的理解之所以存在分歧，主要是考虑到因素是否包括非经济目标，此分歧引发了欧盟是否存在合理规则的争议。有学者认为，欧盟根本不存在合理规则，因为来源于美国的合理规则是基于纯经济效益的分析，而欧盟对于合理的分析，除了考虑经济效率外，还要考虑其他非经济的社会目标。[4]也有学者认为，欧盟采用了一个区别于美国并具有自己特色的合理规则，此规则允许在社会和政治方面对利益与反竞争进行平衡。[5]针对不同观点，有学者总结认为，欧盟合理规则与美国合理规则虽然有联系，但不能完全等同。但是，合理规则本质上是一个平衡检验，当法

---

〔1〕 EU Case T-44/00, Mannesmannnröhren-Werke AG v. Commission of the European Communities E. C. R. Ⅱ-2223, pp. 129~131.

〔2〕 EU Case C-226/11, "Expedia Inc v. Autorité de la Concurrence", 2013 4 C. M. L. R. 14, p. 37.

〔3〕 EU Case 56/65, "Société La Technique Minière v. Maschinebau Ulm GmbH", 1966 E. C. R. 234, p. 250.

〔4〕 Richard Whish and Brenda Sufrin, "Article 85 and the Rule of Reason", Y. B. Eur. L. , 1987, p. 37.

〔5〕 Craig Callery, "Should the European Union Embrace or Exorcise Leegin's 'Rule of Reason'?", *European Competition Law Review*, Vol. 32, 2011, p. 47.

院考虑并平衡促进竞争与限制竞争因素时，法院就是在进行合理规则分析。[1]不仅学者对合理规则存在与否存有争议，欧盟法院与初审法院之间也同样存在争论。初审法院在"Metropole Television v. Commission 案"中对合理规则的存在表示怀疑，其依据主要是欧盟法院在"Montecatini SpA v. Commission 案""even if the rule of reason did have a place in the context of Article〔101（1）〕of the Treaty"中的"even"一词。[2]假设初审法院对此怀疑尚存依据，那么在欧盟法院审理"Wouters 案"之后，初审法院在"Van den Bergh Foods 案"[3]和"O2（Germany）GmbH & Co. OHG 案"[4]中继续拒绝认可合理规则存在，的确十分令人费解。因为欧盟法院坚持认为：为了将《欧盟运行条约》第101条第1项适用于某一特殊案件，应该对协会决定的整体环境进行考虑，如果能够促进并有利于公共政策则可以不违反《欧盟运行条约》第101条第1项。[5]无论如何，欧盟法院在"Meca-Medina 案"中都再次明确肯定了合理规则的存在，解除了初审法院判带来的疑惑。[6]笔者认为，虽然欧盟运用合理规则所考虑的因素不同于美国，但这并不影响两法域合理规则的功能相同，二者均属博克（Bork）对合理规则的定义总结：

---

〔1〕 Tom C. Hodge, "Compatible or Conflicting: The Promotion of a High Level of Employment and the Consumer Welfare Standard Under Article 101", *William & Mary Business Law Review*, Vol. 3, 2012, p. 125.

〔2〕 EU Case T-112/99, Métropole Télévision（M6）v. Commission, 2001 E. C. R. Ⅱ-2459, p. 72.

〔3〕 EU Case T-65/98, Van den Bergh Foods v. Comm'n, 2003 E. C. R. Ⅱ 4653, p. 106.

〔4〕 EU Case T-328/03, O2（Germany）Gmb H v. Comm'n, 2006 E. C. R.Ⅱ1231, p. 65.

〔5〕 EU Case C-309/99, Wouters v. Algemene Raad van de Nederlandse Orde van Advocaten, 202 E. C. R. Ⅰ-1577, p. 97, 110.

〔6〕 EU Case C-519/04P, Meca-Medina v. Comm'n, 2006 E. C. R. Ⅰ-6991, p. 42.

合理规则仅是一套一般范畴，此范畴的内容由法律的恰当目标理解进行填充。当这种理解发生变化时，范畴的内容就变化了，法律也就相应变化了。[1]

（2）效果限制考量因素。合理规则存在与否的争议解决后，需要明确的是，适用该规则时应考虑哪些因素，也就是要对哪些利益进行平衡。

第一，欧盟委员会在明确肯定《欧盟运行条例》第101条的立法目的是"保护市场中的竞争，使其成为增加消费者福利和保障资源有效配置的手段"的前提下，认为"如果协议并不以限制竞争为目的，则要考察其是否具有限制竞争的效果，实际和潜在的效果都要考虑，且这种消极影响必须是显著的"。对于所考察的因素，相关指南列举了市场力量的获得、维持或加强有可能存在限制竞争的效果，并且通常需要界定相关市场，还需要考察、评价产品的性质、当事人市场地位、竞争者市场地位、买方市场地位、是否存在潜在竞争者、市场进入壁垒水平等。[2]欧盟初审法院强调，在评价一个协议的限制竞争效果时，协议运行的实际竞争情况都要考虑，这里的竞争包括现有的和潜在的，同时还要考虑企业经营的经济情况、协议所包括的产品或服务情况以及相关的市场结构。[3]在"O2（Germany）GmbH & Co. OHG 案"中，初审法院也持相同观点。[4]

---

[1]　R. H. Bork, *The antitrust Paradox: A Policy At War With Itself*, The Free Press, 1987, p. 21.

[2]　欧盟委员会发布的《关于适用条约第81条（3）指南的委员会通告》第13段、第24段、第25段、第26段和第27段。

[3]　EU Case T-374, 375, 384 &3 88/94, European Night Services Ltd（ENS）v. commission, 1998 E. C. R., pp. 136~137.

[4]　EU CaseT-328/03, O2（Germany）GmbH & Co. OHG v. Commission 2006E. C. R. Ⅱ 1231, pp. 71~72.

至于横向限制竞争协议中显著方式的界定，2011 年欧盟委员会的指南认为，合并市场份额对于限制竞争的效果分析很重要，如果双方合计的市场份额较低，就不可能产生《欧盟运行条约》第 101 条第 1 项下的限制竞争效果，也没有必要再分析其他因素。这个较低的合并市场份额因协议类型的不同而不同。对此，可以参考不同类型协议规定的最低安全港门槛和欧盟委员会发布的较不重要协议通知推定。[1]由此，市场份额成了"显著"判断的重要依据。

第二，在协议存在附属限制时，就是否需要进行促进竞争与反竞争平衡存在不同观点。欧盟委员会认为，对于附属限制不需要对促进竞争与反竞争效果进行权衡。[2]欧盟初审法院在"Mtropole Television v. Commission 案"中对此持肯定态度，[3]欧盟法院却加以否定，其在"G¢ttrup－Klim Grovvareforening and Others v. Dansk Landbrugs Grovvareselskab AmbAt 案"[4]和"Wouters v. Algemene Raad van de Nederlandse Order van Advocatten 案"[5]中均认为，就附属限制所产生的限制竞争效果可以与由此带来的促进竞争进行权衡，以决定最终是否限制竞争。

欧盟法院与初审法院的观点之所以存在差异，学者认为起

---

〔1〕 Guidelines on the applicability of Article 101 of the Treaty on the Functioning of the European Union t horizontal co-operation agreements Text with EEA relevance, 2011/C 11/01，第 44 段。

〔2〕 欧盟委员会发布的《关于适用条约第 81 条（3）指南的委员会通告》第 30 段。

〔3〕 EU Case T-112/99, Métropole Télévision（M6）v. Comm'n. , 2001 E. C. R. Ⅱ-2459, p. 107.

〔4〕 EU Case C-250/92, G ¢ ttrup-Klim Grovvareforening and Others v. Dansk Landbrugs Grovvareselskab AmbAt, 1994 E. C. R. Ⅰ-5641, p. 36.

〔5〕 EU Case C-309/99, Wouters v. Algemene Raad van de Nederlandse Order van Advocatten, 2002 E. C. R. Ⅰ-1577, p. 97, 110.

因于欧盟初审法院和欧盟委员会人为地将协议主要交易与个别限制进行了分离，但实际上二者不应分离，而是应当综合平衡。[1]随后，该学者又阐述了基于《欧盟运行条约》第101条第1项进行权衡的困难：一是如果在《欧盟运行条约》第101条第1项中进行促进竞争与限制竞争的权衡，将降低该条第3项的作用，使第3项的作用被限制在目的限制或公共政策范围内。二是同样的问题存在不同的形式和程序。也就是说，在目的限制情形下，对协议正当性的证明在第3项下进行，而对效果限制的证明则将在第1项下进行。三是如果允许第1项进行权衡，那么其与成批豁免体制并不相容，因为成批豁免对于含有核心限制的协议并不适用，同时也会使效果限制方法无立足之地，因为此时促进竞争与限制竞争已进行过权衡，无须再行权衡。[2]

笔者认为，上述学者的观点有片面夸大困难之嫌：针对第一个问题，《欧盟运行条约》第101条第3项考虑的因素毕竟与第1项考虑的因素不同，暂且不论第3项是否包括非经济效益，仅就经济效益来讲，第3项注重的是效率获得，且其范围包括成本效率和经济效益，而第1项所考虑的只能是因地制宜，因案件不同而不同，无法固定不变。即使第3项与第1项需要考虑的经济因素相同，由于第3项要考虑的因素并非仅限于经济效率的获得（还有其他三个条件），因此第3项的存在也仍具有必要性。针对第二个问题，其是由目的限制与效果限制的认定方式不同导致的，目的限制是法律的拟制，拟制的推翻必然需要在抗辩程序中进行，即在第3项中进行，而效果限制则不存

〔1〕 Alison Jones, "Analysis of Agreements under U. S. and EC Antitrust Law-Convergence or Divergence", *Antitrust Bulletin*, Vol. 51, 2006, p. 779.

〔2〕 Alison Jones, "Analysis of Agreements under U. S. and EC Antitrust Law-Convergence or Divergence", *Antitrust Bulletin*, Vol. 51, 2006, pp. 787~788.

在这一拟制，其是根据实际情况在第 1 项中进行分析，并无不当之处，且在效果限制情况下，同样需要在第 3 项中进行分析。需要注意的是，第 3 项的经济分析与第 1 项的经济分析不同。至于第三个问题，在欧盟现有的体制下确实无法克服。

（二）欧盟竞争法对出口卡特尔的豁免规定

前述分析系基于对《欧盟运行条约》第 101 条第 1 项的理解，只有符合该条款规定的条件才能适用第 101 条第 3 项，即第 1 项是第 3 项适用的前提条件。我国有学者将第 1 项定性为管辖条款，因为"它并不是评判案件是非曲直的实体标准，而是用于明确第 81 条的适用范围"。[1]笔者认为，如果从争议的行为能否归入欧盟法禁止的第一层次角度分析，此种定性有一定的合理性。但是，如果就此否认《欧盟运行条约》第 101 条第 1 项是实体标准实则值得商榷。因为第 1 项的规定及分析适用均是以行为的竞争限制存在与否为中心，并以此判断协议合法与否的，这显然属于行为实体条件分析。正如艾莉森·琼斯（Alison Jones）所言："《欧洲经济共同体条约》第 81 条（现为《欧盟运行条约》第 101 条——笔者注）的两分法结构建议对于该条进行了两次实体评价。"[2]

第 3 项是豁免限制竞争协议的概括规定。其规定了 4 个条件：有利于促进产品生产或销售，或者改善产品的经济或技术进步；消费者能公平分享由此产生的利益；此种限制是企业实现这些目标所必需；此种限制未使企业在相关产品的重要部分消除竞争。必须同时符合这 4 个条件，协议才能被豁免。此已为欧盟委员会与欧盟法院通过判例所认同。欧盟委员会针对该

---

〔1〕　许光耀：《欧共体竞争法通论》，武汉大学出版社 2006 年版，第 120 页。

〔2〕　Alison Jones, "Analysis of Agreements under U. S. and EC Antitrust Law—Convergence or Divergence", *Antitrust Bulletin*, Vol. 51, 2006, p. 740.

条款发布了适用指南，进一步阐述了这 4 个条件的具体含义及适用条件，欧盟法院在对豁免的 4 个条件进行分析时所采用的方法与欧盟委员会基本相同。由于不同案件的具体情况不同，适用时分析的过程也不同，本书将以欧盟初审法院审理的"Matra Hachette SA 案"为参考，对这 4 个条件中的相关内容进行分析：

第一个条件，改善产品的生产或销售，或促进技术或经济进步。根据法条文本，这 4 个条件并非需要同时满足，而是满足其一即可。[1]欧盟委员会发布的指南将之称为效率收益，其包括成本效益、质量效率和产品创造价值。[2]在"Matra Hachette SA 案"中，欧盟委员会的分析主要以合营有利于技术进步为由，认定当事方行为符合此条件，而且认为，对于技术进步的含义不应作狭义理解，并进行了扩大解释，认为即使所用的技术本身不是革新的，仅将合营双方各自的技术合在一起也是技术进步。当考察协议对技术进步的贡献时，生产成本减少将构成一个重要的考虑因素。在本案中，双方合营项目所取得的经济效果有可能降低成本。欧盟法院同意欧盟委员会观点，认为产品的技术进步必须被置于欧洲的汽车构造技术发展状态下进行考虑。本案中，合营双方将两个独立存在并分属两个不同模型的技术合到了一个产品中，符合该条所要求的技术进步。

---

[1] 笔者在阅读许光耀先生所著之《欧共体竞争法通论》时，发现该书第 123 页对于技术与经济进步的两个因素是用"和"连接，此意与英文"or"的意思不同，难道 or 另有他意？对此颇有疑虑。无独有偶，许光耀先生主编的《欧共体竞争立法》一书第 284 页倒数第 3 行也显示技术与经济进步之间的连词为"和"，由此更加重了笔者的疑惑。后来阅到该书第 291 页倒数第 5 行时看到二者是用"或"进行连接，才确定是该书作者笔误，非其观点之异。

[2] 欧盟委员会发布的《关于适用条约第 81 条（3）指南的委员会通告》第 45 段。

问题是，非经济效益是否应当被包括在此条中。从文义解释来看，似乎不包括，但在实践中，由于对竞争法在欧盟条约中的地位及作用的理解产生了分歧，围绕竞争的效率目标与其他目标之间的关系问题也存在不同观点，因此该问题尚处于争议中。

第二个条件，消费者公平分享由此产生的利益。欧盟委员会认为，消费者公平享有利益的体现是，消费者可以拥有一辆较之以前功能更多的汽车，并且产品的质量更好、价格合理。法院对此持赞同观点，对异议人所声称的合营方会利用市场力量提高产品价格的主张予以驳回，因为这只是其单方作出的假设。

第三个条件，此种限制是实现目标所必需。欧盟委员会认为，双方不合营便无法进入市场。其以 Monde 汽车为例说明，该产品仅仅通过单方模型的改装无法进入市场，并以现有市场实际情况为基础，进行了多功能汽车最低利润的产量分析，从而得出结论：只有合营才能达到最低利润的规模，而单方生产则无法实现。法院对此必要性也持赞同观点。

第四个条件，此种限制未使企业在相关产品市场的重要部分消除竞争。欧盟委员会认为是否会消灭竞争，不应以合营者的产能来判断，而应以市场份额为基础，即使产能过剩，也不必然对消费者产生不利影响。进而，欧盟委员会分析了合营方的市场份额，认为其不会消灭竞争。法院对此同样持赞同观点。

分歧问题：具有核心限制或目的限制的协议能否得到豁免？如果可以，如何分析或需具备哪些条件？对此，欧盟的不同机构持有不同态度。欧盟委员会在竞争法现代化改革后，在指南中将具有核心限制的协议明确排除在豁免范畴之外。有学者认为，欧盟委员会的竞争法改革是为了回应对《欧盟运行条约》第 101 条第 1 项包括的行为过于宽泛的抱怨，从而较为严格地适用及解释第 1 项，并基于经济学方法将一些行为排除在第 1 项之外，即认为其不具有违法性，但同时也对第 3 款进行了相应的严格解释。而欧盟法院则持相反的观点，在"Glaxo Smith Kline Services Unlimited 案"中，欧盟法院认为任一个含有限制竞争内容的协议，不论此种限制是目的限制还是效果限制原则上均可以获得豁免。在阐明该观点的同时，法院还引用了先例"Consten and Grudndig 案"以及"Matra Hachtte SA 案"，[1]法院在该两案中也同样持肯定豁免的态度，尤其是"Matra Hachtte SA 案"，法院针对"那种本质上具有反竞争效果的协议不能适用第 101 条第 3 项的推理"进行了针锋相对的驳斥。该院认为，欧盟竞争法可适用于目的具有反竞争性或者对市场有反竞争效果的行为，该法并未包含不可适用的推理。相反，法院认为，原则上，不论某一行为对某一市场的反竞争影响有多大，只要其符合《欧盟运行条约》第 101 条第 3 项规定的条件，便可以得到豁免。[2]因此，从现有的案例中可以看出，欧盟法院仍然是倾向于对一切具有竞争影响的协议均适用豁免规定。

笔者赞同欧盟法院的观点，尽管在实践中要满足豁免条款所规定的 4 个条件难度较大，但《欧盟运行条约》第 101 条第 1 项规定的反竞争行为仅具有推定性，且此种推定性完全可以通过当事人提交的充分证据推翻，此推定完全不同于美国的本身

---

〔1〕 EU T-168/01, GlaxoSmithKline Services Unlimited v. Commission, 2006 E. C. R. Ⅱ 2969, p. 233. 法院主要观点的原文如下：Any agreement which restricts competition, whether by its effects or by its object, may in principle benefit from an exemption.

〔2〕 EU T-17/93, Matra Hachette v. Commission, 1994 E. C. R. Ⅱ-595, p. 85. 法院的主要观点原文如下：On the contrary, the Court considers that, in principle, no anti-competitive practice can exist which, whatever the extent of its effects on a given market, cannot be exempted, provided that all the conditions laid down in Article 85（3）of the Treaty are satisfied and the practice in question has been properly notified to the Commission.

违法规则。美国的本身违法规则不可推翻，除非立法明文规定
豁免，或在极个别情形下由法院豁免。这是欧美认定卡特尔的
本质区别之一。如果按照不可推翻的假设理论来实行，则欧美
竞争法关于卡特尔的规定在原则上没有区别，而这一结论是与
欧盟学者的主张及司法实践的确认背道而驰的。另外，《欧盟运
行条约》第 101 条第 3 项主要是认定协议的效率存在与否，以
便给予经过《欧盟运行条约》第 101 条第 1 项认定具有明显违
反竞争作用的协议抗辩机会。如果按照不可推翻的假设理论来
实行，则当事人抗辩机会即被剥夺，有失法律公平与正义。因
此，无论从欧盟竞争法的文义解释来看还是从目的解释来看均
应允许当事人对假设违法行为提出抗辩。

## 第三节　竞争法管辖域外出口卡特尔

　　第二节主要分析的是欧美竞争法豁免本法域内出口卡特尔
的规定，但其并非竞争法单边规制出口卡特尔产生冲突的充要
条件，只是必要条件。其另一必要条件是竞争法对本法域外的
出口卡特尔进行管辖。本节将分析欧美竞争法单边管辖出口卡
特尔的规定。

### 一、美国竞争法管辖域外出口卡特尔的效果原则

　　下文要分析的美国案例法及成文法 FTAIA 涉及对外国出口
卡特尔的管辖。这里有必要事先说明的是，对于 FTAIA 的规定
是司法管辖规定还是诉权的实体规定，司法实践与理论学者尚有
争议。此争议可以 2006 年美国高等法院审理的"Arbaugh 案"[1]

---

〔1〕　Arbaugh v. Y & H Corp., 546 U. S. 500 (2012).

为界线分为两个阶段："Arbaugh 案"前，美国联邦最高法院及地方法院均通过案例法所确认的效果原则及 FTAIA 的规定处理管辖问题，美国联邦最高法院审理的两个案子"Hartford Firre 案"和"Empagran 案"均将 FTAIA 的规定作为管辖权规定，地方法院审理的此类案例则更多。[1]"Arbaugh 案"解释了立法管辖权"明确陈述"标准[2]的确定方法，并将此标准适用于域外管辖案例"Morrison 案"[3]，将 FTAIA 确定为诉权的实体要素。其中涉及"中国五矿案"，审理此案的法院基于 FTAIA 的规定认为法院无管辖权，进而驳回了美国原告的起诉。第三巡回法院认为 FTAIA 规定的是实体诉权要素，而不是管辖权，将此案发回重审。[4]本书无意对此问题进行详细分析论证，直接将案例法及 FTAIA 视为管辖权规定。

（一）案例法确立效果原则的管辖

所谓反垄断域外司法管辖是指垄断行为发生在美国域外，但是该行为对美国市场造成不利影响，美国法院对该行为享有管辖权。此处所谈之司法管辖是私人作为受害方的原告起诉实施垄断行为的被告以求赔偿损失的民事案件。

学者多将"美国铝业案"作为首个适用效果原则的私人反垄断案件，对其赞誉有多种。有学者认为："美国改变其反垄断法域外管辖观念的重要标志是 1945 年第二巡回法院关于 United

---

〔1〕 Morgan Franz, "The Competing Approach to the Foreign Trade Antitrust Improvements Act: A Fundamental Disagreement", Pepp. L. Rew., Vol. 41, 2014, p. 869, footnote 57.

〔2〕 Arbaugh v. Y & H Corp., 546 U. S. 500, 515 (2012).

〔3〕 Morrison v. Nat'l Austl. Bank Ltd., 130 S. Ct. 2869 (2010).

〔4〕 Animal Science Products Inc. v. China Minmetals Corp., 654 F. 3d 462 (2011), cert. denied, 132 S. Ct. 1744 (2012); Cassandra Beckman Widay, "Minn-Chem and the New Normal: A Revitalized Foreign Trade Antitrust Improvements Act", *Connecticut Law Review*, 2013, p. 323.

States of America v. Aluminum Company of America 的判决。"〔1〕有学者认为："美国最早依据'效果原则'主张其域外管辖权的，是美国法院 1945 年关于美国诉美国铝公司一案的判决，这个案件也被简称为美国铝业案。"〔2〕本案的焦点是，美国法院对由外国公司形成的并对美国市场有影响的卡特尔是否有管辖权？著名的美国联邦最高法院法官勒恩德·汉德（Learned Hand）代表多数法官认为："任何一个国家均可以因境外行为所发生的受谴责的境内效果取得行为管辖权，即使行为人并非该国国民，此种管辖权通常为其他国家所认可。这是一个已固定的法律。"〔3〕由此，"美国铝业案"的审理法院认定域外管辖的合法性已确属无疑。笔者认为，该案之所以重要或成为标志性案件，乃出于以下两个原因：

第一，本案与其之前的"香蕉案"形成鲜明对比。"香蕉案"发生在 1909 年，本案原被告均为美国公司，本案的焦点集中于：美国对发生于美国之外并对美国市场有影响的行为是否享有管辖权？审理此案的美国联邦最高法院大法官霍姆斯（Holmes）认为："一般且几乎是普遍的规则是，判断行为的本质是合法还是非法必须由行为发生所在地国家法律所决定。"〔4〕显然，此案的管辖权理论依据是属地管辖，明显不同于"美国铝业案"的效果原则。由之产生的疑问是，同是美国联邦最高法院，针对性质类似的反垄断案件为何会作出不同的判决？管辖权的依据变化原因为何？笔者认为可能与下列情形有关。其一，两案所发生的国际经济背景不同。"香蕉案"发生在第一次

〔1〕 刘宁元：《反垄断法域外管辖冲突及其国际协调机制研究》，北京大学出版社 2013 年版，第 12 页。

〔2〕 王晓晔：《反垄断法》，法律出版社 2011 年版，第 384 页。

〔3〕 United States of America v. Aluminum Company of America，148 F. 2d 416，443（1945）.

〔4〕 American Banana v. United Fruit Co.，213 U. S. 347，356~357（1909）.

世界大战之前，那时尚无经济全球化，各国经济主要限于在本国境内发展，在法律上也严格遵守属地原则，其观点自然会反映在国内的反垄断案件中。而"美国铝业案"发生在第二次世界大战之后，国家之间的经济已愈来愈相互渗透和依赖，尤其是大量国外公司进入美国市场，使得美国公司易受国外限制行为的影响，这一问题在国外公司占有较大市场份额且较易利用其支配地位时更为突出。因此，有学者归纳，汉德法官解释《谢尔曼法》依据的是政治经济发展及其所伴随的国际法的变化。[1]其二，两案主审法官所代表的法学思想流派在法律冲突方法上的观点不同。在19世纪30年代，以冲突法中的单边主义来解决美国各州的雇佣损害法律冲突正处于上升趋势。正如当今政府利益分析法的理论奠基人科里（Currie）所言："如果法院发现法庭所在的州有适用其政策的利益，它应适用该法律，即使其他州在适用相反政策有利益时也是如此。"[2]"美国铝业案"发生时正值该理论得到广泛适用，其审理法官主张单边主义也就不奇怪了。而在"香蕉案"发生时，管辖理论的观点则正相反，其主审法官霍姆斯主张适用多边主义的属地主义。对此，需要从两案所处年代的思想理论来理解。

第二，本案与之前且在"香蕉案"之后的一些案件的相似性。在这段时间内所发生的反垄断案件中，法院并非沿着"香蕉案"的思维作出判决，也就是说，并非对美国域外的垄断行为均不予管辖，相反，审理法院认为享有管辖权，即破除了严格的属地管辖原则。此处仅以经典的两个案件"烟草案"及

---

[1] G. B. Born, "A Reappraisal of the Extraterritorial Reach of U. S. Law", Law & Pol. Int'l Bus. , Vol. 24, 199, p. 31.

[2] B. Currie, *Selected Essays on the Conflict of Laws*, Duke University Press, 1963, p. 184.

"剑麻案"为例。"烟草案"发生于 1911 年，该案被告涉及由 65 家美国公司和 2 家英国公司组成的烟草卡特尔，该案并没有因为外国公司参与就效仿"香蕉案"的判决，而是依据外国公司参与美国公司的合谋，且美国公司合谋的反竞争效果受美国法律管辖。[1]需要说明的是，美国对本国公司的管辖权并非基于公司系美国所有，而是基于合谋影响了美国。对外国公司的管辖系基于刑事参与的理念。学者的评价一语中的："属地标准也包含一些与共同犯罪相关的传统理念含义，因此，如果主要参与者之一系属一国管辖，则从犯或代理人也同样受此管辖。如果对几个共谋人之一享有管辖权，其他犯也可以被起诉。"[2]此案与"香蕉案"的区别，从形式上看在于"香蕉案"的被告方是美国公司，而此案被告方既包括美国公司也包括外国公司，但其本质区别在于，《谢尔曼法》可以被适用于美国域外行为，故被称为"美国经济规制方面适用效果原则的开端"。[3]其后的"剑麻案"发生在 1927 年，本案中，5 个美国公司与 1 个墨西哥公司组成了卡特尔，墨西哥公司为剑麻的唯一采购商，此案与"烟草案"基本一致，不同的地方在于卡特尔的生产权被掌握在外国公司手中。审理此案的美国联邦最高法院认为，本案案情与争议情形同"香蕉案"具有显著不同，其原因在于合谋公司在美国法院的管辖之下，可以因其触犯美国法律而加以惩罚。该卡特尔受到惩罚的原因是，此案的合同、结合和合谋是由美国的当事方达成，并基于发生于美国的行为而生效。其

---

〔1〕 United States v. American Tobacco Co. , 221 U. S. 106（1911）, pp. 145~146.

〔2〕 F. A. Mann, "The Doctrine of Jurisdiction in International Law", R. C. A. D. I. , Vol. 111, 1964, p. 98; Quoted from Cedric Ryngaert, "Jurisdiction over Antitrust Violations in International Law", *Intersentia*, 2008.

〔3〕 A. F. Lowenfeld, "Public Law in the International Arena: Conflict of Laws, International Law, and Some Suggestions for Their Interaction", R. C. A. D. I. , Vol. 163, 1979, p. 374.

基本目标是控制剑麻的生产与销售，彻底垄断国内外贸易，违反美国法律。[1]从这两个典型案例可以看出，在"美国铝业案"之前美国法院已开始以效果原则作为管辖权依据，其不同之处仅在于"美国铝业案"之前被告并非纯粹的外国人，而是美国公司与外国公司的合谋，且其对外国公司的管辖依据之一是，因为对美国公司的管辖而运用共同犯罪的理论将外国公司一并管辖。但"剑麻案"尚有另外的管辖理由："合谋者从外国进货，并已成为合同、联合和合谋的当事方，其意欲限制这些货物的贸易，并增加其在美国市场的价格。"[2]为此，有学者指出："剑麻案给人创造一个印象是，具有限制贸易和影响美国市场价格的目的及其随后的目的履行，将足以使美国行使管辖权。这就是基于效果管辖权所准确考虑的内容。"[3]

　　既然在"美国铝业案"前后已确立了效果管辖权原则，那么此效果是附有条件还是无条件？换言之，不论怎样程度的效果均可以作为管辖权依据？法院在"美国铝业案"中并没有作出文义方面的限制，其认为只要"协议目的影响美国的进口并实际上影响了"[4]就可以行使管辖权，并没有对效果的限制程度进行任何修饰限制。但是，其判决存在一些其他方面的管辖限制，即不符合前列条件的几种情形："可能存在一些协议，其在美国境外达成并没有意欲影响美国进口，但实际上又确实影响了进口或出口，例如，在欧洲或南美洲的货物供应限制，只要美国与它们存在贸易几乎在美国均有反射效果。然而，当考

---

〔1〕　United States v. Sisal Sales Corp. , 274 U. S. 268, 275~276 (1927).

〔2〕　United States v. Sisal Sales Corp. , 274 U. S. 268, 276 (1927).

〔3〕　Cedric Ryngaert, Jurisdiction over Antitrust Violations in International Law, Intersentia, 2008, p.7.

〔4〕　United States of America v. Aluminum Company of America, 148 F. 2d 416, 444, 445 (1945).

虑到一个国家努力将此种协议视为非法所可能产生的国际复杂化,可以肯定地假定国会并没有意欲使此法涵盖这些协议。"[1]因此,有必要澄清的是,此处所谓没有限制是指效果大小没有限制,而不是指管辖权本身没有限制。"美国铝业案"确立效果原则管辖时并非没有任何限制,只是其限制条件是以主观目的与客观效果同时满足为条件的,二者缺一不可,缺少一个要件即不能行使管辖权。

(二) 成文法确立效果原则管辖

美国成文法对反垄断的域外管辖主要体现在 1982 年的FTAIA 中,该法原则上排除了就出口对外贸易适用《谢尔曼法》,例外情形下适用《谢尔曼法》,澄清了《谢尔曼法》不适用于出口贸易及对外国市场发生不利影响的反竞争行为。反垄断法原则上不适用于出口贸易及外国行为是比较好理解的,因为反垄断法所禁止的垄断行为,是以其对国内市场产生不利影响为前提的。但是,对国内市场产生不利影响的外国行为是否均可以行使管辖权?对此,该法以 3 个条件加以限制说明,即以对国内市场具有重大的、直接的和可预见的影响为管辖权行使条件。如此来看,行使管辖权的限制条件似乎较为清晰。然,有学者认为,从该法的历史可以看出,其设计目的是对司法合理规则保留中性,对于交易的国际性利益特点既不阻止司法认可,也不鼓励司法认可,而且该法对法院运用礼让概念或通过考虑交易的国际性特点来决定对事管辖权的要求是否满足并没有影响。[2]与此相应,有学者认为,FTAIA 似乎处于主张司法

---

[1] United States of America v. Aluminum Company of America, 148 F. 2d 416, 443 (1945).

[2] D. T. Murphy, "Moderating Antitrust Subject Matter Jurisdiction: the Foreign Trade Antitrust Improvements Act and the Restatement of Foreign Relations Law (Revised)", *University of Cincinnati Law Review*, Vol. 54, 1986, p. 779.

礼让与否的中间地带。[1]有学者针对该法用语的模糊性进行了批判，有学者甚至认为其已模糊至对法院毫无用处之地步。[2]其原因或许是，无法确定该法的限制条件是对以前的案例法标准的法典化还是修正。[3]虽然如此，我们仍有必要分析案例对此限制条件的阐述。

1. 关于重要条件的分析

对纯美国国内垄断行为的管辖，以对美国市场产生的不利影响达至重大影响为限。由案例可以看出，对重大影响的理解可以基于被告合谋所从事的业务数量，其实际上就是以市场份额的多少来论。如果被诉称的违法行为主体在相关市场中占有的市场份额较大，则对其他市场参与人行为的影响也会较大，相反则较少。此时不可避免地会涉及相关市场界定问题。不过，较为明显的是，这些案例并没有对市场份额或业务量进行固定量化。既然前述标准适用于国内案件，那么其是否适用于国际反垄断案件？在部分案例中，法院表示了肯定，[4]而在部分案例中，法院不仅表示了肯定，还进一步提出国际案件的要求标准要更高。[5]毋庸置疑的是，以涉及市场份额或业务量多少来论证影响是否重大同样适用于国际案件。

前述案件及答案发生在 FTAIA 颁布之前，其后的案例是否也是遵循此种标准？在"McGlincy 案"中，法院对"重大"的

[1] Maher M. Dabbah, *International and Comparative Competition Law*, Cambridge University Press, 2010, p. 449.

[2] D. J. Gerber, "The Extraterritorial Application of the German Antitrust Laws", A. J. I. L., Vol. 77, 198, p. 780.

[3] Cedric Ryngaert, "Jurisdiction over Antitrust Violations in International Law", *Intersentia*, 2008, p. 62.

[4] Dominicus Americana Bohio v. Gulf & Western, 473 F. Supp. 680, 687 (1979).

[5] Timberlane Lumber Co. v. Bank of America, 549 F. 2d 597, 613 (1976).

解释是，对个别人或个别公司的损害本身并不构成重要损害效果，不能据此满足管辖权要求。[1]此案的表述虽然与前述案例不同，但其本质并无不同，因为个别人或个别公司的损害不能说明其在整个相关市场中占有的份额大。如果违法行为所涉市场份额很大，其结果就不是对个别公司的伤害，而是对整体或大部分人的伤害。当然，在特殊情况下，个别公司的伤害也能满足整体市场损害的需求，此情形就是相关市场的竞争者数量很少，对个别竞争者的伤害就是对整体市场的损害。[2]但是，即使这种特殊情况发生，也是从一个较为极端情形来说明，损害的"严重"性系基于市场份额或业务数量来确定。由此来看，"重要效果"的构成由案件具体事实决定，只能由法院一案一决定，法院无法公布一个确定的标准。也有案例显示，法院对"重大影响"的分析集中在受影响的市场规模大小上。[3]

　　然而，存在的一个问题是，上述重要标准是一个绝对标准还是相对标准？所谓的绝对标准是指，只要对美国的限制效果达到一定的重要程度，美国法院就可以获得管辖权，而不考虑国外的影响。所谓的相对标准是指，基于美国的限制效果影响相对于美国之外市场限制效果影响的重要性来决定限制效果是否重要。[4]如果运用相对标准，那么重要性要求就会变成合理规则的一部分，此时其要求衡量相关国家的利益。美国国内的效果相对于外国效果越小，在行使管辖权时美国的国家利益就越小。据此理解，可以看出，在"美国铝业案"之后，在前述所列出

---

〔1〕 McGlincy v. Shell Chemical Co. , 845 F. 2d 802, 812–813 (1988).

〔2〕 Coors Brewing Co. v. Miller Brewing Co. , 889 F. Supp. 1398 (1995).

〔3〕 Access Telecom Inc. v. MCI Telecommunications Corp. , 197 F. 3d 694, 712 (1999).

〔4〕 Cedric Ryngaert, "Jurisdiction over Antitrust Violations in International Law", *Intersentia*, 2008, p. 61.

的案例中，大部分法院还是以相对标准衡量效果的重要性，从而决定是否享有管辖权。肯定言之，司法礼让与重要标准的相对性是一脉相承的。小部分案（例如"Hartfored Firre 案"）采用的是绝对标准，因为其不考虑对美国之外市场的影响与美国市场影响的相对重要性，仅考虑对美国市场的影响程度，审理法院确定的是，只要外国行为意在且实际在美国产生了重要影响，《谢尔曼法》就可以被适用于该外国行为。显然，法院的审理逻辑仅系外国行为对美国市场的影响，无关对外国市场的影响。虽然其措辞系真实冲突，但其本质上即为对利益衡量的放弃。

绝对标准与相对标准的划分似乎是有意义的，若细心思考便会发现，如果将此处的重大影响以相对标准来理解，则意味着 FTAIA 已将司法合理规则包含在内，无须适用 FTAIA 进行司法合理规则分析。只有将 FTAIA 的重大影响作为绝对标准来理解，才有司法合理规则适用之余地。由此分析，对 FTAIA 重要损害的含义理解不同，直接关系司法合理规则适用的程序。这也是学者就 FTAIA 是否承认司法规则这一问题产生分歧的原因。

2. 关于直接要件的分析

从文义上看，FTAIA 对于国内损害的要件明确要求具备"直接"性，且其与其他要件要求是并列兼备、缺一不可的。事实果真如此吗？在早先的案例中，法院确实明确要求过国内损害的直接性，如"Timken Roller Bearing 案"的审理法院认为，卡特尔协议在外国达成的事实并不能解除被告的责任，因为此协议对美国与他国之间的锥形轴承贸易具有直接影响。[1]再如，审

---

[1] United States v. Timken Roller Bearing Co. , 83 F. Supp. 284, 309 (1949).

理法院认为，认定菲利浦违反了反垄断法的第二个要求，即其活动必须对贸易有直接且重要的影响。[1]但是，在《对外关系重述法》（第 3 版）中，效果的直接性仅是决定司法管辖合理的一个因素，这就意味着，美国法院在缺少直接要件而满足其他要件时也可获得管辖权。可见，其与重要性要件与管辖权获得相比分量还是不够重。这也就意味着，如果外国行为对美国市场的影响不重要，即使此种效果符合直接性，美国法院也不能行使管辖权。但在较为近期的 FTAIA 颁布后审理的一案中，审理法院引用了"美国铝业案"标准，称"美国铝业案"并没有要求直接要件，即使对此案持异议的法官也认为很少有案例阐述直接效果的要求，并认为直接要件并非管辖权的要求而是实体责任的要求。[2]可见，效果的直接要件问题在美国司法实践中尚存争议，主流案例显示其并不是独立管辖权要件，而是衡量管辖权的考虑因素。

　　除了就直接要件的独立性问题存在分歧之外，实践中对于直接的含义也尚存分歧。有的案例以相关词典文义解释来说明，如前述"LSL Biotechnologies 案"即是如此。此案的大多数观点是依靠韦伯词典，将"直接"解释为"从一个时空点进入到另一个时空点，中间没有中断和方向扭曲"。而异议法官则认为，该词应包含多种含义，最后选择了牛津词典的表述，"从结果到前因，从原因到结果"。有些案件不是从文义解释而是从外国行为与美国内市场影响之间的因果关系进行论证。在这些案件中，原告通过证明外国行为与美国市场竞争显著减少之间存在因果

---

　　〔1〕　United States v. Gen. Elec. Co. , 82 F. Supp. 753, 891（1949）. Also see, Occidental Petroleum Corp. v. Buttes Gas & Oil Co. , 331 F. Supp. 92, 102～103（1971）; Todhunter-Mitchell &Co. v. Anheuser-Busch Inc. , 383 F. Supp. 586, 587（1974）.

　　〔2〕　U. S. v. Lsl Biotechnologies, 379 F. 3d 672, 679, 687（2004）.

关系，从而证明直接效果的存在。[1]对此，也有学者从已有的案例进行考察，得出了同样的结论。其针对具体的行为指出了外国行为与损害之间的因果关系，如消费者付高价就是对消费者的直接损害。同样，某一产品价格的人为波动、某一进口产品数量的人为限制等也是直接损害。[2]

3. 关于合理预见条件的分析

合理预见条件与主观意图紧密相关。FTAIA 并没有规定主观意图，主观意图条件被规定于 1945 年的"美国铝业案"，而 FTAIA "遵循了早先的判例法，不要求证明存在影响美国国内商业的主观意图。相反，如果一定要考察意图的话，则采'客观说'来衡量可预见性"。[3]从学者的观点可以看出，合理预见条件是对主观目的的取代，早先的判例并不要求主观意图。

## 二、欧盟竞争法管辖域外出口卡特尔的属地原则

### (一) 欧盟法院的司法观点

1. 域外管辖的单一经济体原则

第一个涉及欧盟竞争法域外适用的案件是"Dyestuffs 案"，[4]在此案件中，被告的母公司是非欧盟公司，母公司控制位于欧盟境内作为被告的子公司，而被告实际上参与了非法竞争行为。对此，欧盟法院认为，被告子公司的行为应归属于母公司，因

---

[1] Crompton Corporation v. Clariant Corp. , 220 F. Supp. 2d 569, 573~574 (2002); Galavan Supplements Ltd. v. Archer Daniels Midland Co. , No. C 97-3259 FMS, 1997WL 732498, p. 3.

[2] R. W. Beckler and M. H. Kirtland, "Extraterritorial Application of U. S. Antitrust Law: What Is a 'Direct, Substantial, and Reasonably Foreseeable Effect' Under the Foreign Trade Antitrust Improvement Act?", Texas Int'l L. J. , Vol. 38, 2003, pp. 19~20.

[3] [美] 赫伯特·霍温坎普：《联邦反托拉斯政策：竞争法律及其实践》(第3版)，许光耀、江山、王晨译，法律出版社2009年版，第845页。

[4] EU Cases 48/ 69 etc. , ICI v. Commission, 1972 ECR.

而将母公司与子公司视为单一经济体，并依领土原则行使管辖权。此案所确定的单一经济体原则具有一定的适用条件，即欧盟域外从事限制竞争行为的当事方必须在欧盟内有子公司或代理商，且欧盟子公司在欧盟内从事限制竞争行为，只有同时具备这两个条件才可能对欧盟境外的母公司适用竞争法。之所以将欧盟内子公司的限制竞争行为的法律后果归属于欧盟外母公司，其主要理论基础是公司法的"刺穿公司面纱"理论。对此理论的适用，无论是公司法还是本案的判决均要求了一定的条件，即欧盟子公司针对限制竞争行为无意思自主权，其角色是母公司的行为工具，从而将子公司法律责任归属于母公司。换言之，将欧盟子公司的欧盟内行为作为连接点，使限制竞争行为符合属地原则，使欧盟行使管辖权具有国际法依据。显见，欧盟法院的单一经济体理论是私法的公司法理论在竞争法领域的运用，避免了效果原则的适用。因为效果原则在欧盟看来是一个颇具争议的国际法问题，对此有学者深表赞同。[1]另外，公司法理论完全可以不考虑公司在法律上的独立地位，只要其在经济上达到了一体化，即可追究其共同责任。当然，其经济一体化需要具备一定的条件，符合此条件才可以根据属地原则解决域外适用问题，属地原则是没有争议的国际法原则。如果法院能够根据没有争议的国际法原则解决问题，就没有必要探索一个替代观点的实用价值了。[2]

此案存在的几个问题是：

第一，如何证明欧盟内的子公司无自主权？欧盟法院认为，

---

〔1〕 Cedric Ryngaert, "Jurisdiction over Antitrust Violations in International Law", *Intersentia*, 2008, p. 31.

〔2〕 Cedric Ryngaert, "Jurisdiction over Antitrust Violations in International Law", *Intersentia*, 2008, p. 31, footnote 107.

欧盟域外母公司控制着子公司资本，能够影响子公司的决策，并且已经三次利用此种权力。[1]但其观点与民法的理论并不相符，因为其是从以前的行为来推断现行行为，不符合民法所要求的因果关系证明，其所根据的事实仅能被作为参考因素，而不能被作为决定因素。在笔者看来，欧盟法院如此认定符合竞争法的原理。竞争法对于证据的要求不可能像民法那样高，证据取得的难度远高于民事案件，因为证据均被掌握在限制竞争行为人手中。例如，就本案中的一致行动，双方根本不存在通谋协议，仅是限制竞争行为人根据他人行为来进行推断并决定自己的行为，无直接证据。鉴于此，司法机关或行政机关只能根据限制竞争行为人的行为来进行推断，如果将证据要求规定得如同民法那样，只会使非法限制竞争行为人摆脱竞争法的规制。

第二，欧盟域外从事限制竞争行为的公司无欧盟子公司如何处理？"Dyestuffs 案"审理法院确认的属地原则的连接因素是欧盟子公司的存在及其销售行为，如果没有此种连接因素，此案的结局将是无从适用欧盟竞争法，因此本案所确定的单一经济体原则存在适用局限性，无法对不符合本案条件的限制竞争案件行使管辖权。此种局限的存在使得此案在现今看来已无法得到普遍认可。在本案中，欧盟法院之所以会适用范围如此狭窄的理论，是因为欧盟坚持国际法的属地原则，从而探求如何使欧盟域外公司的行为被认定为发生在欧盟域内。其实，以当今的观点来看，欲达到适用属地原则之目的，欧盟法院完全可以根据下面要谈到的"Wood Pulp 案"中的履行地原则来确认。换言之，在根据单一经济体原则实现域外适用的限制竞争案件

---

[1] Ernst Steindorff, "Annotation on the Decision of the European Court in the Dyestuff Cases of July 14", 1972, *Case Law*, p. 506.

中，同样也可以根据履行地原则实现域外适用，即单一经济体原则完全可被履行地原则所取代。足见单一经济体如今似乎已无存在的价值。至于其为何弃履行地原则而选择单一经济体原则，笔者无从得知，其仅具考察欧盟竞争法域外适用的历史意义。

第三，对单一经济体理论的适用没有考虑到外国公司限制竞争行为对欧盟市场的影响程度。若此会重蹈"美国铝业案"之覆辙，学者对此有批评："只要外国母公司命令欧盟子公司履行限制商业行为，不管其在欧盟效果的性质如何，都会得到管辖。所以有观点认为，根据条件限制的效果原则，只有在欧盟内的效果具有直接性、重要性、合理可预见性得到证实时，获得域外管辖权才更有可能确保管辖的限制，阻止管辖冲突。"[1]笔者认为，该学者提出的观点有合理之处。欧盟法院在审理过程中提到欧盟市场的限制效果时，整体思维仅是考察限制行为是否对欧盟市场产生影响，即考虑基于哪个原理来行使域外管辖，并未分析市场影响程度。

2. 域外管辖的履行地原则

在另一个经典案例"Wood Pulp 案"[2]中，欧盟法院反对欧盟委员会坚持的基于效果原则于域外适用欧盟竞争法。其认为，价格固定协议在欧盟域内被履行时应适用欧盟竞争法，此案例开欧盟履行地原则适用之先河。法院认为，确定欧盟管辖权的重要因素是限制行为的履行地，且此种确定方法符合国际法属地原则。如何确定履行地呢？此案的审理法院采取了明显

---

[1] Cedric Ryngaert, "Jurisdiction over Antitrust Violations in International Law", *Intersentia*, 2008, pp. 32~33.

[2] EU Joined Cases 89, 104, 114, 116, 117&125 to 129/85, A. Ahlstrom Osakeyhtio v. Commission, 1988 E. C. R. 5193.

不同于"Dyestuffs 案"的观点，认为通过母公司的子公司或其代理人等联系方式达到与欧盟地域相联系并不重要，重要的是，其是否在欧盟域内为欧盟消费者生产产品或向欧盟消费者销售产品，即所谓在欧盟履行非法限制竞争行为。何为履行？这似乎意味着直接与欧盟消费者交易，以推进非法协议之完成。而在"Dyestuffs 案"中，非欧盟方通过在欧盟设立子公司来履行协议，协议当事方并没有直接参与交易。由此看来，两案虽然都坚持地域管辖原则，但确定地域的方式却并不相同

"Wood Pulp 案"引发的几个问题值得进一步思考。

第一个问题是，"Dyestuffs 案"与"Wood Pulp 案"适用的原则有无本质区别。笔者认为，二者确定地域联系的方式并无本质不同。在"Dyestuffs 案"中，欧盟法院以欧盟域内的子公司的行为确定非法竞争责任归属于母公司，此种责任认定是以欧盟域内的子公司无独立自主权且仅为母公司履行协议工具为前提的。既然子公司无意思自治，其便仅能充当非欧盟母公司的代理人，代理人的行为结果自然应归于母公司，子公司与欧盟消费者的直接交易行为也等同于母公司的法律行为。故"Dyestuffs 案"中非法限制竞争行为的履行地也是欧盟，只是此案并没有以此作为归责于母公司的直接法律依据，而是以欧盟域内的子公司因无自治权而导致人格丧失作为直接依据，但若以履行地作为管辖权来源的连接因素也于法有据。"Dyestuffs 案"与"Wood Pulp 案"的区别仅具表面意义：非法限制竞争的人是否直接参与。但此区别无碍于法律行为代理理论的适用。

第二个问题是，"Wood Pulp 案"中的履行与民法上的履行是否同属一个含义？笔者认为，二者具有本质上的不同。民法的履行是针对合同内容的履行，其履行地可被分为约定履行地和实际履行地，实际履行地是以交货方式确定，不同交货方式

导致不同的合同履行地。如果是提货，则以卖方所在地为履行地，而送货则以买方所在地为履行地。然，国内民法履行地的确定方式不适于对欧盟竞争法履行地的确定，因为竞争法履行地不是实际交货的地方，而是将货物卖给消费者的地方。其中，卖货方没有变化，不同的是，卖货方有没有将货物直接卖给消费者。民法对此不予关注，其关注的是交付方式，而欧盟竞争法关注的则是商品实际出售对象的位置。换言之，如果欧盟消费者以协议价格自提购买，或自付运费将货物运至欧盟，在中国民法看来履行地在中国，在欧盟看来履行地却是在欧盟，因为欧盟竞争法的目的是限制协议当事人直接将货物销售给位于欧盟的消费者。

第三个问题是，对于不作为的限制竞争行为二者具有不同的适用范围。前述所讨论的履行是基于限制竞争行为人的作为而发生，但是当限制竞争行为是不作为并不需要限制竞争行为人作为时，"Wood Pulp 案"所确定的履行将无从发生，此时应如何适用履行地原则？例如，欧盟域外的当事人达成协议拒绝向欧盟供货，此时并没有发生交易行为，不符合履行含义，自然也就无从适用欧盟竞争法。然，拒绝交易对欧盟市场产生的限制竞争效果却是确实存在的，此时严格执行履行地原则将导致欧盟法院无法适用欧盟竞争法。相反，美国的效果原则对此则可适用。由此可以看出，效果原则与履行地原则在不作为的限制竞争行为适用上存在区别。由于"Wood Pulp 案"的审理法院强调的不仅是合谋者在价格方面达成一致，而且必须以协调的价格通过出售使一致行动产生效力。因此，欧洲法院只能适用履行地原则，而不能适用效果原则。

第四个问题是，限制竞争协议已经达成但尚未履行是否享有管辖权。由于"Wood Pulp 案"强调限制竞争协议所定之价格必须在欧盟市场内得到实现，这也就意味着欧盟消费者必须受到了限制竞争的损害，即以实际损害发生作为管辖权行使的必要条件。由此得出的结论为，就那些由非欧盟主体在欧盟外达成但尚未实施的限制竞争协议无法适用欧盟竞争法，但是根据效果原则，美国可以根据《对外关系重述法》（第3版）的规定对此行使管辖权。因为该法规定："那些意欲从事竞争法禁止的行为目的显为清晰时，且行为所产生的效果是重大并可以预见时，并不因为此种计划或合谋没有实现就剥夺效果目的地所在国家的管辖权。"[1]不过，笔者至今尚未看到对那些未实施的限制竞争协议行使管辖权的美国法院判例。有必要指出的是，此实际损害标准也使得非欧盟主体限制竞争行为的法律适用与欧盟主体具有明显的区别，因为《欧盟运行条约》第 101 条第 1 项明确规定，对那些具有限制竞争目的协议，适用竞争法加以禁止，从而使得欧盟竞争法在域内外的适用存在差别。以后欧盟是否可以此条作为适用依据，以克服履行地原则的局限，并消除内外卡特尔适用之差别，不得而知。

第五个问题是，对于将来可能发生的限制竞争行为有无管辖权。由于限制竞争行为并未现实发生，只是将来有可能发生，因此履行地原则也同样无适用余地。对此，欧盟法院认可适用效果原则。所谓将来发生的限制竞争，即属于并购，并购的反竞争审查只是起到预防性作用，或系属市场结构调整，其并非对限制竞争行为的纠正，并购的效果原则适用不属于本书讨论的内容。

由上述分析可以看出，"Wood Pulp 案"所确定的履行地原则具有适用条件性，只能是限制竞争行为现实发生，并以作为

---

〔1〕 Restatement (Third) of Foreign Relations Law of the United States (1987), Sec. 402.

形式体现出来，超出此条件即无法适用。其实，"Wood Pulp 案"所确定的履行地就是效果发生地，无论是以限制行为人亲自而为还是通过代理人而为，均可将履行地解释为与欧盟消费者交易地，即效果发生地，二者具有高度的一致性。换言之，此时行为履行地与效果发生地并没有分离，故依属地原则来确定管辖权并无争议。只不过，此时的履行地已非民法意义上的履行地，其已对民法的履行地含义进行了修正，以使其符合竞争法适用的需要。然而，以不作为和将来行为体现限制竞争时，由于履行地与效果地发生分离，如果继续适用履行地原则将导致欧盟竞争法无从适用，故必须对履行地原则进行彻头彻尾的修正。在不作为案例中，由于限制行为尚未发生，是否可以适用效果原则尚无从得知。既然欧盟法院在并购领域已突破了履行地原则，其何不丢弃履行地原则而统一适用效果原则？由于在"Wood Pulp 案"之后尚无此类不作为案例，因此我们就这一问题还不能得出肯定结论。

另外，履行地原则存在的一个问题是，对外国利益是否加以考虑？在"Wood Pulp 案"中，欧盟法院认为，限制竞争行为是否违反外国的竞争法律不在欧盟法院的考虑范围之内，似乎欧盟法院确定的履行地原则欠缺对于外国利益的考虑。对此，已有学者提出疑问："当与其他国家存在利益或政策的真正冲突情形下，'Wood Pulp 案'并没有解决欧盟委员会行使管辖权的限制问题。"[1]显然，该学者针对的是欧盟委员会的适用限制，而非欧盟法院。毕竟，欧盟法院对法律的适用拥有最终决定权，因此本案没有明示如何处理国际礼让问题，这不能不说是一大

---

[1]　Dieter G. F. Lange and John Byron Sandage, "The Wood Pulp Decision and Its Implications for the Scope of EC Competition Law", *Common Market Law Review*, Vol. 126, 1989, p. 164.

遗憾。而效果原则在经过修正之后，已对其限制范围进行了明示说明，其中即有对外国利益的考虑，故二者在是否考虑礼让方面存在区别。

(二) 欧盟委员会的行政观点

欧盟委员会最热衷于基于效果原则来达到欧盟竞争法域外适用目的，其不仅在上面所列举的案件中主张适用效果原则，而且在此之前就已主张通过效果原则实现欧盟竞争法的域外适用。其最早的案例可追溯至 1964 年的"Grosfillex 案"。[1] 在此案件中，欧盟委员会根据欧盟竞争法的精神、用词和实施，认为欧盟竞争法的适用范围既不由公司的住所地决定，也不由协议履行地或签订地决定，唯一具有决定性的标准是协议是否影响了欧盟市场的竞争或该协议的设立目的是否包含限制竞争。显然，在"Grosfillex 案"中，欧盟委员会的观点较为鲜明，其追求欧盟竞争法域外适用的根据是效果原则。由于此案并没有被提交到欧盟法院，欧盟法院也就因此失去了表达观点的机会，我们由此无从得知欧盟法院在当时所持的观点。

欧盟委员会随后在欧盟法院受理的"Dyestuffs 案"和"Wood Pulp 案"中均坚持适用效果原则。在 1972 年的"Dyestuffs 案"中，欧盟委员会认为欧盟竞争法对非欧盟公司拥有管辖权，其理由较为简单，仅仅陈述为，欧盟限制竞争的规则适用于所有限制，只要在欧盟市场中存在《欧盟经济共同体条约》第 85 条 (现为《欧盟运行条约》第 101 条) 所描述的情况就可以适用，至于引起这种限制的企业是否坐落在欧盟域内则在所不问。[2] 可见，欧盟委员会对于效果原则采取了类似于美国在"美国铝

---

〔1〕 Grosfillex- Fillistorf, 1964 J. O. (58) 915.

〔2〕 EU Case 48/69, Imperial Chemical Industries Ltd. v. Commission, 1972 E. C. R. 619.

业案"中采取的无限制效果原则，其根本没有对效果加以任何限制，似乎只要对欧盟市场具有竞争影响就应适用欧盟竞争法。因此，欧盟委员会主张的效果原则也受到了一些学者的批评，[1]基于此，欧盟在随后的"Wood Pulp 案"中进行了大幅度的修正，对效果原则施加了多种限制，并进行了相关解释。同时，在"Wood Pulp 案"中，欧盟委员会也未对外国利益受损加以考虑。对此，有评论员提出批评："仅就欧盟委员会决定的政治影响来看，我们仅提出一个问题，作为一个既是反垄断部门又是负责对外关系并具有成员的委员会，其在管辖领域给予的非欧盟成员国及其企业的利益如此之少的关心能算是明智之举吗?"[2]这种质疑的声音并非没有道理，如果在行使域外管辖权时不考虑外国的利益，其产生的效果将会如同美国的"Alcoa 案"那样受到其他国家的反对，造成国家之间的紧张关系。当然，欧盟委员会的效果观点得到了梅耶斯（Mayras）法律总顾问的采纳，其向法院建议采纳效果原则，认为决定欧盟竞争法管辖权的合适标准是基于直接立即的、合理预见并重大的效果。[3]但其没有对此含义进行详细的解释。虽然梅耶斯的观点没有得到欧盟法院的采纳，但是足以证明适用效果原则对于欧盟来讲具有一定的支持度，因为法律总顾问虽然不是法官，但其可在当事人完成证据提交后、法院对案件审议之前发表独立公平观点。其发表的意见在大部分情况下均会被法院所采纳，且意见应当在法院的报告中得到体现，由此可见其意见具有一定的权

---

〔1〕　Ernst Steindorff, "Annotation on the Decision of the European Court in the Dye-stuff Cases of July 14", 1972, *Case Law*, p. 504.

〔2〕　Ernst Steindorff, "Annotation on the Decision of the European Court in the Dye-stuff Cases of July 14", 1972, *Case Law*, p. 504.

〔3〕　Opinion of Mr. Advocate-General Mayras, quoted from Imperial Chemical Industries Ltd. v. Commission, Case 48/69, 1972 E. C. R. 665, pp. 693~694.

威性。[1]

在"Wood Pulp 案"中，欧盟委员会认为，在限制竞争行为可能影响成员之间的贸易时，即使限制竞争行为当事方是在欧盟外成立或在欧盟外设立总部，《欧洲经济共同体条约》第85条（现为《欧盟运行条约》第101条）也同样适用，即使此限制竞争行为也会影响欧洲共同体之外的市场。[2]因此，欧盟委员会的观点一如既往，并没有因为在"Dyestuffs 案"中其观点未被法院采纳而改变。需要说明的是，此时欧盟委员会的效果原则是否与美国的效果原则相同？从前文的文义解释来看，二者似乎存在区别，因为其并没有就对欧盟影响的程度进行限制，在外国市场也受到影响时其也没有如同美国那样考虑到礼让问题。现实其实并非如此。欧盟委员会认为仅存在对市场产生影响尚不足以行使管辖权，适用《欧洲经济共同体条约》第85条（现行《欧盟运行条约》第101条）的前提条件是，木浆企业的行为不仅影响重大且为故意，同时也是协议和行动的首要和直接结果。对于重大有目的性的要求，欧盟委员会可以基于如下事实加以论证：受此协议和行动影响的运输货物占全部运至欧盟的运量的2/3，占欧盟消费的60%，协议和行动似乎适用于对大部分欧盟消费者的销售行为。显见，欧盟委员会是从协议当事方在欧洲的销售量来判定其协议效果是否重大，以及主观上是否为故意的。在首要和直接影响方面，欧盟委员会认为，协议当事方的生产商将产品直接出口到欧盟或在欧盟内经营，部分协议生产商在欧盟内有分支机构、子公司或其他实体。本案

[1] Roger P. Alford, "The Extraterritorial Application of Antitrust Laws: The United States and European Community Approaches", *Virginia Journal of International Law*, Vol. 33, 1992, footnote 149, p. 30.

[2] Wood Pulp, O. J 27, 1984, L 27/85, p. 26.

中的一致行动所涉及的运输物被直接卖给欧盟的买者，或在欧盟内卖给买者。[1]

由上述欧盟委员会的决定可以看出，其所主张的效果原则并非无任何限制，其同样也存在对效果的重大、直接及故意之限制条件，只是在如何与外国利益进行衡量及礼让方面没有相应的阐述。

# 小 结

从美国与欧盟法律对其各自法域内的出口卡特尔的豁免规定可以看出，不同法域对出口卡特尔的豁免规定并不相同。美国采用的主要是以立法明确的方式豁免出口卡特尔，其原因是《谢尔曼法》规定的适用范围过广，所有对贸易与市场具有限制作用的限制竞争行为均符合该法的适用范围，而出口卡特尔在很多情况下也能对美国国内市场产生影响，虽然有时对国内市场的影响很小，但从文义解释，其也在《谢尔曼法》的管辖射程之内。尽管美国国内已放弃了过广的适用范围，改用合理的规则，但并没有明确说明该规则是否适用于出口卡特尔，这使得美国出口商处于不利地位。为了明确出口卡特尔的适用范围，只能通过立法形式明确豁免出口卡特尔。欧盟没有明文规定对出口卡特尔的豁免，其采用默示方式豁免出口卡特尔。之所以认为是默示方式，原因是欧盟针对限制竞争行为的禁止理由是对欧盟市场的影响，而出口卡特尔对于欧盟市场显然并无影响，当然不适用欧盟竞争法。

二者豁免本法域的出口卡特尔的形式不一致，豁免的本质

---

[1] Wood Pulp, O. J 27, 1984, L 27/85, p. 15; Wood Pulp, 1988 E. C. R. pp. 5211~5213.

理由是否一致？经过前文分析，笔者认为，从总体上看，两法域的豁免原则是相同的，即对于本法域市场无影响或仅具有微不足道的影响。同时，两法域均不考虑法域外进口国的相关利益，即使对法域外的利益造成损害也不予过问。仅关心本法域利益的原因是第二章分析的法学与经济学的割裂。对于出口卡特尔所在法域来讲，其仅需考虑本法域的生产者利益，无需考虑出口卡特尔的行为是否会影响市场所在地消费者的利益。生产者利益与消费者利益的割裂使出口国仅考虑其生产者利益，无法正确反映出口卡特尔的社会经济效果，其完全可以将对社会有害的限制竞争行为从法律价值上判断为合法。此时基于生产者利益的法律价值判断就会与进口国的消费者利益发生冲突，此为典型的立法冲突。有必要提及的是，反垄断法的冲突与国际私法的冲突是否一致？二者的共同点是：均系不同国家的法律对同一法律行为的不同价值判断。二者的不同之处主要是：反垄断法是公法，以保护本国社会竞争秩序为己任，具有强制性，没有域外效力；国际私法是私法，规定的是私人主体民商法律行为的法律适用，具有较强的弹性，具有域外效力。

但是，二者在豁免的具体条件上存在一定的差别。美国具体的豁免条件主要是强调对美国市场的影响程度，至于此种影响的必要性及竞争者的利益能否被消费者分享则没有明文规定，美国竞争法对此似乎并不关心？笔者认为，美国竞争法并非不关心消费者利益，而是恰恰以消费者福利保护为中心。虽然现在已倾向于保护全体福利，但是消费者福利保护还是重中之重，这就导致消费者保护必为其考虑范畴之内，此可由美国竞争法不予豁免的条件看出。只要对美国的市场有重大影响，就必然会对美国的消费者利益造成重大损害。因此，美国对出口卡特尔的豁免是以消费者为中心的。美国对竞争者是否可获得重大利益并不关心？非也。前文已述，《韦布-波默林法》规定的可以豁免的条件就是没有对出口产品的国内竞争者造成损害。笔者认为，美国已将出口市场作为国家利益来看待，虽然影响的是美国出口商在外国市场的竞争，无涉国内市场及消费者利益，但最终影响的是美国的出口对外贸易利益。故，美国竞争法规定的豁免条件并非没有关心竞争者利益，也并非不关心消费者利益，但确实没有要求竞争者将垄断利益传递给消费者。欧盟的豁免为什么以竞争者生产效率提高为必要条件，即有利于改善产品的生产或销售，或有利于促进技术或经济进步，同时将竞争者利益获得传递给消费者？笔者认为，此与欧盟竞争法的目标相关，欧盟竞争法的目标并非仅限于保护消费者，还有欧盟市场统一及经济发展。虽然市场统一为其主要目标，但是共同市场并非"空中楼阁"，如果共同市场并没有使其成员经济得到发展，其存在意义会深受怀疑，进而影响欧盟的稳定。因此，经济发展也就成了其关心之内容。由此也就不难理解欧盟竞争法豁免条件还包括竞争者的生产效率了。当然，在欧盟域内，并非只要满足竞争者生产效率提高这一条件卡特尔就可以得到豁免，其还必须将提高的效益公平地传递给消费者分享。

　　前文之所以详尽说明两法域各自对出口卡特尔豁免的规定，或者对本法域的卡特尔的禁止条件及豁免条件，是为了充分说明两法域对本法域的利益是何等关心，二者均将本法域的利益（即生产者利益）置于至高无上地位，不容侵犯。当然，如果仅从竞争法属于国内法的角度来分析，两法域如此规定并不为过。但是，这恰好说明了具有国内法属性的法律无法规制跨法域的限制竞争行为。国内法价值判断的不全面性是其无法胜任这一任务的根本原因，过度关心本法域利益是正确解决跨法域行为的最大障碍。因此，欲有效规制出口卡特尔，必须将本法域与相关受影响的法域利益进行综合考虑，否则立法冲突将无法避免，也会为执法和司法冲突埋下伏笔。另外，仅考虑本法域利益从而豁免本法域的出口卡特尔，与前文分析的对位于域外且影响本法域的出口卡特尔行使管辖权并追究出口卡特尔竞争责任的做法形成了鲜明对照，即对具有同一属性经济效果的出口卡特尔采取不同的法律判断，这种矛盾的法律价值判断无疑是本国利益至上的体现，其造成的法律冲突也必须从祛除国家利益至上的思维入手解决。

与前文相对应的是对域外出口卡特尔的管辖，通过分析美国与欧盟的域外管辖权，可以看出两法域在域外管辖的处理原则与方法上存在区别：美国主要运用效果原则管辖域外出口卡特尔，而欧盟则主要适用属地原则解决对出口卡特尔的管辖权问题。两种方法的适用在理论上及实践中存在区别。尽管存在某些差异，但两种方法的适用均以本法域的利益保护为出发点，即对侵犯本法域市场利益的行为均拥有管辖权，此为其共同点。这也充分说明，域外管辖与域内豁免的条件一脉相承，遥相呼应，均是对域内利益关心，对域外利益漠视。我国学者对此总结认为："无论各国所宣称的反垄断法功能如何，它仍然是国家干预经济的工具，只为本国利益服务，没有一项国内反垄断法会以其他国家的利益为出发点，这是竞争法作为公法属性的体现。"[1]

基于保护本国利益而管辖域外限制竞争行为，系竞争法的固有任务，本无可厚非，不追究不影响本国利益行为的反垄断责任亦是基于国内法属性，豁免与管辖由此遭遇了难以解决的困难。虽然管辖与豁免不能生成绝对冲突，即服从一国法律就

---

〔1〕 吴振国、刘新宇：《企业并购反垄断审查制度之理论与实践》，法律出版社 2012 年版，第 524 页。

违反他国法律，因为豁免规定并非强行要求如此行为，但利益的驱动以及被本国法律所容许自然会促使此类行为的发生，而国外法律管辖此类行为也不是私人所能抗拒的，由此，冲突的产生也就成了自然结局。正是由于此种对自我利益的保护、对相对方利益的漠视使得出口卡特尔在适用竞争法时形成了不可避免的冲突和法律待遇差别，这也是竞争法单边规制限制竞争行为内在不可避免的固有缺陷，对此缺陷产生的原因下文将予以详细分析。

# 以竞争法单边规制出口卡特尔的
# 不合理性

　　以上关于美国与欧盟对出口卡特尔法律态度的分析，表现出了各法域对同一出口卡特尔截然相反的法律价值判断。实践中，当出口卡特尔产品销往多个国家时，冲突体现也是如此。例如，美国苏打粉生产商组成的出口卡特尔将产品销往多个国家，苏打粉是用于生产玻璃、清洁剂和纸张的物品，其生产方法之一是天然碱加工，此种加工方法在能量和劳动投入方面非常经济，但是美国的天然碱多位于地下深层，从而使运输成本在国际竞争中成了决定性因素。美国的天然碱产量超过国内消费，因此美国苏打粉产业尝试打入国外市场，美国苏打粉产业是个首选的卡特尔组织者，因为天然碱本身并非耐用品，且产品具有同质性，美国国内的生产者数量并不多，并在国际市场上具有重要份额。另外，美国生产天然碱的企业的地理位置相距较近，生产企业之间的生产成本和运输成本较类似，因此1983年美国6家生产者组成了 ANSAC，并根据《韦布-波默林法》登记。根据学者维克托（Victor）对出口卡特尔的定义：国家性出口卡特尔是由一个国家的出口商组成，并非由多个国家组成，[1]

---

〔1〕　其英文原文是："national" export cartels, which are comprised of exporters from one country alone. See A. Paul Victor, "Export Cartels: An Idea Whose Time Has Passed?", Antitrust La. J. , Vol. 60, 1991, p. 1.

ANSAC 显然是一个国家性出口卡特尔，该卡特尔出口并非针对某一个特定的国家，而是许多国家。ANSAC 成立后，其先后在欧盟、印度、巴西和委内瑞拉被指控违反竞争法，此 4 起案件的发起虽原因不同，[1] 但最终裁判结果却有类似性，都涉及 ANSAC 的效率抗辩问题，且在这 4 起案件中各国竞争当局均否定了此抗辩。鉴于各国对于出口卡特尔的效率抗辩均持否定态度，能否引申出，出口卡特尔像国内卡特尔一样具有本身违法的属性？换言之，世界各国对出口卡特尔的市场影响是否可达成一致观点？其理论依据有哪些？对这些问题的思考涉及一国乃至全球各国对出口卡特尔法律属性的正确认识，从而决定各国对出口卡特尔的立法及实践态度，并进而影响世界各国的贸易自由及社会福利的提高。由此可见，分析出口卡特尔的竞争法规制产生冲突的原因，既有理论意义也有实践意义。

# 第一节　对出口卡特尔合理性的质疑

## 一、出口卡特尔对出口国之利益

有学者认为，出口卡特尔可以联合推销产品，进入新的市场，取得规模经济，从而积极参与世界经济，[2] 这种积极作用

---

〔1〕　在欧盟，是 ANSAC 自己申请欧盟委员会审查其行为合法性；在印度，由印度的同行业竞争者向竞争当局提出其违法性；在南非，由同向南非出口的第三国出口企业向南非竞争当局提出其竞争违法性；在委内瑞拉，由委内瑞拉的 ANSAC 的下游分销企业提出。See from Aditya Bhattacharjea, "Exporting Cartels: A Developing Country Perspective, Working Paper No. 120", *Center for Development Economics*, 2004, pp. 13~21.

〔2〕　Simon J. Evenett, "International Cartel Enforcement: Lessons From the 1990s", *The World Economy*, 2001, p. 1233.

被称作促进作用（enabling role）。[1]显然，积极作用是从竞争者个人角度观察，出口卡特尔仅是有利于竞争者，并未从消费者角度分析。仅有利于生产者的竞争并不一定是竞争法所允许的竞争，因为竞争法保护的是竞争而非竞争者，只有在竞争者获得利益且未损害消费者利益的情况下才能得到竞争法的许可。若有损于消费者利益则必须进行利益衡量，并且须存在其他重大利益方能抵消消费者损害，否则难谓出口卡特尔符合竞争法。另外，此观点既然是从出口方作为竞争者的角度来分析，也就说明此观点是站在出口国国家利益立场，并没有考虑进口国家利益。出口国政策制定者仅考虑出口国家利益似乎无可厚非，只是此分析视角在实践中会遇到执行障碍，因为进口国国家利益一旦受到出口卡特尔侵害，必然会引起反抗，不论此种反抗方式是政治方式还是法律形式，均有可能引起出口国与进口国之间的冲突。也就是说，只有全面考虑进口国与出口国利益才能避免相应的冲突。由此观之，此种观点虽从出口国角度视之具有一定的合理性，但其忽视了竞争的全球性，对进口国市场影响置之不理不符合竞争法原理，即应维护全球竞争秩序，保护消费者的利益，否则很有可能引起国际冲突，成为国家间冲突的渊源之一。

　　有学者从出口卡特尔成员在市场中的地位分析，认为在出口卡特尔成员系中小企业的情况下，若没有出口卡特尔就不能成功地进行全球竞争，其理由是效率的存在。比如，从事共同销售、市场研发、运费协商能力提高等。这些效率获得将引发下游市场更为激烈的竞争，从而降低产品价格。[2]中小企业效

〔1〕　Marek Martyniszyn, "Export Cartels: Is It Legal to Target Your Neighbor? Analysis in Light of Recent Case Law", *Journal of International Economic Law*, 2012, p. 5.

〔2〕　Andrew R. Dick, "Are Export Cartels Efficiency-Enhancing or Monopoly-Promoting, University of California", *Department of Economics Working Paper*, No. 601, 1990.

率分析不仅注意到了竞争者成本的减少，而且重视将此种成本减少传递至消费者，使消费者从出口卡特尔获得利益，克服了前述观点的不完善之处，理应得到支持。只是这种情况在现实中能否发生？不同学者对此有不同研究。拉森（Larson）对美国1918 年《韦布-波默林法》出口卡特尔协会的研究表明，1962 年登记的出口卡特尔有 70% 不是小公司，[1] 而沃勒教授对 ETCA 登记的实证研究发现，虽然在该法公布第一年里，根据该法登记的绝大部分是小出口中间商和由一些小产业、市场份额小的企业组成的协会，但是，最终此法并未取得比《韦布-波默林法》更好的效果。[2] 由此得出的结论是，中小企业效率理论与实践并不吻合，二者在大部分情况下是相互背离的。虽然前述论文资料来自美国，而美国不能代表全球，但至少可以揭示出中小企业效率理论的实践价值存疑。这里需要提及的是，美国是发达经济体中对明示豁免出口卡特尔态度最为坚定的国家，其理由之一就是前述的中小企业效率，提高美国中小企业的国际竞争力。即使在这样的国家，出口卡特尔对于中小企业的益处也并不明显，那么该理论在实践中价值能有几何？即使这样的中小企业出口卡特尔存在，由于价格固定，消费者受到的侵害也将较为明显。至于将利润分享于消费者，何以见得？其证明难度相当大，由于资料的限制，目前尚未看到中小出口卡特尔成功将利润传递给消费者的案例。

---

（接上页）p. 2, 13；Joel Davidow and Hal Shapiro，"The Feasibility and Worth of a World Trade Organization Competition Agreement"，*Journal of world Trade*，Vol. 37, 2003, p. 67.

　　[1]　David A. Larson，"An Economic Analysis of the Webb-Pomerene Act"，*Journal of Law and Economics*，Vol. 13, 1970, p. 470.

　　[2]　Spencer Weber Waller，"The Failure of the Export Trading Company Program"，*North Carolina Journal of International Law and Commercial Regulation*，Vol. 17, 1992, pp. 250~251.

另需提及的是，前述观点主要从出口国竞争者利益角度分析，实质上也是从国家利益角度，因为在不涉及消费者利益的情况下，生产者利益即等于国家利益。此时，国家利益实质上与贸易利益并无本质区别，由此便可将出口卡特尔与国家贸易联系起来。国外学者也是如此认为，出口卡特尔豁免是为了实现贸易政策目的之竞争工具。[1]然，仅考虑出口商生产者利益不仅违背竞争理念，而且无益于解决竞争法冲突，甚至会加剧冲突，进一步危及全球贸易自由化。

## 二、出口卡特尔对进口国之利益

有学者从抗辩角度述明出口卡特尔的好处。当出口商面对一个被扭曲的竞争市场（诸如非关税壁垒的私人市场）时，其将难以进入国外市场。出口卡特尔成立后可以协调各公司的行为，行使对抗力量以反对国外买方卡特尔，克服市场进入困难。[2]出口卡特尔进入国外市场是否无条件？有学者进一步认为，只有在目标国外市场存在结构性阻碍时，此种抗辩方才适用。[3]显然，此种抗辩观点是从市场进入角度来分析的。只是，此种观点尚不能说明其利益必然存在。仅仅打破进口国市场进入壁垒并不必然给进口国带来利益。

从消费者角度言之，虽然市场增加了产品竞争者，出口卡特尔可能与进口国生产者进行竞争，从而降低相关产品价格、提高产品质量，进而使消费者从竞争中获益。然，此种情况能

---

[1] Florian Becker, "The Case of Export Cartel Exemptions: Between Competition and Protectionism", *Journal of Competition Law & Economics*, Vol. 3, 2007, p. 98.

[2] James D. Whitney, "The Causes and Consequences of Webb-Pomerene Associations: A Reappraisal", *Antitrust Bulletin*, Vol. 38, p. 398.

[3] Florian Becker, "The Case of Export Cartel Exemptions: Between Competition and Protectionism", *Journal of Competition Law and Economics*, Vol. 3, 2007, p. 118.

否发生却无从得知。在不考虑国家壁垒的情况下，如果出口卡特尔相对于进口国产品生产者而言具有市场支配势力，其能否滥用市场势力不仅与进口国竞争法执行能力的高低有关，还与其他国家相同产品的出口商的市场势力有关，当然还与进口国的贸易与产业政策有关。如果出口卡特尔在进口国具有一定的支配势力，基于追求经济利润的理性，企业必然会追求超竞争利润，其实就相当于从进口国消费者掠走垄断利润。如果进口国无相应的竞争法执行能力或竞争法执行比较宽松，则出口卡特尔就会利用其市场势力追求超竞争利润，此时市场进入对消费者而言无利可谈，对进口国而言也是如此。另外需要考虑的一种情况是，出口卡特尔与进口国生产商完全有可能重新组成一个新的卡特尔，或者进口国生产商加入出口卡特尔。若此，前述论者所坚持的竞争利益将荡然无存，其结果只能是更加严重地侵害进口国消费者利益。即使存在第三国向进口国出口相同的产品也会导致此种情况发生。显然，前述观点是否一定成立，尚值得进一步思考。

综上所述，出口卡特尔的合理性要从两个方面分析：一是从出口市场结构特点出发，认为组成出口卡特尔的公司是中小企业，卡特尔有利于出口方参与全球竞争。二是从进口方市场结构特点出发，认为进口市场存在市场竞争障碍，出口方组成卡特尔可以恢复被扭曲的竞争，从而有利于进口国的市场竞争，提高进口国消费者利益。二者虽从不同角度分析，但要得出合理结论，还要依赖此种合理是对于哪个国家而言的。如果仅从出口国言之，其判断结果较为简单。如果从进口国角度而言，则还要进一步分析卡特尔是否能促进进口国竞争或是否符合进口国竞争法目标。总之，无法得出出口卡特尔必然有益的结论。

# 第二节　对出口卡特尔经济效果不确定性的质疑

## 一、出口卡特尔经济效果具有不确定性的观点

巴塔查尔杰认为出口卡特尔不能一概而论，要逐案分析。分析要素包括：卡特尔是不是一个新成员、卡特尔主张的效率抗辩因素、市场结构、进口市场进入的难度等。[1]学者迪克认为，出口卡特尔分为两种类型：一是能够促进效率的出口卡特尔；二是能够促进垄断的出口卡特尔。当能促进垄断的卡特尔具有很大的世界市场份额并面临相对无组织的购买者时，垄断假设就会比较明显。[2]另外，在一些国家，由于其国家市场规模较小，其某一特定行业的竞争者均是中小企业，为了在国际竞争中处于不败之地，这些中小企业在国际市场上会组成出口卡特尔，在国际市场尽显效率，使自身保有生存空间并得以长足发展，此方面的一个明显例子就是芬兰。芬兰是一个人口及地域范围较小的主权国家，该国家在20世纪初进入西欧国家木业市场时，因为企业规模较小而无法与欧洲大规模企业进行竞争。基于此，该国组建了出口卡特尔，进入到欧洲市场，其成功之处就是借助出口卡特尔减少各种成本和经营风险，进而降低价格，取得了竞争优势、赢得了客户、占领了市场。[3]从这个角度来看，对于市

---

〔1〕　Aditya Bhattacharjea, "Export Cartels – A Developing Country Perspective", *Journal of World Trade*, Vol. 38, 2004, p. 354.

〔2〕　Andrew R. Dick, "Are Export Cartels Efficiency – Enhancing or Monopoly – Promoting? Evidence from the Webb – Pomerene Experience", Res. L. & Econ. , Vol. 15, 1992, pp. 2~3.

〔3〕　Niklas Jensen – Eriksen, "Predators or Patriots? Export Cartels As a Source of Power for the Weak", Paper to be presented at the 14th Annual Conference of the European

场规模小的国家来讲，出口卡特尔对本国经济的发展确有价值，这是出口卡特尔获得本国竞争法豁免的理由。同时，这些出口卡特尔也给国际市场的消费者带来了价格降低的好处，可谓是既对本国有利又对他国有益，实现双赢。可能存在的一个疑问是，这些市场规模较小的国家出口卡特尔存在的历史背景现已不存在，因为那个时代各个国家对出口卡特尔的认识与当今的观点不同。仅以发展时期卡特尔的功效作为判定其合法的理由是否妥当尚需思考，这可以从卡特尔国内法律价值判断的变迁中得到启示。

在早期经济发展阶段，国内卡特尔被认为合法，其对国家经济发展具有稳定作用，此为欧洲国家发展史所见证。但是，欧洲国家现已改变以往态度，不再认为卡特尔合法，卡特尔被竞争法所禁止。时代不同，世界各国经济发展也不同，不同的经济发展时期会有不同的经济政策。因此，适应当时经济背景的制度未必适应当今经济发展的要求。换言之，时代经济状况是时代经济政策之基础，任何经济政策均是经济发展所需，这也就蕴含着经济变化导致经济政策变化的要义，经济政策存在着易变性，既体现法律性质又体现经济政策的竞争法会遭遇自身无法解决的矛盾。本书之所以列举芬兰这样规模较小的经济发达国家，是为了增加出口卡特尔分析的经验资料，为正确分析出口卡特尔的利弊提供一个有益的视角。正如有学者所言，如果我们要对出口卡特尔的重要性得出一般性结论或者确定我们是否应该像对待其他卡特尔那样对待出口卡特尔，我们不能仅依赖美国资料。任何一个特定的简单情形均不能为出口卡特尔

---

（接上页）Business History Association", *University of Glasgow*, 26~28 August 2010, pp. 10~11.

的影响提供充分信息。出口卡特尔像任何其他经久的经济体系一样，对社会具有不同的效果。详细地研究不同国家的案例有助于描绘这些出口卡特尔和它们对国际贸易及各个国家经济发展的影响。[1]

还有学者认为，在分析出口卡特尔对进口国的影响时，必须考虑出口卡特尔成员对于进口国而言是新进入者还是早已存在的成员。当卡特尔成员是市场的新进入者时，卡特尔给其带来的效率可能是卡特尔存在之原因。此时，如果下令解散卡特尔实行独立竞争，便犹如进口禁止一般。而在卡特尔成员早于卡特尔组织成立的情形下，要区分情况而论：在卡特尔组织带来的效率是固定成本减少和集中风险时，由此所带来的收益为卡特尔成员所享有，出口市场无受益之处。此时，如果卡特尔具有反竞争效果，则解散卡特尔具有可行性，因为其成员在卡特尔成立前有能力独立竞争；如果卡特尔所带来的效率是可变资本的减少，此效益可为市场带来积极影响，则可以抵销卡特尔销售限制的不利反竞争效果。[2]笔者认为，学者以卡特尔带来的可变资本减少作为效率提高条件，是对完全竞争条件下市场价格等于边际成本理论的运用，可变资本减少必然导致边际成本减少，产品市场价格也会降低，效率自然将被传递给消费者，但现实并非一定如此，故此理论也值得进一步商榷。

## 二、对出口卡特尔经济效果不确定性的分析

前述关于出口卡特尔合理与否的折中观点似乎具有合理依

---

〔1〕 Niklas Jensen-Eriksen, "Predators or Patriots? Export Cartels As a Source of Power for the Weak, Paper to be Presented at the 14th Annual Conference of the European Business History Association", *University of Glasgow*, 26~28 August 2010, pp. 4~5.

〔2〕 Aditya Bhattacharjea, "Export Cartels: A Developing Country Perspective", CDE, January, 2004, pp. 26~27.

据。如果出口卡特尔能够减少成员之间的成本，并将减少的成本传递给消费者，那么其便符合经济学的资源配置理论，理应得到法律的支持。但笔者认为，此种观点具有片面性。首先，如果竞争者之间组成卡特尔，即使所谓的信息采购成本和销售成本减少了，也并不意味着整个社会的成本就一定减少。试想，即使卡特尔真的能够节省相应的共同信息成本和销售成本，但是卡特尔的组成及稳定也需要耗费成本，这是由卡特尔的固有属性决定的。卡特尔本身就是一个协议，任何一个协议的缔结都需要成本，在卡特尔成员数量较多时缔结难度也会较大，社会成本将更高。协议的履行也是需要成本的，卡特尔本身并不具有稳定性，即使在卡特尔合法的时代，卡特尔成员背叛现象也时常有之，因为这种背离符合卡特尔成员的个人利益。在卡特尔已被认为违法的当今，其监督成本也更大，因为背离卡特尔并不会受到法律制裁，这就需要更强有力的卡特尔监督力量，耗费的成本自然会增加。这些成本就是卡特尔所产生的无谓社会成本（deadweight loss），这些社会成本的浪费与其所主张的社会成本减少相比较孰多孰少尚需另行计算，无法得出社会成本必然减少的结论。更何况，在当今这个网络化时代，信息搜集成本大幅下降，甚至可以忽略不计，电子协议使得缔结成本也大为减少，使得前述卡特尔所节省的社会成本对社会有益之处的权重也大为下降，进而更加证明了卡特尔减少社会成本的观点不能成立。因此，前述观点有以偏概全之嫌，没有全面分析出口卡特尔所带来的成本与收益，结论也就很难具有说服力。其次，从消费者福利角度看，任何一个卡特尔价格相对于非卡特尔成员竞争价格而言都要更高，在无卡特尔情况下，卡特尔成员可以展开更为充分的竞争，其产品价格可进一步降低，这必然会使消费者获得更多福利。换言之，卡特尔的存在使消费者福利必然减少的结论毫无意义。因此，无论从社会福利来讲，还是从消费者福利视之，出口卡特尔有益的结论均无法得出。

还有一点不能被忽视，假如前者所谈的卡特尔带来社会成本减少的观点成立，也还是需要分析卡特尔组成的目的，因为此时组成的卡特尔有别于以纯获得垄断价格为目的的卡特尔，其组成是为了更好地发挥自己竞争的优势，不因规模小而致无法生存之结局发生。其成员之间的联合与其被称为卡特尔，不如被称为联合更为恰当。此时卡特尔内部已处于半并购之状态，因为此时成员仅具有生产机能，对外的销售供应均统一管理，活动决定并非一个公司的意思结果，而是众多组成人员的共同意思，有时会与个别意思相异。价格固定等限制是此种联合所不可避免的，因为每个协议都会产生限制效果，如果因为此种联合具有此种限制效果就将其定性为卡特尔实有悖于联合初衷，卡特尔的打击范围将过广，竞争政策也将无利于经济发展。可见，联合的成立目的并非限制竞争而是提高市场竞争，应区别于纯粹以限制竞争为目的的卡特尔。故，其不属于本书所讨论的出口卡特尔。当然，此种情形并不常见，因为其存活也需要一定的条件，如成员意思一致、能够节约社会资源，否则其便不具有长期维持的生命力。

综合上述，不能因为出现价格固定等现象就一概认定为纯粹国家出口卡特尔，而应具体分析其属于赤裸裸的价格卡特尔还是附属限制的卡特尔。二者具有不同的社会效果：前者无利好经济效果，后者有可能对社会有益。这一限制条件也是澄清上述分歧的重要因素。

# 第三节 对出口卡特尔不合理性的分析

## 一、出口卡特尔对本国竞争市场的影响

乌尔里奇·伊曼加（Ulrich Immenga）认为，当在国内市场中有重要地位时，出口卡特尔成员能通过其出口决定影响国内市场供应和价格。[1]该学者的观点是从竞争者在国内市场的地位来分析的，并且以竞争者既从事国内市场贸易又从事国际市场贸易为前提，因为企业的生产能力有限，当达到最高利润规模时，企业的经济理性要求其不再扩大生产量。此时，出口卡特尔将以出口量的多少来决定国内市场的供应量，进而影响国内市场价格。也就是说，国内市场销量与国际市场销量成反比例关系。显然，这种观点是以国内市场是否受到限制竞争影响为前提的，即以国内市场作为出口卡特尔的市场界定范围，不包括进口市场。这里暂且不论其以国内市场作为出口卡特尔的经济分析前提是否正确，假设正确也仍需要澄清的是：

首先，此时的出口卡特尔在国内的销量份额如何？如果其所占份额较小，则出口卡特尔对国内影响较小，反之则较大。可见，出口卡特尔对国内市场影响大小与国内市场份额大小成正比关系。当国内销售额较小，国外利润大得足以抵消国内损失并可以忽略不计时，出口卡特尔对国内市场总体有利。国家有可能从国家经济利益角度支持出口卡特尔，至于国家支持的理由从国际市场竞争理论视角分析是否正确则另当别论。比如，美国并非对所有出口卡特尔均予许可，当对美国市场造成不合

---

〔1〕 Ulrich Immenga, "Export Cartels and Voluntary Export Restraints Between Trade and Competition Policy", Pac. Rim L. & Pol'y J. , 1995, pp. 125~126.

理限制时即被认定为违法。当然，这种情况在纯粹国家出口卡特尔中不会出现，因为纯粹国家出口卡特尔是指直接限制国外市场竞争的卡特尔协议。[1]在出口国内无销售，自然不会对国内有影响。

用卡尔多-希克斯的经济学术语来论述，此种情况下的出口卡特尔似乎更具有合法性，因为该理论关心的就是效率存在与否，而卡尔金-希克斯效率则认为，当某事态变化使一方受益，另一方受损时，受益者弥补受损者后，受益者仍好于变化前。[2]需要说明的是，这里的市场对于出口卡特尔而言应是统一的进出口市场，而不应仅指出口国市场。但是，现实实践中，国家竞争法仅考虑出口市场，如按卡尔多-希克斯效率来论就属于合法，因为其毕竟抛弃了进口国的损失，出口国的收益可以弥补其损失。因此，无论从哪个经济效益角度来分析，贸然认为出口卡特尔对本国市场具有影响均并非一定正确，应具体分析方能得出正确结论，但应承认其具有影响本国市场的可能性，只要符合一定条件就会对本国市场具有不利的竞争影响。

其次，当国内市场数量减少、价格上升时，国内市场其他供应者或潜在供应者会提高产量或进入该市场，从而阻止国内市场的不利影响。果真如此，国内市场影响显然将无从谈起。这里忽视的一个问题是，即使存在新的竞争者进入市场，其也需要一定的时间才能成功进入，至于进入时间则无法给出较为确定的答案，其因产业不同而不同，如果是固定投资较多，则进入时间相对而言就较长，反之则较短。当然，或许有人会提

---

〔1〕 A. Paul Victor, "Export Cartles: An Idea Whose Time has Passed?", Antitrust L. J., Vol. 60, 1991, p. 571.

〔2〕 Brendan J. Sweeney, "The Internationalisation of Competition Rules", *Routledge Taylor & Francis Group*, 2012, p. 57.

出，如果其他供应者提高产量或潜在供应者进入市场，出口卡特尔成员就会减少国际市场销量，增加国内销量，以打击新生产者。此种可能性大小不得而知，但至少可以说明，对前述学者国内市场不受影响的观点应作进一步探讨。需要提及的是，如果此时有新的市场进入者，其能否加入出口卡特尔还值得进一步研究，因为新进入者加入卡特尔能增加收入，追求利润的市场竞争者的理性会促使其产生加入卡特尔的动力。虽然这仅是理论上的分析，不过其也说明了下面一个问题：

要厘清卡特尔的地位，必须先分析其所处的国内市场结构，此处的市场结构不仅包括卡特尔的市场份额，还有诸如抵消市场力量的买方市场、潜在进入市场竞争者、市场进入壁垒等因素。有学者认为，反对出口卡特尔最重要的理由是，出口卡特尔有延伸至国内市场的威胁。[1]换言之，出口卡特尔作为理性经济人，在利润的诱惑下，有可能对国内市场实施反竞争行为，此种分析不无道理，但同样会面临前述分析的结论。至于出口卡特尔影响国内市场的方式是否仅限于协议，OECD 认为，即使出口卡特尔没有在国内市场组建卡特尔，也存在有意识的协同行为。[2]因此，出口卡特尔协同行为对国内市场的影响不容小觑，所谓有意识的协同行为（conscious parallelism, tacit collusion）即行为人一致地实施相似行为，且在其他商业领域也从事同样的行为。[3]已有学者意识到，与联合经营的副作用相比，价格、成本、生产能力、销售政策等方面的信息交换可能会阻止卡特尔

---

[1] Florian Becker, "The Case of Export Cartel Exemptions: Between Competition and Protectionism", J. Comp. L. & Econ., Vol. 3, 2007, p. 10.

[2] See 1974 OECD Report of the Committee of Exports on Restrictive Business Practices, p. 50.

[3] Timothy J. Langella, "Bichler v. Eli Lilly, An Improper Use of Conscious Parallelism as Evidence of Concerted Action", B. U. L. Rev., Vol. 62, 1982, p. 645.

成员在国内市场实施竞争行为，并且导致有意识的协同行为。[1]

前述分析主要说明出口卡特尔限制国内市场竞争的可能性，既然具有限制国内市场竞争的效果，欲对出口卡特尔实行竞争豁免，至少应对其进行相应的分析，否则便会与竞争法原理不相容，是对竞争法原理的背弃。当然，此时的出口卡特尔已经不是纯粹国家出口卡特尔，而是混合国家出口卡特尔。故，出口卡特尔对国内市场供应和销量的影响有前提条件，其以混合国家出口卡特尔为条件，而且其对国内市场影响巨大，其被国内竞争法禁止自属当然。另外，对国内竞争市场有巨大不利影响的出口卡特尔不属于本书分析之范畴。

## 二、出口卡特尔对进口国市场的影响

### （一）出口卡特尔给进口国造成的直接经济损失

由于出口卡特尔是卡特尔的一种形式，其行为效果发生地在进口国家，当出口卡特尔在进口国家市场占有较大的市场份额时，出口卡特尔就有能力在进口国市场获得超竞争的利润，进口国将会遭受消费者利润损失，并且没有相应的生产者利润增加去抵消此种损失。[2]这也是多位学者主张出口卡特尔具有危害性的主要原因。笔者认为，进口国的生产者是否可以获得利益需要进一步探讨。

首先，出口卡特尔在损害进口国消费者福利时，如果进口国也有同样产品的生产者，则进口国的生产者也会由于出口卡

---

[1] Ulrich Immenga, "Export Cartels and Voluntary Export Restraints Between Trade and Competition Policy", *Palcific Rim Law & Policy Association*, 1995, p. 125.

[2] Alan O. Sykes, "Externalities in Open Economy Antitrust and Their Implications for International Competition Policy", *Harvard Journal of Law and Public Policy*, Vol. 23, 1999, p. 91.

特尔的价格固定或上升而受益。因此，有学者认为，如果存在少数国内垄断生产者，他们就会从外国卡特尔的"价格保护伞"下受益，此种受益是以牺牲国内消费者为代价的，从而可以将国内生产者受益与消费者损失进行平衡。[1]笔者认为，此处的平衡是针对进口国的生产者与消费者而言的，其仅是从总体上来说明进口国可以平衡，而未考虑进口国生产者与消费者各自收益与损失的数额，从而比较得出是收益或损失的结论，也未能考虑出口卡特尔从进口国获得的收益。或者说，国内消费者承担高价损失，从而导致进口国平衡因素有所欠缺，无法得出较为精确的结论。因此，在存在国内生产者的情形下，不能简单地笼统认为国内生产者的收益与国内消费者的损失可以平衡，应当将所有可计算的不利方面全部考虑在内，并尽可能精确比例，否则难免会得出错误结论。

其次，进口国同类产品生产者利润获得的数量问题。也就是说，其数额能否大到足以抵消进口国消费者的福利损失。如果可以，出口卡特尔对进口国总体而言有利，反之则不利。澳大利亚学者斯威尼认为，进口国生产者利润的获得不可能超过消费者利润的减少。[2]该学者未对此结论的原因加以分析。笔者认为，要衡量进口国生产者利润的获得能否超过进口国消费者利益的损失，可以根据经济学原理将消费者福利损失与生产者利润获得进行比较。假设由于出口卡特尔使产品的价格增长了 $\triangle R$，消费数量为 Q，进口国的消费者福利损失为 $\triangle R \times Q$，而进口国的生产者所增加的生产者利润为 $\triangle R \times Q1$，此时 Q1 的市

---

[1] Aditya Bhattacharjea, "Export Cartels: A Developing Country Perspective", *Center for Development Economics*, January, 2004, p. 27.

[2] Brenden Sweeney, "Export Cartels: Is There a Need for Global Rules?", *Journal of International Economic Law*, Vol. 10, p. 90, Footnoe 10.

场份额或数量永远少于 Q, 因为如果 Q1 数量大于 Q, 则出口卡特尔难以存在, 只有在 Q 大于 Q1 的情形下出口卡特尔出口高价产品才会成为可能。因此, 不难得出的结论为: $\triangle R \times Q > \triangle R \times Q1$。另外, 还要考虑的一个问题是, 进口国要对进口产品征收相应的关税, 其为国家收入, 也是社会福利的内容之一。此为学者所认同: 在通常情形下, 测量社会福利应基于消费者剩余、生产者剩余和归于政府的关税。[1]前述经济学分析并没有考虑政府的关税此种社会福利, 此为其遗憾之处。如果将此社会福利内容考虑在内, 则进口国的利益获得或许还可以抵销出口卡特尔所造成的消费者福利损失。由此, 出口卡特尔对进口国的影响要从不同的角度来分析, 似乎不能一概得出其对进口国有害之结论。但是, 必须分清的是, 前述分析是以社会总体福利为衡量标准的, 这里的总体福利标准不仅包括生产者剩余还包括消费者剩余, 更包括国家关税, 而此种总福利标准与竞争原理并非一致, 因为竞争原理强调的是生产者剩余与消费者剩余, 而没有国家收入。笔者认为, 即使进口国征收的关税可以抵消进口国的损失, 此关税也属租金性质, 排除不了竞争减少的嫌疑, 抹杀不了消费者剩余损害的事实。因此, 出口卡特尔对进口国市场竞争的损害确实无疑。

最后, 出口卡特尔能提升卡特尔的持久性。由于出口卡特尔成员所享受的收益无法被非成员所分享, 因此非卡特尔成员处于竞争不利地位, 由此导致非卡特尔成员有动机加入出口卡特尔, 分享卡特尔所带来的利益, 获得比较高的收益。此种卡特尔的形成同一般卡特尔的最大区别之处在于, 出口卡特尔不受本国法律的禁止, 反而受本国法律的保护, 这导致出口卡特

〔1〕 Aditya Bhattacharjea, "Export Cartels: A Developing Country Perspective", *Centre for Development Economics*, January, 2004, p. 25.

尔可以拥有一般国内卡特尔所不具有的持久性。这说明出口卡特尔对进口国的侵害较为严重，并具有持久性。

（二）出口卡特尔对进出口国自由贸易的不利影响

出口卡特尔除了对进口国造成直接经济影响外，还可能影响双方贸易的自由流通。面对出口卡特尔，进口方很有可能形成买方卡特尔，或者进口国允许本国形成出口卡特尔，这些抵制措施的形成是基于贸易对策。

首先，在进口国形成买方卡特尔的情况下，其形成原因是出口卡特尔对进口国造成损害而采取防卫的贸易对策。实践中存在买方卡特尔形成的案例。例如，为了应对美国木屑生产商组成的协会，此种协会根据美国《韦布-波默林法》免受美国反垄断法规制，但该出口协会对日本国内市场造成了损害，日本纸张生产商由此组成了买方卡特尔。虽然此案最终以日本败诉告终，[1]但其表明，出口卡特尔易催生进口国买方卡特尔，不利于国际贸易的自由流通，从而引致双方发生贸易战。

其次，在进口国形成出口卡特尔的情形下，双方出口卡特尔易形成贸易摩擦。此摩擦的形成是由进口国与出口国对出口卡特尔的态度不同造成的，进口国希望通过本国竞争法对域外出口卡特尔进行制裁，而出口国则对其采取支持态度，甚至有时会主张此种出口卡特尔源于出口国的强迫，并由出口国承担责任，两国利益随即形成冲突，不利于贸易自由化。针对国家强制出口卡特尔，笔者将在下一章详细分析。

此外，出口卡特尔易形成国际卡特尔。当少数出口卡特尔均进入同一个国家市场时，双方为避免竞争易会再次形成卡特尔，此时的卡特尔形式已变成国际卡特尔。

---

〔1〕 Daishowa Interarntional v. North Coast Export Co. Ltd, 1982. Trade Cases（CCH），p. 774.

# 第四节　竞争法割裂了出口卡特尔的经济效果统一性

由上述分析可以看出，出口卡特尔对国内市场的影响应得到具体分析。其对进口国市场的影响是剥夺进口国消费者利益。换言之，从不同的市场观察，其经济效果不同，市场界定不同，结论也不同。出口卡特尔既有带来竞争利益之可能，也有带来竞争损害之概然。之所以如此，根本原因乃在于竞争法分别规制统一经济行为的经济效果。对此，下文将予以详细分析。

## 一、出口卡特尔经济效果的不可分割性

前述探讨出口卡特尔竞争效果所依赖的市场并非统一，有时针对出口市场，有时针对进口市场。然，从实质上分析出口卡特尔对相关市场竞争的影响，不应仅限于出口国市场，应同时考虑进口国市场。换言之，不能人为割裂出口市场与进口市场的统一性，应将相关市场结合为一体，全局分析。如果分裂相关市场，就无法得到正确的经济分析结论，自然无法向作出价值判断的法律提供正确的经济参考依据。正确的经济学分析应是综合考虑整个相关市场，而不是对竞争行为的经济效果作片面理解、断章取义，否则会以偏概全，无法得出正确结论。从经济学角度理解，出口卡特尔的经济效果与国内出口卡特尔并无本质之不同，如符合前述界定的出口卡特尔的三种类型，即价格固定出口卡特尔、市场划分出口卡特尔和数量限制出口卡特尔，其本质就是为了消灭卡特尔成员之间的竞争，将产品价格提高到竞争水平之上的垄断价格，生产者剩余增加，消费者剩余减少，并造成无谓的损失。无论是从消费者福利视之还是从社会福利视之均为社会损失，无经济效益。此种情形可以下图列示说明。

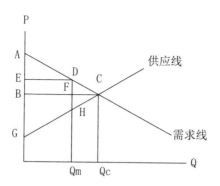

上图横轴表示产品供应数量，竖轴表示产品销售价格，C
点表示竞争条件下的平衡点，B 点表示竞争条件下的价格，D 点
表示价格固定条件下的平衡点，E 点表示价格固定条件下的价
格。ΔABC 是竞争条件下的消费者剩余，ΔBCG 是竞争条件下的
生产者剩余。ΔAED 是垄断情况下的消费者剩余，□EDHG 是垄
断条件下的生产者利益。在存在出口卡特尔的情况下，由于价
格固定且提高，导致数量减少，供需曲线形成新的平衡，由 C
点移到 D 点，产量由 Qc 减为 Qm。前述学者的分析要么仅考虑
出口市场生产者利益□EDHG，要么考虑进口市场消费者利益
ΔAED，由此将统一的经济分析效果□EDGH 和 ΔAED 分割成了
两个独立的经济效果，结论难免出现偏颇。其分析方法具有的
狭隘性，导致其仅能为以经济学为价值判断基础的法律提供片
面的经济参考数值。

## 二、竞争法肯定出口卡特尔经济效果的片面性

既然从经济学的竞争理论分析，出口卡特尔对社会资源配
置具有不利之处，那么法律对此便应作出同质性的价值判断，
应规定出口卡特尔的违法性。然而，事实上，各国对出口卡特
尔的法律规定却没有遵循这一路线。如《欧盟运行条约》第101

条将对欧盟市场和贸易有影响的出口卡特尔视为违法，对其对域外市场的影响是否违法并无规定；美国的 ETCA 规定，出口卡特尔对国内市场有重大、直接和可预见性影响则被视为违法，对美国之外的市场影响不予追究。为什么国家法律对于出口卡特尔的价值判断会与经济学的结论如此不一致，进而破坏了两者对话的基本原则？原因其实比较简单，因为各国的竞争法属于国内法，各国在制定法律时只考虑本国的国家利益，不关心他国利益，由此对前述经济分析的经济效果进行人为分裂也就再自然不过了，即将出口卡特尔市场界定得过于狭窄，出口国竞争法仅将出口市场作为经济分析的依据，并以此经济学结论作为法律价值判断因素，进口国竞争法亦如此，从而得出了截然不同的法律价值结论。此种结论当然是立法者的有意选择，正是这样有选择性的"明知故犯"造成了各法域的冲突。

既然以非完整的经济效果作为法律价值判断基础，其法律规定自然无法与经济效果保持同质，产生了法律与经济学相背离的结局。正是这一背离催生了各种不同法律规定及法律适用的冲突。规定差异性的具体体现是：由于出口国家对市场的关心仅限于出口国家市场，出口卡特尔的经济效果无论以消费者剩余观察还是以社会总剩余观察均属有利，故出口卡特尔不为本国竞争法所禁止；进口国家对出口卡特尔的关心及对市场的界定均是基于进口市场，此时无论从进口国的消费福利还是从进口国的社会总福利视之均属于不利，故法律赋予管辖权，追究域外出口卡特尔的竞争法责任。显见，不同法律对同一卡特尔作出了不同的法律规定，且此种不同的法律规定在适用过程中造成了法律冲突，甚至是政治冲突。

鉴于上述分析，出口卡特尔不利于市场资源配置，各国法律对于本国的出口卡特尔的法律价值判断，并非以全面的经济学的经济效果为依据，而是各取所需进行了不同的价值选择，同经济学相分离。因此，围绕出口卡特尔的法律属性本质也就存在不同的结论：以出口国家视之则为合法，以进口国家视之则为违法。透过现象看本质，不同的法律规定并不能掩盖其经济不合理的本质，其与国内卡特尔从经济学意义上来讲均属于同一家族，并无不同待遇，也无内外属性不同标签，因为"竞争是不分国界的"，[1] 经济学分析也应无政治疆域之分。各国对出口卡特尔的合法规定仅是基于主权需要，是对经济学结论的背叛，在经济全球化背景下，大多国家均以市场经济作为经济发展模式，本应尊重市场经济规律，尊重市场经济活动结果，不应对其进行破坏，正如美国芝加哥派经济学理论所认为的，应尊重市场的经济效益，而不能对市场进行过多干预。出口卡特尔豁免就是权力对市场干预的体现，其必然会造成经济扭曲，造成资源的不当浪费。

　　但是，各个国家又是以本国利益最大化为理性追求的，经济学所依赖的无政治疆界全球市场在现实中也不存在，这种理想在短期内很难成为现实，这就造成了一种理想与现实的矛盾。如何解决？当然首先是以现实为基础，以具有政治疆界区分的现实竞争市场为分析前提，政治疆界的存在使学者所称的"正是反竞争行为的溢出效果从一个管辖领域传至另一个领域使得竞争法变为国际性的原因之一"[2] 得以成立。尊重现实的同时也要考虑理论，无视经济学规律必然会受到惩罚。其实，这种惩罚早已实际发生过，如美国的单边域外适用受到各国的抵制，

--------

〔1〕 ［美］迈克尔·波特：《国家竞争优势》，李明轩、邱如美译，郑风田校，华夏出版社 2002 年版，第 32 页。

〔2〕 D. Daniel Sokol, "What Do We Really Know about Export Cartels and What is the Applicable Solution?", *Journal of Competition Law & Economics*, Vol. 4, 2008, p. 968.

并引起国家之间的冲突就是很好的说明。换言之，应当克服传统仅考虑国内市场效果，忽视出口卡特尔对国外市场效果的弊端，综合考虑出口国与进口国的利益。如何能同时兼顾二者利益？各国内竞争法当以统一市场为适用前提，规范这一统一市场的统一经济效果并良好执行当属最佳方案。然，出于国家的现实性利益考虑，此方案可行性不大。那应如何寻求解决方案？笔者认为，从法律规定视之，出口卡特尔的本质使其具有了跨越政治法律疆界之特性，对出口卡特尔的法律价值判断不应将经济分析的市场进行分割，而应统一分析。唯有如此，才能使法律与经济效益分析保持一致，使得法律与经济始终保持对话状态，使竞争法的市场竞争基础具有整体性。

　　法学对经济效果有选择性的价值判断，使出口卡特尔豁免异化了竞争法消费者利益保护理念。竞争法以保护竞争为己任，如何判断行为是否违反竞争应以消费者利益为准，此为美国竞争法所首倡，欧盟也紧跟其后，

　　前述分析已表明，出口卡特尔豁免的原因是出口卡特尔对出口国市场没有影响，或者影响不大，因此出口国竞争法不追究其反垄断责任。其豁免的原因并非考虑消费者利益是否得到保护，其对"国内消费者可能要承担出口卡特尔的成本也显示出一些漠视"，[1]更谈不上对外国消费者利益的关心，甚至出口卡特尔得以成立并存续的目的就是剥夺国外消费者利益。因此，对出口卡特尔的豁免根本不是基于对消费者利益标准的适用，而是基于对出口国生产者利益的考虑。正是对出口国生产者利益的关注，使得消费者利益保护标准无法在此得以维系，发生了本质异化，由消费者利益标准改为生产者利益标准，导致出

---

　　〔1〕　Florian Becker, "The Case of Export Cartel Exemptions: Between Competition and Protection", *Journal of Competition Law & Economics*, Vol. 3, 2007, p. 115.

口卡特尔豁免体现的是竞争者保护理念。竞争者保护理念早已为现代竞争法淘汰，此从欧盟竞争法理念便可以看出，在 1999 年改革欧盟竞争法之前，保护竞争的目标是保护私人经济自由，限制不当的经济权力。[1]基于此种理念，欧盟竞争法的解释就不是经济效率的提高，而是要求私人力量必须受到限制和控制，以利于创造一个自由、公平的政治社会秩序。如此看来，现行竞争法对出口卡特尔的豁免规定属于历史遗留问题，与现行竞争法理念不容。

# 小　结

　　第一章分析的出口卡特尔竞争法规制冲突之所以会出现，乃是由于经济分析与法律价值判断发生了分离，只有正确分析冲突产生的原因，才能寻求正确的解决之路。只是对于豁免这个概念存在疑问：豁免的前提是出口卡特尔具有违法性，在以出口国市场效果作为判断标准的前提下，如果出口卡特尔是纯粹国家出口卡特尔，对出口国无不利影响，出口国竞争法理应赋予其合法性。既无违法，何来豁免规定之说？此判断标准与结论之间的不协调性昭然若揭，难免会引发出口卡特尔仅以出口国市场的效果作为判断标准的悖论。那为什么还会存在豁免概念？看来所谓的豁免是针对那些混合国家出口卡特尔而言的，因为其对出口国市场存在不利影响，同时存在对出口国家较为重要的利益，从而对违反竞争行为予以豁免。

　　详细分析出口卡特尔对市场的影响，主要涉及如何规制的

---

　　[1]　Möschel, "Competition Policy from an Ordo Point of View, Quoted from Peacock and Willgerodt (eds.): German Neo-Liberalism and the Social Market Economy", *Macmillan*, 1989, p. 149.

问题，因为如果出口卡特尔具有限制竞争之本性，则需适用本身违法规则，不容当事人进行效率抗辩，或即使允许当事人进行效率抗辩，也应如欧盟竞争法那样定性为目的限制，效率抗辩难以成功。如果其兼具促进竞争和限制竞争之可能，则对其不宜适用本身违法规则，应转而适用合理规则。可见，对出口卡特尔经济效果的理论研究并非仅停留在经济理论意义层面，主要目的是为其适用的法律规则打下基础。如果出口卡特尔适用不当法律规则，对具有经济效益的出口卡特尔适用本身违法规则，则会造成积极管辖的错误（positive false），此时不仅浪费法律执行等社会资本，更主要的是法律不当地限制了具有积极意义的商业竞争行为，扼杀了竞争者有益于市场并充满活力的创新行为，明显系属不当干预市场，违背市场经济自由竞争的规律。

前述分析所依赖的市场并不是一个最为广义的无疆界全球市场，无疆界意味着涉及的全部市场是同一个主权国家，不存在由政治疆界带来的市场进入障碍，也无生产者与消费者分属不同政权国家之区分，此时的出口卡特尔即如同国内卡特尔，其法律待遇完全等同于国内卡特尔。事实上，这种情况仅是理想的追求，在主权国家林立的当今，追求各自利益的理性本质，使此理想状态暂时无法实现。这也是本书主张通过区域经济一体化规制出口卡特尔的原因之一。

国内竞争法对国内市场的规制具有一致性，在存在出口卡特尔的情形下，一致性会受到破坏，分裂统一经济市场，无法对一个市场竞争行为的全部经济效果作出完整性评价，这时出现第一章分析的竞争法适用冲突也就不奇怪了。从本质言之，法律将一个经济行为的经济效果割裂对待，是引发竞争法适用冲突的原因。

# 竞争法单边解决冲突的局限性

　　根据第一章和第二章的分析，可见现行竞争法规制出口卡特尔所面临的冲突及不合理性，在不改变现行竞争法单边规制模式的情况下，能否寻求一种方法，以较好地解决现行冲突？可供选择的方案尤非以下几种：一是将出口卡特尔的竞争法规制管辖权赋予出口国，其在适用竞争法时应考虑对进口国市场的影响，恢复法学与经济学的对话，从而使进口国放弃管辖权。但是，此种方案的实施要依赖于出口国与进口国二者的同意，即对等原则的适用。只有缔结相关条约方能有效实施此原则，此方案显然超出了竞争法单边适用的范围。如果不适用对等原则，任何一个出口国均不会追究自己域内出口卡特尔的反垄断责任。另外，即使缔结此种对等原则条约也不可能在较广的范围内推广，只有在区域条约中规定才有可能。二是赋予进口国管辖权，即维持现状。但是，此种解决方案不仅存在第一章分析的效果管辖权的不确定性因素，而且还会遭遇取证难、执行难等问题，此问题无法通过缔结条约解决，目前已缔结的为数不少的条约均无法使问题得到根本性解决。三是进出口国均放弃管辖。此方案明显与目前对出口卡特尔的意识相违背，因为均不予管辖实质上赋予了出口卡特尔合法性地位，这显然不能为我们所接受。四是进出口国均积极管辖。此方案涉及出口国追究其域内出口卡特尔责任的问题，也必须实施对等原则，又要依赖于条约的缔结，显然不属于单边规制范畴。既然其他另行改造的方案无法在竞争法单边适用情况下解决目前的冲突，那么现行单边规制是否根本不可能缓解此种冲突？非也。在出口国主权强制出口方组成卡特尔时，出口国豁免的法律效力将对进口国具有约束力，进口国不能再对出口卡特尔行使管辖权，由此形成了外国主权强制抗辩理论。下面，笔者将详细分析该理论。

# 第一节　美国适用外国主权强制抗辩的局限性

最近几年，中国出口公司被美国进口商或消费者在美国提起反垄断诉讼的情况较多。第一起案件是 2005 年初的"维生素 C 案"。在本案中，作为被告的中国出口方的抗辩理由之一是中国出口维生素的价格是由中国政府强制规定执行的，对此我国商务部也提交了相应声明，但最终抗辩没有被一审区法院采纳。第二起案件是 2005 年 9 月的"菱镁矿案"，同样是由美国进口商 Animal Science 提起。本案中，中国出口商提出的抗辩理由之一仍是外国主权强制。虽然美国一审法院驳回了原告的请求，但驳回的理由是 FTAIA 的例外适用条款，并非外国主权强制抗辩。美国原告提出上诉后，上诉审法院又撤销了一审区法院的判决。上诉审法院详细分析了外国主权强制抗辩，但尚未得出终结性结论。第三起案件是 2010 年的"铝土矿案"，中国出口商提出的抗辩理由也是外国主权强制，但此案的处理结果与前两案均不一样。其理由是美国已经针对同样的行为在 WTO 框架内提起贸易争端，中国出口商的卡特尔行为性质认定不能与美国贸易方相反，因此中止了对该案的审理。上述三起中国出口卡特尔反垄断案的诉讼结果并不相同，说明美国对外国主权强制这一抗辩的认定标准存在分歧，同时与其他国家被美国起诉的几起案件相比较，为什么日本的观点得到了采纳，而中国的观点却没有得到支持？这些问题不能不令人深思而又不得不进一步探索：外国主权强制这一抗辩理由的含义是否确定？有无统一适用标准？司法实践对此认定有无分歧？如有，体现在哪里？这些问题不仅与理论相关而且也与实践紧密相连，对中国正在进行的反垄断诉讼无疑具有理论助力。

## 一、外国主权强制理论的演进

美国有学者认为，美国对外贸易反垄断诉讼中涉及外国主权强制理论的案子可追溯至 1909 年的"香蕉案"，[1]此案经常在我国的著述中被引用为国家行为地管辖的典型案例，因为霍姆斯（Holmes）大法官认为，一般且几乎是普遍的规则是，行为合法与否本质上完全由行为地所在国家法律来确定，但是其也认为，哥斯达黎加的士兵没收原告庄园的行为不具有可诉性。[2]据此，国外有学者认为，反垄断责任不能建立在外国政府主权行为上。[3]笔者以为，国家行为不具可诉性虽然意味着豁免，但是此种豁免并非基于私人行为，而是起因于外国主权行为，因此二者具有明显的区别。国家行为理论与外国主权强制豁免理论存在一定的交叉，均源于国家行为，因为外国主权强制方面的国家行为体现在对私人行为的强制性上，没有国家行为，私人行为也就不会发生，国家行为是最终原因，二者具有同理性。但在此案中，二者的区别比较明显，此案中根本没有私人

---

〔1〕 John Leidig, "The Uncertain Status of the Defense of Foreign Sovereign Compulsion: Two Proposals for Change", Va. J. Int'l L., Vol. 31, 1990, p. 329.

〔2〕 American Banana Co. v. United Fruit Co., 213 U. S. 347, 356 (1909).

〔3〕 Graziano, "Foreign Governmental Compulsion as a Defense in United States Antitrust Law", Va. J. Int'l., Vol. 7, 1967, p. 104.

行为的发生，外国主权强制更是无从谈起，二者不可混同。因此，将外国强制理论的起源案件追溯至"香蕉案"尚值进一步探讨。

真正与外国主权强制相联系的案件应是"剑麻案"。此案的基本案情是：被告 Comision Exportadora de Yucatan 是负责从墨西哥购买剑麻的公共机构，作为被告的独家代理机构 Sisal Sales Corporation 成功地利用墨西哥尤卡坦州（Yucatan）的歧视性税法规定将被告竞争对手从剑麻市场消灭掉。美国联邦最高法院以地域联系作为管辖基础，认为被告限制贸易的合谋已经进入美国，从而支持了法院的管辖权。法院的上述观点承认了被告行为是墨西哥尤卡坦卡州（Yucatan）法律所许可的行为，并非由该政府的强制行为所致。[1]很明显，法院的观点已经涉及对被告行为系自主作出还是被强制作出这一问题的分析，其分析意见已经暗含，如果被告行为是基于外国政府的强制则可被豁免。因此，该案才是真正的第一起运用外国主权强制理论的反垄断案件。美国学者也认为，承认外国主权强制抗辩可以追溯至较早的"剑麻案"。[2]当然，本案中，被告所主张的外国主权强制豁免未得到适用的一个原因是，此种强制的存在源于被告对墨西哥政府及尤卡坦州的成功游说。[3]可见，此案不仅对行为的强制及自主性进行了初步分析，还进一步提出了外国主权强制抗辩的约束条件。但是，此案并没有对什么是外国主权强制进行明确的解释，也没有涉及外国主权强制的其他构成要件。

〔1〕 United States v. Sisal Sales, 274 U. S. 268, 275~276 (1927).

〔2〕 Marek Martyniszyn, "A Comparative Look at Foreign State Compulsion as a Defense in Antitrust Litigation", *The Competition Law Review*, 2012, p. 146.

〔3〕 United States v. Sisal Sales, 274 U. S. 268, 273~274 (1927).

此后的"大陆矿案"再次涉及外国主权强制问题，该案涉及加拿大对钒（vanadium）产品的市场规制问题，并再次提起了"剑麻案"。本案中的原告诉称，一组美国与加拿大的钒产品生产者与采矿者所从事的行为违反了《谢尔曼法》第 1 条和第 2 条的规定，其诉称的核心是原告从钒产品市场退出系由被告合谋所致。作为被告的 Union Carbide 全资子公司 Electro Met of Canada，经加拿大政府部门（Canadian Metals Controller）指定，作为战时独家代理机构为加拿大企业购买和分配钒产品。在其授权范围内，Electro Met of Canada 帮助本案被告即其母公司 Union Carbide 拒绝从原告 Continental Ore 处购买产品。[1]被告辩称其行为是根据加拿大政府机构的指令而为，应当豁免反垄断责任。美国联邦最高法院的怀特法官（White）认为，Electro Met of Canada 根据加拿大法律所许可的方式行事的事实并不足以让法院授予其豁免权，外国主权强制无证据支持，也没有任何证据说明加拿大法律强制实施歧视性购买。[2]本案与前案的区别是审理法院对外国主权强制的说明更加明确，具体指出了外国法律有无强制性问题，此案似乎已经明确了外国主权强制的构成要件是外国法律的存在及其强制性，这显然是前述案件没有指明的问题。但仍然没有详细分析外国主权强制理论及其构成要件。另外，本案的审理法院拒绝被告抗辩的理由之一是，没有任何证据显示加拿大政府机构同意或本应同意被告对钒生产销售的垄断行为，或者指示停止向原告购买产品。[3]从反面

---

〔1〕　Continental Ore Co. v. Union Carbide & Carbon Corp. , 370 U. S. 690, 692~704（1962）.

〔2〕　Continental Ore Co. v. Union Carbide & Carbon Corp. , 370 U. S. 690, 704~707（1962）.

〔3〕　Continental Ore Co. v. Union Carbide & Carbon Corp. , 370 U. S. 690, 706（1962）.

理解，这一分析似乎给出了外国主权强制的一个构成要件，即只要外国主权政府同意即可证明外国主权强制存在，就可以支持被告的外国主权强制抗辩。虽然此种推论无法得到现今理论的支持，但它还是进行了相应的探索。因此，本案的审理法院也对外国主权强制的构成要件进行了分析，即外国政府的同意或指示。

在"瑞士手表案"中，手表及零部件生产者、销售者达成私人协议，目的是阻碍手表企业在瑞士市场的发展。被告辩称其行为系基于瑞士政府的强制规定，因此法院对其反垄断诉讼管辖不当。审理法院认为，瑞士法律没有要求被告加入此协议，认为只有被告所依据的瑞士法律具有命令性质，其抗辩才可能成立。因此，法院认为，只有外国政府直接强制被告行动才能阻止美国行使管辖权。[1]此案相较于前案的进步是，不仅强调外国法律对被告行为的强制性，而且也强调外国政府行为具有直接强制性。也就是说，外国主权强制的构成要件不仅局限于外国法律的强制，也包括外国主权行为的强制。由此来看，本案的不同之处在于对外国主权强制的构成要件进行了扩大化，但其仍没有展开研究其构成要件。

真正对外国主权强制理论进行较为深入分析的第一个案例是"Interamerican 案"，虽然有学者认为，"瑞士手表案"与"大陆矿案"均真正地涉及被告行为系基于外国主权强制，是对"香蕉案"确认的外国主权强制豁免的正确限制，[2]但是笔者认为，如前所述，前述两案只是对外国主权强制理论的运用，为诉争垄断行为是否应豁免提供理论依据，并未具体阐述外国主

---

〔1〕 United States v. Watchers of Switzerland Information Center Inc. , 1963 Trade Cas. , pp. 425~457.

〔2〕 Wilbur L. Fugate, "Antitrust Jurisdiction and Foreign Sovereignty", Va. L. Rev. , Vol. 49, 1963, p. 934.

权强制理论，也未提供相应的法学理论依据。而 "Interamerican
案"却对外国主权强制豁免的理论依据进行了一定程度的分析，
这是前两案所不具有的特征。

"Interamerican 案"的基本事实是，原告诉称被告从事联合
一致抵制行为，拒绝向原告提供生产所用的委内瑞拉原油
（crude oil），最终导致其停止经营，因此原告认为被告的拒绝出
售行为根据美国反垄断法具有可诉性。被告对于原告诉称的拒
绝出售行为及对原告造成的损害并未予以否认，但是被告辩称
其拒绝出售系基于委内瑞拉政府的禁止，并以此作为积极的抗
辩。[1]审理法院的赖特（Wright）法官认为，主权包括规制本
国商业的权力，当一个国家强制实行一个贸易实践时，本国公
司无从选择，只能被迫服从。此时，商业行为变成了主权行为，
《谢尔曼法》不能赋予美国法院对外国主权的管辖。从这个意义
上来讲，其仅能禁止个人和公司的垄断行为。审理法院也注意
到了类似于"Parker 案"提出的基于国家主权而放弃管辖的理
论。在"Parker 案"中，美国联邦最高法院认为，服从州法律
可以使被告不承担联邦反垄断责任。另外，审理法院强调了豁
免被告基于国内命令从事的美国反垄断法规制行为的公平性。
赖特法官认为，根据政府意愿从事商业行为的现象是存在的，
因服从政府意愿而被强加的责任将会消灭公司在国外从商的能
力。如果针对外国政府的强制不给予积极抗辩地位豁免其责任，
位于国外的美国公司在面临其所在国家的命令时将不得不选择
到其他没有强制命令的国家去经营。[2]本案中，围绕外国主权

---

〔1〕 Interamerica Refining Corp. v. Texaco Maracaibo Inc. , 307 F. Supp. 1291, 1292~
1296（1970）.

〔2〕 Interamerica Refining Corp. v. Texaco Maracaibo Inc. , 307 F. Supp. 1291, 1298
（1970）.

强制理论，审理法院强调的是保障受强制被告获得公平对待，虽然其并未进一步阐明不赋予豁免会造成不公平的具体理由，但其已为外国主权强制豁免提供了理论依据。据此，将其称为典型的外国主权强制豁免案例实不过分。另外，该判决对外国主权强制理论进行分析的另一个依据是，避免冒犯外国主权，从而豁免被告的反垄断责任。[1]此依据无非是将外国主权强制豁免建立在国家主权行为和尊重外国主权的基础之上，这也是此案审理法院努力追寻外国主权强制理论的体现，是明显不同于前述案例的重要贡献。然而，此努力却受到了学者批评，因为其引用的"Parker案"是美国的纯国内案件，将纯国内的州政府行为运用于国际法环境下的主权行为显然是不合理的，不具有说服力。[2]至于该学者的批判是否完全有依据，尚值探讨，本书不予讨论。

应当注意的另外一个重要问题是，针对被告提出的抗辩，原告要求法院承认委内瑞拉的禁止销售行为违背了委内瑞拉的法律，法院对此予以拒绝，理由是国家主权行为理论不支持法院审理国家主权行为的合法性，并引用相关的案例加以证明。[3]原告提出的问题使本案对外国主权强制理论的探讨进一步深化，外国主权强制行为的合法性是不是构成要件？换言之，法院是否应当对外国主权强制的合法性进行审查？不管结论如何，其依据为何，本案法院对此不予审查的理由均是外国主权行为理论，此处又再次将外国主权强制与外国主权行为相等同。因此，

---

〔1〕 Interamerica Refining Corp. v. Texaco Maracaibo Inc., 307 F. Supp. 1291, 1296~1298 (1970).

〔2〕 John Leidig, "The Uncertain Status of the Defense of Foreign Sovereign Compulsion: Two Proposals for Change", Va. J. Int'l L., Vol. 31, 1990, p. 335, note 95.

〔3〕 Interamerica Refining Corp. v. Texaco Maracaibo Inc., 307 F. Supp. 1291, 1298 (1970).

本案为外国主权强制理论的深化打下了良好的讨论基础。另外，本案原告对被告的外国主权强制抗辩提出反驳的一个理由是，被告在委内瑞拉的行为所依据的命令具有程序瑕疵，没有被按照正确程序发布的命令不具有法律效力，因此也就不存在强制。法院依据国家行为理论驳回了原告的反抗辩，认为委内瑞拉政府官员是否在其自己的权力范围内行事，以及是否按照合法程序行动与本案无关。[1]原告提出的问题涉及外国主权强制是否以其强制有效为前提条件，这也为以后探讨强制的构成要件奠定了基础。

## 二、外国主权强制理论的不确定性

上文简要分析了外国主权强制理论的发展简史，但相关案例的审理法院并未对其含义及其构成要件进行详细分析，这些案例的发展仅使外国主权强制理论处于起步阶段，尚未成熟。后历经多年的司法实践发展及学者的争鸣与讨论，外国主权强制理论已初具框架，部分内容已达成共识，部分内容尚有争议，研究这些争议内容有助于进一步完善该理论，可以将理论与实践联系起来，客观评价现实发生的反垄断案件在美国的判决命运，提供相应的对策，同时促进理论的发展，推进理论的体系化。[2]

（一）外国主权强制的构成要件具有不确定性

何为外国主权强制？有学者认为，外国政府命令本国的实

---

〔1〕 Interamerica Refining Corp. v. Texaco Maracaibo Inc. , 307 F. Supp. 1291, 1299 (1970).

〔2〕 有必要提及的是，有学者认为，到目前为止，唯一以外国主权强制作为抗辩得到胜诉的案子仍是"Interamerica 案"。Marek Martyniszyn，"A Comparative Look at Foreign State Compulsion as a Defense in Antitrust Litigation"，*the Competition Law Review*，2012，p. 145；Spencer Weber Waller，"Redefining the Foreign Compulsion Defense in U. S. Antitrust Law：the Japanese Auto Restraints and Beyond"，Law & Pol'y Int'l Bus. ，Vol. 14，1982，p. 785. 但笔者认为，"新西兰奶制品案"也应属于成功案例之一，下文会涉及此案。

体或一群实体从事的行动违反了美国反垄断法时，外国主权强制理论就将适用。[1]有学者认为，美国联邦最高法院并没有就外国主权强制的标准和要求给出一个肯定的答案。[2]无论如何定义，学者以及司法实践对于外国主权强制的争议核心都无非是判断"强制"是否存在。由此来看，对外国主权强制含义的理解以正确理解"强制"为前提，因此理论及判例均围绕"强制"是否存在展开讨论，这也是在辨析强制在何种情况下存在。

1. 外国主权强制的实质要件具有不确定性

在"Mannington Mills 案"中，审理法院认为，为进一步证实外国主权强制的存在，被告应当无能力从法律角度拒绝遵守外国政府的意愿。[3]从法院的分析观点来看，就是当事人必须服从本国政府的命令。对此，审理法院也如此认为，欲使外国主权强制理论得到适用，当事方违反反垄断法的行为必须是服从外国政府的命令，且外国政府的命令相对于被诉称的垄断行为而言必须是基本和重要的，而不能仅仅是附属的。换言之，此处的强制不能仅是外国政府的同意。[4]另外，在"Swiss Watchermakers 案"中，审理法院也认为，瑞士政府同意被告私人行为的事实不能使一个本质上属于自愿的私人合谋转变成一个来自政府命令的不可反抗的系统。[5]对此，理论界及司法实务界几乎没有异议。但是，如何才能进一步说明或证明强制存在呢？

---

[1] Ali Ganjaei, "Matsushita Electric Industrial Co. Ltd v. Zenith Radio Corp. : The Death Knees for Predatory Price Fixing and the Avoidance of a Standard for the Foreign Sovereign Compulsion Defense", Denv. J. Int'l & Pol's, Vol. 15, 1986, p. 411.

[2] Jane Lee, "Vitamin 'C' is for Compulsion: Delimiting the Foreign Sovereign Compulsion Defense", *Virginia Journal of International Law*, 2010, p. 765.

[3] Mannington Mills Inc. v. Congoleum Corp. , 595 F. 2d 1287, 1293 (1979).

[4] Mannington Mills Inc. v. Congoleum Corp. , 595 F. 2d 1287, 1293 (1979).

[5] United State v. Watchmakers of Switzerland Info. Ctr. Inc, 1963 Trading Cas. (CCH), pp. 456~457.

从上述法院分析的反面来理解，只要当事人从法律上可以不服从本国政府的意愿就应当认定强制不存在。

此处的不能拒绝意愿或必须服从意愿只是一个较为抽象的概念，无法给出一个较为直观的理解。换言之，如何进一步确定强制存在？应当说，从正面理解具有一定的难度，因为行为自由是否存在较为抽象，不同情况有不同表现。对此，有学者认为："行为是否实际上被强制而为，要求考虑所有情况，其中包括指令方式如何，指令发布者是谁，拒绝服从所受到危险之可信度以及惩罚危险的严重性等。"[1]有学者认为："强制的存在，在任何案件中都要依赖于被告财产利益所处的危险，不服从所遭受惩罚的本质和严厉程度，以及行为私人与外国政府之间的总体关系。"[2]可见，学者虽然就如何认定强制未达成一致，但其共同点是要分析拒绝服从的惩罚情况，此与司法实践相吻合。为了能更好地理解并正确运用强制之理念，司法实践从反面理解，从违反强制的法律后果分析私人自由是否存在。总的来说，如果私人不遵守强制就要面临相应的惩罚，就可以断定私人的自由不存在，系政府强制而为。如果私人违反相应的强制并没有得到相应的惩罚，那么便可以说明当事人具有行为的选择自由，政府的强制将不存在。笔者认为，此种理解具有一定的科学性，此处的强制如果是以法律形式存在，则判断强制是否存在类似于基于国内法判断是否存在强制性法律规范。国内强制性规范是与任意性规范相对立而存在的，二者以违反

〔1〕　Barry E. Hawk，"Special Defense and Issue, Including Subject Matter Jurisdiction, Act of State Doctrine, Foreign Government Compulsion and Sovereign Immunity"，Antitrust L. J.，Vol. 50, 1981, p. 571.

〔2〕　Spencer Weber Waller，"Redefining the Foreign Compulsion Defense in U. S. Antitrust Law: The Japanese Auto Restraints and Beyond"，Law & Pol'y Int'l Bus.，Vol. 14, 1982, p. 795.

规范的法律效果为划分标准，违反强制性规范，行为人将面临行政处罚或民事无效等不利法律后果，而违反任意性规范则无此后果。同理，在反垄断案件中，法院也是适用此种原理来判断强制性（规范）是否存在，因为在出口卡特尔案件中也是适用外国法律来判断其行为是否具有强制性。

另外一个不得不提的情形是，"新西兰奶制品案"所提出的法律并非直接强制私人行为，只是具有强制的间接效果。此案原告是新西兰奶酪的美国进口商，被告是新西兰奶制品委员会及其在美国的全资子公司。原告诉称被告组成卡特尔，迫使美国进口商以高于竞争价格购买被告生产的新西兰奶制品，由于新西兰奶制品委员会行使法律规定的权力，使其成了事实上的新西兰奶制品的独家本国购买者和出口者，从而使原告只能从被告子公司购买，原告对此别无选择。被告基于国家行为、外国主权强制和礼让理由认为法院无管辖权，要求法院驳回起诉。法院认为，关键是新西兰法律有没有迫使被告如此行为，相关法律是《新西兰1961年奶制品法》，该法设立了奶制品委员会，并将出口产品的权力全部赋予该委员会。[1]因此，该法成了本案审理的关键所在。如果该法赋予被告人强制，法院就应豁免被告的反垄断责任。法律是否具有强制性要看其具体内容。该法的内容是，任何人欲从事任何奶制品出口，均可以向奶制品委员会申请许可，同时其应当详细说明奶制品出口的市场情况，奶制品委员会基于对以下情况的考虑，作出授予同意或拒绝：①出口市场处于没有对奶制品施加数量限制的国家；②奶制品出口可能对新西兰奶制品产业总体收入产生直接或间接的影响；③其他委员会为了本部分条款目的而制定发布的相关指南。设

---

[1] Trugman-Nash Inc. v. New Zealand Dairy Bd. (Trugman-Nash I), 942 F. Supp. 905, 910~912 (1996).

置这段法律条文的主要目的是，基于出口市场实际情况及是否影响新西兰总收入，由奶制品委员会决定是否授予个人出口权，凡是影响新西兰奶制品收入的，奶制品委员会均可拒绝授予个人出口权，反之则可以授予。而美国法律恰恰对奶制品的进口施加了进口限制，此时如果仍然授予个人奶制品出口权，则新西兰奶制品农场主将会在美国市场进行激烈竞争，价格降低将成为必然。在美国进口数量固定的情况下，农场主的竞争会使奶制品价格降低，最终导致总收入减少，这种结局的发生与上述条文的宗旨相违背。因此，奶制品委员会不赋予个人出口权是基于法律的强制性规定。故上诉审法院决定："虽然法律并没有以圣经法令那样设计'你不应该'结构，但同样具有命令的实际效果。"[1]

　　强制的存在是否与其来源有关？强制的存在系基于被告的要求，外国主权强制理论是否也应该得到适用呢？前文所引之"剑麻案"已涉及此问题，如果外国主权强制的存在是基于被告人的要求，其将无法得到适用。这在美国司法实践及学术界均没有争议。没有争议的原因是什么？为什么在没有涉外因素的纯美国国内案件中法院却作出了相反的判决？笔者认为，在美国国内被告引诱国家机构制定对其有利的强制时，虽然其行为违反了垄断法，但强制法律是集团利益平衡的结果，司法机关不能对立法机关的行为进行审查，即使从事垄断的强制行为人获得非竞争利益，此利益也还属于美国。而此种结果在涉外反垄断法中却不存在，违反反垄断法的非法利益获得者是外国出口商，如果将二者不予区分、一视同仁，无疑是鼓励将美国利益拱手相让给外国人，这种结果的发生侵害了美国的利益。由

--------

〔1〕　Trugman-Nash Inc. v. New Zealand Dairy Bd.（Trugman-Nash Ⅱ），954 F. Supp. 733, 736（1996）.

此来看，对二者给予不同待遇是国家利益使然。另外，从意志的归属主体来看，真正获得利益的是被告，国家实行强制虽然避免不了存在纯国家利益情形，但主要利益归属于被告。外国主权强制其实是被告实现其利益的手段和工具，真正违反反垄断法的人是被告，不是政府。此时如果豁免被告的反垄断责任则无疑是在鼓励外国出口商从事类似的行为，其不仅可以获得非法垄断利益，还可以达到其免除反垄断责任之目的，这种结果也同样是不符合美国国家利益的。

2. 外国主权强制的形式要件具有不确定性

强制存在的形式是否以法律为必要要件？对此，不同法院有不同观点。有些法院要求外国政府的强制必须以法律形式存在，否则就应认定强制不存在，即法律的存在是强制存在的必备形式要件。在"Swiss Watchermakers 案"中，法院认为，如果被告行为是瑞士法律所要求的，法院对此案件将爱莫能助，因为在此种情形下，美国法院无权谴责另一个国家政府行为。[1]另一些法院则认为没必要以法律形式存在，政府与个人的非正式联系完全可以满足强制的存在要求。其中的著名案例就是前述已谈的"Interamerican 案"，委内瑞拉政府命令被告不得向原告提供原油并非以法律形式存在，仅以通知形式存在。但是，由委内瑞拉政府部门成立的下属协调委员会却实际监督被告的销售并进行日常检查，法院认为此种口头通知形式在符合其他条件的情况下完全可以证实强制的存在。由此，美国法院对强制存在的形式要件的认定并不统一。不仅美国法院判决矛盾，美国其他部门对强制形式要件的要求也不尽一致。美国的《对外关系重述法》（第 3 版）第 441 条规定，明确违反外国规定的形式

---

[1] United State v. Watchmakers of Switzerland Info. Ctr. Inc，1963 Trading Cas. (CCH)，p. 456.

是法律。1995 年美国司法部与贸易委员会共同制定的反垄断执行指南对强制的形式并没有作出明文规定，既然没有禁止，则意味着可以非法律的形式进行强制。

与司法实践中出现的不一致做法相呼应，美国学术界就强制的形式要件观点也存在分歧。霍克（Hawk）认为强制并不需要通过一种特别的形式来表现，只要对当事人具有实际的强制作用即可。[1]沃勒（Waller）认为，对于强制的认定，给予形式而非政府参与程度优先地位的做法，忽视了政府在商业世界中干预形式的复杂性。[2]有学者认为，要求强制以外国法律形式存在并不能准确反映外国主权强制的存在，寻求外国法律存在是为了使法院不必分辩外国政府未书面表达的目的，此种做法是以外国主权的重要指示主要或绝对地以法律形式发布为前提的。但在一些国家，这种假定并不符合事实，它可以选择多种形式发布指示。例如，由于立法程序耗时繁琐，行政指导更具效率，国家可能选择非立法的机制。[3]而有学者却持不同观点，马雷克（Marek）针对《对外关系重述法》（第 3 版）的规定提出，强制必须在存在有约束力法律或规定并受到刑事惩罚或其他严重惩罚时才能存在，认为这条规定暗含着其认定在外国政府命令系以指导形式作出、不存在正式联系等情形下，并不存在外国主权强制，并认为该法不允许"Interamerica 案"所确立的事实

---

〔1〕　I. B. Hawk，"United States, Common Market, and International Antitrust"，1986，p. 614，quoted from Ali Ganjaei，"Matsushita Electric Industrial Co. Ltd v. Zenith Radio Corp. ，The Death Kness for Predatory Price Fixing and the Avoidance of a Standard for the Foreign Sovereign Compulsion Defense"，Denv. J. Int'l & Pol's，Vol. 15，1986，p. 414.

〔2〕　Spencer Weber Waller，"Redefining the Foreign Compulsion Defense in U. S. Antitrust Law：The Japanese Auto Restraints and Beyond"，Law & Pol'y Int'l Bus. ，Vol. 14，1982，p. 794.

〔3〕　Jane Lee，"Vitamin 'C' is for Compulsion：Delimiting the Foreign Sovereign Compulsion Defense"，*Virginia Journal of International Law*，2010，p. 772.

强制存在是公平的。[1]由此推断该学者支持强制应以法律有效形式存在。

3. 强制行为本身是否必须合法具有不确定性

外国的行为合法性是否需要审查？在前述的"Interamerica 案"中，审理法院已经对这个问题给予了否定性回答，即不需要关心其强制的合法性。这似乎与法院重视强制的实质要件有关，只要外国主权强制的事实存在没有争议，就可以适用此抗辩。当然，其蕴含的理论依据与对被告的公平原则紧密相连，不管形式合法与否，被告均无从选择。也就是说，被告不存在行为自由。相反的观点则要求被告的强制应当从法律角度讲具有合法性。其理由是，如果根据外国法律其主权命令没有法律效力，外国法院根本无法执行此种强制。既然无法实施，那么外国私人就没有合理理由认为其没有选择权，必须服从这一无效的命令。[2]此观点似乎合理，因为不合法的命令使外国私人行为失去了有效的法律基础，其仍具有选择的自由，可以在国内选择相应的法律救济程序，使政府命令无效，因此无需按命令行事。如果其不选择国内救济程序，其依无效的命令行事则属于其自己的意志，外国主权强制也将无从谈起，自不能适用外国主权强制理论。进一步思考，此问题值得商榷。如果外国政府并无相应的救济程序，则政府的命令也就无从变得无效，尤其是在法治并不发达或不完善的国家，当事人根本没有途径寻求救济，其仍然要无条件执行，否则就将面临相应的惩罚。再以前述"Interamerican 案"为例，委内瑞拉政府的命令下达之

---

[1] Marek Martyniszyn, "A Comparative Look at Foreign State Compulsion as a Defense in Antitrust Litigation", *The Competition Law Review*, 2012, p. 147.

[2] Jane Lee, "Vitamin 'C' is for Compulsion: Delimiting the Foreign Sovereign Compulsion Defense", *Virginia Journal of International Law*, 2010, p. 777.

后，被告同样无法抗拒，尽管其没有按照其本国程序发布命令。因此，前述主张外国主权强制有效的要件并不能完全适用。笔者认为，并非无需考虑外国主权强制有效性问题，因为不同的国家法治完善程度不同，法治较为完善的国家完全可以提供相应的救济程序，但在法治不完善国家，则存在无救济程序之可能，不必也不应当以强制的法律有效为要件。故，对法律的合法性要件应具体分析，不能划一待之。此种观点是从理论上的公平角度来思考抗辩人行为自由存在与否，在具体实施时会遇到一些困难，如如何判断涉案国家法治是否完善、由谁来进行判断等。如果加以简单分析，前者可以国家的法律是否规定相应的救济规定为标准，后者可以由审理法院所在国进行判断。因为，是否存在强制救济程序可以被视为一个事实问题。此方法还有待于理论与实践的进一步检验。

4. 强制行为发生地的不确定性

此问题实质上涉及国际法上的地域管辖在外国主权强制理论中的具体适用。如果行为发生在美国，美国依属地管辖权对其自然享有管辖权，美国的法律（包括反垄断法）也将得到适用，被告的外国主权强制抗辩无法抵抗美国本国法律的适用。如果强制行为发生地在美国之外，属地管辖将无发挥余地，基于效果管辖的反垄断案正是外国主权强制抗辩适用之情形。因此，对外国主权强制的领域限制似乎不应有歧义。1995年美国司法部与贸易委员会共同制定的反垄断执行指南明文规定了外国主权强制的领域限制。一般来讲，只有在被强制行为在强制国家领域内全部实施完毕时，外国主权强制理论才能得到适用。这也就意味着，如果强制行为在美国完成，则外国主权强制将无适用之余地。其实并非如此严格。霍克（Hawk）反对绝对领域限制，认为尽管美国司法部赞同外国主权强制的适用存在领域限制，但在一定情形下，在美国发生的行为仍可以允许适用此种抗辩。[1]反对适用领域限制的理由主要是，保障被告得到公平对待的必要性或者建立一案一标准的灵活规则的必要性，反对绝对领域标准的僵化性。反对者的观点似乎是，如果外国主权强制行为发生在美国，也可以依公平原则破除绝对领域的僵化性，免除被告的反垄断责任。司法实践中有无类似的案例加以支持？存在。以"Interamerican Refining 案"为例，虽然外国主权强制行为——拒绝交易——发生在美国，但货物仅是在美国装运而已，货物装运后直接离开美国运到其他国家，此时的拒绝交易行为对美国的影响微乎其微，忽视其强制行为发生地在美国从而给予其豁免对于被告而言显属公平。鉴于此，有学者主张对领域限制标准进行软化处理。将发生在美国以外的外国主权强制假定为可以豁免，但此假定可以相应的事实推翻。对于将发生在美国国内的外国主权强制假定为不能豁免，也可以依证据推翻。[2]

5. 外国主权声明的法律效力具有不确定性

随着国际反垄断案件的增加和发展，证明外国主权强制的存在，不仅要从其构成的形式要件和实质要件来理解，案件所涉及的外国主权国家也应出具相应声明来证明其强制的存在。作为"法庭之友"的主权声明具有何种法律效力？不同法院对之抱有不同的态度。外国主权声明的内容可能不同，有的声明

---

〔1〕 I. B. Hawk, "United States, Common Market, and International Antitrust", 1986, p. 630, quoted from Ali Ganjaei, "Matsushita Electric Industrial Co. Ltd v. Zenith Radio Corp. , The Death Knees for Predatory Price Fixing and the Avoidance of a Standard for the Foreign Sovereign Compulsion Defense", Denv. J. Int'l & Pol's, Vol. 15, 1986, p. 414.

〔2〕 Spencer Weber Waller, "Redefining the Foreign Compulsion Defense in U. S. Antitrust Law: The Japanese Auto Restraints and Beyond", Law & Pol'y Int'l Bus. , Vol. 14, 1982, pp. 805~806.

内容是对外国法律的解释，有的则是承认其对私人行为的强制。对于外国法的法律解释，《美国联邦证据规则》给予了相应的权重考虑。该规则第44.1条规定，外国主权声明有助于澄清本国法律，对于美国法院具有特别的指导意义，而且在实践中也给予了其相当重要的权重。至于后者，美国的不同部门有不同做法。对此，美国审理的"日本电视机案"及"维生素C案"均有涉及，在两案中，美国法院均没有赋予相关国家声明重要权重，而是由美国法院根据自己查明的事实与理解作出相应的判断，最终没有采纳外国主权声明。对此，有学者提出："在外国法律背景下所探讨的强制存在与否的问题需要理解外国法律，由外国主权来理解是较为适合。"[1]既然如此，为何美国法院还如此坚持相反的实践？这可能源于美国法院难以判断和审查这种声明的可信性。

（二）外国主权强制的法律效果具有不确定性

外国主权强制被认定后具有何种法律效果？是绝对豁免被强制的私人反垄断责任，还是仅将其作为是否实施司法管辖的一个考量因素？对此，笔者目前还没有看到美国司法判例给予外国主权强制绝对豁免，仅是作为一个国际礼让因素。如此将会涉及礼让与外国主权强制之间的关系：将外国主权强制作为礼让的考量因素是否恰当？本书对此不予分析，仅对将其作为考量因素的困难作一总结。将外国主权强制作为礼让的考量因素，不仅已超过查明外国主权强制是否存在的事实发现范围，而且是将其与其他礼让因素均衡考虑。因此，其必然涉及礼让含义及应当考虑的因素范围问题。早期美国联邦最高法院在审理"Hilton案"时，认为礼让是一个国家基于对国际条约、国

---

〔1〕 Jane Lee, "Vitamin 'C' is for Compulsion: Delimiting the Foreign Sovereign Compulsion Defense", *Virginia Journal of International Law*, 2010, p. 779.

际方便以及本国公民权利、他国公民在本国受法律保护的权利的考虑，对另一个国家的立法、行政和司法在其领域内的效力的承认。[1]之后美国联邦最高法院审理"Hartfored Firre 案"时，持异议大法官斯卡利亚（Scalia）对反垄断法案件中的礼让作出了如此解释："国家之间通过限制法律的适用而带来的相互尊重，立法机关在立法时就已经行使了礼让，法院在对立法机关立法解释时认为礼让已经考虑过了，这是典型的传统冲突法理论构成部分。"[2]可见，礼让是立法机关所赋予的，司法机关只要根据这一原则适用解释即可。但是，如何发现礼让，或礼让在什么条件下存在呢？不同法院对此的理解并不一致。前述"Hartfored Firre 案"的审理法院认为，应当首先发现两个国家法律之间的实际冲突。"Timberlane Lumber 案"的审理法院认为："对于美国商业的影响，尽管有必要根据反垄断法行使管辖权，但其本身不能作为美国当局在一定情形下决定是否声称国际礼让和公平的充分基础。"[3]由此来看，对美国的影响并不能作为行使管辖权的唯一依据，还要与其他利益进行综合考量才能得出结论，是对先例的挑战。因为先例集中在立法管辖的域外适用方面，也就是力求确定国会是否有意使其法律适用于域外行为。而本案则支持对事管辖权，旨在使美国联邦最高法院决定其是否有权对域外案件进行裁判。[4]有学者评述，"Timberlane

---

〔1〕 Hilton v. Guyot, 159 U. S. 113, 164（1895）.

〔2〕 Hartford Fire Ins. Co. v. California, 509 U. S. 764, 817（1993）.

〔3〕 Timberlane Lumber Co. v. Bank of Am. Nat'l Trust & Sav. Assn. , 549 F. 2d 597, 609（1976）.

〔4〕 Timberlane Lumber Co. v. Bank of Am. Nat'l Trust & Sav. Assn. , 549 F. 2d 597, 613（1976）.

Lumber 案"已经有效地形成了利益平衡原则，[1]但是，此案并未对礼让原则所需要考虑的因素作出进一步阐述，这一不足为后来的"Mannington Mills 案"所弥补。该案的审理法院提出了以下十种需要考虑的因素：本国法律与外国法律政策的冲突程度；当事人国籍；被诉称的行为违反美国法律与国外法律的相对重要性；国外救济的获得性和诉讼中止；存在损害或影响美国市场的目的且具有可预见性；美国法院行使管辖权并赋予救济所可能产生的对外关系影响；如果给予原告救济，是否使一方被迫履行的行为无论在哪个国家均为非法，或使其处于两个国家对其要求相互矛盾之中；法院能否使其裁决有效；如果给予救济的裁决是外国在类似情况下作出的，美国是否能接受；受影响的国家所签订的条约是否解决了此问题。[2]但是，有些法院认为，对于国际礼让进行考量是一件非常困难的事情。"Laker Airways 案"的审理法院认为，法院对于相互竞争的国内外利益进行中性平衡的能力受到了重大限制，采纳利益平衡方法不可能达到推进国际礼让的目标，而且法院并不适合比较评估纯粹的政治因素，也没有能力正确平衡。事实上，利益平衡分析并没有使大量的冲突以支持外国管辖而告终，那是因为具有国家利益超过外国利益的倾向性。[3]

（三）外国主权强制构成要件的理论基础

分析过外国主权强制的构成要件后，应进一步研究的问题是：为什么要给予外国主权强制豁免待遇？其背后的理论依据

---

[1]　Jane Lee，"Vitamin 'C' is for Compulsion：Delimiting the Foreign Sovereign Compulsion Defense"，*Virginia Journal of International Law*，2010，p. 781.

[2]　Mannington Mills Inc. v. Congoleum Corp.，595 F. 2d 1287，1297 ~ 1298（1979）.

[3]　Laker Airways Ltd. v. Sabena，Belgian World Airlines，731 F. 2d 909，948~951（1984）.

是什么？有学者认为："外国主权强制背后的原理至少有两个，包括礼让与公平。"[1] 有学者将之归纳为："下面五个因素之一已被不同学者确认为外国主权强制的单一基础：被告的公平、国际礼让、对《谢尔曼法》的法定解释、国家行为主义和 Paker v. Brown 州行为主义。"[2] 由于这五种基础的后四种与外国主权强制之间有一定程度的交叉，因此需另行撰文加以区别，本书在此仅就被一般接受的"被告公平"进行分析。

前文已分析强制的含义是被告无行为自由、无独立意志，只能服从于外国政府的意志，由此将非属自己意志所产生的法律效果归属于行为人有悖于公平原则。从法理角度析之，之所以由行为人承担其法律行为所产生的责任，是因为其行为系受其意志支配，行为是其意志之外在体现，将行为法律后果归属于其人自然公平。在存在外国主权强制的情形下，私人所为违背意志行为理念，其行为是主权国家意志之体现，系国家意志强加之结果，由此产生之法律后果应由国家承担。换言之，私人根本无选择自由，如果不服从国家意志将面临相应的惩罚或损失。可以讲，此时私人是国家意志之工具。

### 三、外国主权强制实践的不确定性

上文分析的外国主权强制理论本身具有不确定性，直接导致该理论无法在实践中发挥确定性作用。更何况，上述外国主权强制理论本身就是由案例法发展而成，说明美国运用外国主权强制理论的实践并不处于确定状态，不具有法的可期待性。

---

〔1〕 Marek Martyniszyn, "A Comparative Look at Foreign State Compulsion as a Defense in Antitrust Litigation", *The Competition Law Review*, 2012, p. 144.

〔2〕 Spencer Weber Waller, "Redefining the Foreign Compulsion Defense in U. S. Antitrust Law: The Japanese Auto Restraints and Beyond", Law & Pol'y Int'l Bus., Vol. 14, 1982, p. 786.

下文仅以涉及中国与日本的两个出口卡特尔案件为例加以证明。

（一）简要案情

"维生素C案"的起诉时间是 2005 年 1 月 26 日，被告是 4 个中国维生素生产商以及由生产商组成的中国商业协会，原告起诉被告的案由是被告固定价格限制出口。被告对原告的诉称没有否认，但是要求法院驳回原告起诉，依据是外国主权强制、国家行为和国际礼让。限于本书的题目，此处仅阐述外国主权强制抗辩。因此，本案的核心是中国政府强制的存在认定问题——是否强制被告固定价格。被告为证明其观点提供了以下证据：中国商务部的声明证实中国商业协会实际上是在中国商务部的直接领导、积极监督下履行中国法律授予的政府职能；中国政府强制职能的体现是，早先时候中国商业协会发布了一个通知，要求严格控制维生素 C 的生产，为此建立了一个特殊机构处理此问题，只有其成员才有权出口维生素 C。同时，中国商业协会章程要求生产商自动调整生产量，严格执行由章程制定的出口协调价格，并使之保密。通知（章程）中还包括一些惩罚措施，如撤销成员资格、吊销出口执照。被告以此作为依据并基于中国政府的认可，认为其行为是基于中国法律的强制。

原告驳斥被告抗辩的理由有：本案中没有一个法律或法规强迫被告执行特殊的价格或价格协议，有证据显示被告在设定价格时用手投票，虽然被告自己固定了价格但是他们相互间均廉价出售。

对于上述原被告陈述及抗辩，美国法院首先认为双方提供的证据比较模糊，无法得出肯定结论，中国政府与企业之间的关系导致法院难以对价格制定的独立程度作出决定，而且，由于中国可以实施行政指导，因此难以判断被告是否系在履行中国政府职能，是否根据中国政府指令行为，是不是不受限制的个人行为。因此，法院不支持被告驳回原告起诉的要求。

在继续审理阶段，法院驳回了被告提出的以简易方式作出判决的请求。其主要理由是：在 2001 年 12 月至 2008 年 12 月期间，中国规制结构发生了相当大的变化，也就是自我规制系统在 2002 年被引进，成为中国商业协会成员并不以拥有出口权为前提条件，导致中国不会惩罚那些没有服从自我规制的行为。而且，根据这一变化的结构，卡特尔的某一成员可以拒绝采纳其他成员提出的停止生产建议，那些卡特尔成员的一个总经理认为其可以单方撕毁关于停工的协议。尽管被告提出此卡特尔成员受到了惩罚，但是没有证据加以证实。

另外，中国于 2009 年提供了一个声明，涉及对中国法律的解释，对此审理法院并未采纳。审理法院认为，中国的这份声明是在事后保护被告的利益。

有必要提及的是，法院提到了美国在 WTO 框架内提出的中国"稀土措施案"，在该案中，美国认为中国引进最低价格要求违反了其在 WTO 项下的义务。专家组认为，中国商业协会从事的行为归属于中国政府行为，因此支持了美国的观点。但是，上诉机构因为程序问题，认为专家组的调查无意义。"维生素 C案"的审理法院针对专家组对中国法律的解释，认为最低价格措施存在的唯一强制原因是避免反倾销挑战。因此，中国政府并没有证实强制存在。

最后，美国法院未采纳被告的抗辩，认定被告的反垄断法责任成立。

（二）相关评析

本案的关键同其他出口卡特尔案件一样——对外国主权强制存在的认定。

首先，根据前述美国判例，问题的核心之一是被告拒绝遵守的法律后果有无惩罚及惩罚的严重程度。被告所提交的取消出口会员资格及取消出口执照等证据，可以说明被告如果不遵守中国商业协会的章程，就会面临严重的惩罚结果。但是，美国法院为什么没有采纳这一抗辩？理由主要是中国出口体制在2001年至2008年间发生了巨大变化，"自我规则"不会对违反章程的成员进行有效的惩罚，因此难以证明中国政府强制的存在。如果法院的认定属实，这将明显不利于被告，中国必须就此问题提供强有力的证据，以证实惩罚存在，如此才有可能引发对中国有利的事实认定。事实果真如此？实际上，中国商务部及海关总署于2003年发布了第36号公告《关于对柠檬酸等36种商品试行出口预核签章管理》，此管理规定包括维生素C。根据这一规定，出口包括维生素C在内的商品到海关办理报关手续时，必须持经进出口商会签章后的合同，否则不予申报出口，只是在签章时并没有固定价格，而是给出了一个价格范围。由此规定可以看出，中国维生素C出口商如果不遵守前述政府部门制定的规章制度，便将面临相应的惩罚，其惩罚就是不准许出口。这种惩罚结果使被告面临重大的经济风险，或可使其停止运营状态。故，不服从中国政府将受到严厉惩罚的事实可以证实外国主权强制的存在。至于外国主权强制所依赖的法律，原告并未提出异议。由此来看，根据前述外国主权理论与本案事实，美国法院的判决是完全错误的。但是，美国法院对此不予认可的理由是，本案的记录表明，中国政府的某些指令和中国商业协会的规定从2002年开始不再要求出口商必须具备会员资格；2003年的规章规定，对非会员出口商提交的维生素C出口申请，中国商业协会应给予他们与会员出口商同样的待遇；2002年5月的协议表明，非中国商业协会会员也可以出口维生素C；政府指令和中国商业协会的文件要求的会员资格于2002

年开始不再继续有效。上述查明的事实使审理法院确信出口维生素 C 不存在任何强制性规定，也不存在惩罚结果。仔细分析，审理法院得出的结论是值得商榷的：取消会员资格要求只针对出口协会成员问题，虽然在现有制度下非会员也可申请出口并享有会员待遇，但这并不涉及出口的实质条件，即必须在中国商业协会规定的价格范围内出口，否则中国商业协会不予签章，海关不准许出口。无论是会员还是非会员，任何出口商均享有此等待遇。因此，对维生素 C 出口商而言，其面临的中国政府制定的价格强制均没有改变，其所面临的惩罚也并没有改变。因此，被告所主张的外国主权强制抗辩是成立的。美国法院所查明的上述事实与中国政府关于维生素 C 出口的强制应无任何逻辑关系。

其次，对于中国商务部出具的被告行为归属于政府的声明，其与被告成员可以撕毁协议并不受惩罚的证据相左，也与中国在 WTO 中的声明相矛盾，因为在 WTO 框架下解决贸易争端的过程中，中国政府认为此价格固定行为系属个人行为，与政府无关，此种前后矛盾的观点难以说服法院认可其声明的真实性，而且也与法院调查的事实相矛盾。对于此问题，虽然学者建议赋予外国主权声明结论性证据的法律待遇，但是法院在司法判例中并未如此而为，仅是作为司法管辖权或国际礼让的一个考量因素，被告因此不能对中国商务部的声明寄予厚望。

中国商务部在不同的场合发出不同的声音，不利于出口商基于商务部的声明维护自身权益，为化解此种尴尬局面，中国政府必须有一个合理的解释，方能化险为夷。欲展示合理解释，先要说明下美国审理法院对此声明的观点：第一，声明有三个重要瑕疵使其无法被法院认可。①声明没有引用任何据以支持规范维生素 C 出口的法律。②声明包含大量模糊用语，尤其是自律体制下的惩罚。③声明没有针对中国 1997 年出口体制与 2002 年出口体制进行区分。第二，中国向 WTO 机构提出陈述，声称其已于 2002 年 1 月 1 日放弃对维生素 C 的出口监管，此陈述与本案中的中国声明相互矛盾。第三，当诉争的强制符合被告自身利益时，进一步审查外国主权声明具有合理性，而本案中被告利益与其声称的强制具有一致性。第四，事实记录与中国政府声明相矛盾。对此而言，第一个问题中强制的法律依据可以是关于防止反倾销方面的国际条约或已转化为国内法的反倾销法律规定；惩罚是被告无法出口，经济损失为丧失出口机会；体制解释相对容易。对第二个问题的解释难度相对较大，因为维生素 C 的具体出口价格是由被告决定的，而不是代表中国政府的中国商业协会。中国商业协会仅是协调价格的幅度，超出幅度的价格则由中国政府强制干涉，中国在 WTO 的声明似乎符合由中国出口企业自行确定价格，并非由政府制定价格的情况。然，企业定价过程有商会的参与，在中国商业协会的指导下，虽然有时需要举手表决，但其实还是政府起决定作用。更何况，企业的定价行为也不是没有限制的，当影响到国家利益时就不会得到许可。可谓形式自律、实质强制。对此观点，法院其实可以完全理解，因为美国自己内部就同一行为也会得出不同的结论，如针对"维生素 C 案"，美国贸易代表认为这是中国政府行为，而美国法院则认为这是个人行为。

（三）与"日本电视机案"的比较

"日本电视机案"中，原告是美国的 Zenith Corporation 和 National Union Electric，被告是 7 个日本公司及其子公司。原被告之间是竞争关系。被诉的行为是被告在美国市场内以固定的低于生产成本的低价倾销电视机，同时在日本市场内以固定的高价销售电视。为证明被告存在垄断行为，原告提供的证据如下：一是日本国际贸易与产业省规定了出口至美国的电视机的固定最低价格或核准价格，此安排构成了价格固定，适用《谢尔曼法》的本身违法规则。二是原告发现被告将其出口范围限制于5个客户，构成市场分配。日本出口商的抗辩理由是，原告诉称的安排是基于日本政府的强制所为，是日本对美贸易政策的一部分。对此，日本国际贸易与产业省向审区法院提交了一份声明，表明核准价格与5个客户的分配是基于其安排；协议是履行日本贸易政策；尽管协议形式上是在私人之间达成，但实际上，协议公司没有其他选择，只能如此而为，否则国际贸易与产业省将单方控制电视出口。

一审法院认为，原告未提交充分证据支持价格固定合谋，由于协议运作只能使价格抬高，原告不能显示出其因价格战被驱出美国市场的损害，法院认为被告面临美国和欧盟电视公司的竞争，原告声称的行为无经济意义。最终，法院认为原告缺乏诉权的必要损害，进而驳回了原告提起的诉讼，从而也就未涉及对外国主权强制的审理。二审第三巡回法院对案件的审理涉及外国主权强制。其认为：一是价格固定并不是合谋的主要部分，而只是附属部分，即使适用外国主权强制理论，也无法证实日本政府是否决定了出口价格。二是有证据显示有的被告违反此协议，此事实排除了强制理论适用；三是无证据显示5个公司配额的规则是由政府制定的；四是价格固定协议违背了日本法律，从而驳回被告的外国主权强制抗辩。

本书认为，本案的焦点仍在于外国主权强制的实质要件是否存在，为了证明此实质要件存在，日本提供的证据是其相关行政部门——国际贸易与产业省——的声明，此声明已证实被告方之间的协议是按此部门的要求达成的，且如果被告不服从此规定，将面临相应的经济惩罚，即取消私人出口自由，由政府统一控制出口。按照前文所分析的构成要件，本案被告的外国主权强制抗辩应该成立，但是美国上诉审法院却没有如此认定。此案的结局与"维生素 C 案"具有很大的相似性。对此，美国学者批评"日本电视机案"，认为"日本电视机案"的事实保证了外国主权强制适用的合理性，法院认为最低价格和 5 个公司规则协议并不能充分引起外国主权强制理论的适用，是对抗辩要素和基本原理的根本性错误理解。证据已清楚显示协议是被迫达成，因为 1975 年日本向法院提供的 Note Verble 强调协议是根据其指示达成的，并进一步澄清了协议的达成是别无选择的，如果不服从其指示将意味着由政府单方控制出口。[1]

# 第二节　欧盟适用外国主权强制抗辩的局限性

欧盟竞争法中的外国主权强制可被分为两种情形：一种情形是欧盟区域内成员国之间适用的外国主权强制；一种情形是欧盟区域外外国主权强制对于欧盟市场的适用。后者应是对应美国的外国主权强制理论，由于缺少相应的案例，因此仅能分析探讨前者。前者与美国的州行为抗辩类似，但因成员国机关与欧盟机构适用不同的规则，因此又有别于美国的州行为抗辩。根据主权强制存在的形式可以分为两种情形，国家直接强制与私人强制。国家直接强制指的是成员国制定的法律或以其他方式体现的强制；私人强制指的是国家将规制权力转移给私人，从而以私人形式展现出来的强制。以下，笔者将分别论述这两个问题。

---

〔1〕　James Wilson Perkins, "In Re Japanese Electronic Products Antitrust Litigation: Sovereign Compulsion, Act of State, and the Extraterritorial Reach of the United States Antitrust Laws", Am. U. L. Rev., Vol. 36, 1987, p. 757.

## 一、国家直接强制的不确定性和有限性

（一）欧盟机构适用"法律强制"的不确定性

1. 国家直接强制的构成要件具有不确定性

成员国的规定构成国家直接强制的核心要素是，成员国法律剥夺了企业的行为自由。换言之，企业的行为自由是外国主权强制抗辩的核心要件。对此，欧盟法院在其审理的"Ladbroke案"中给予了明确的答案："尽管根据条约第81条与第82条对于竞争公司的行为进行评估要事先对法国立法进行评估，但此种评估唯一目的是决定法国法律对于行为人行为具有何种影响。"[1]此处的影响就是法国的立法是否剥夺了行为人的行为自由，以受成员国法律影响的企业有无行为自由为依据判断外国主权强制是否存在。如果法律剥夺了企业自由，外国主权强制抗辩便可适用，反之则不能适用。如果从行为人主观意思形成方面来理解，也可以将此行为自由认定为有无意思自治问题，二者是从不同视角分析，结论应一致。因为行为本质上就是意思的表示，行为人的意思是行为的灵魂。有表示、无意思的行为在民法上具有不同的法律效果。故有人将行为自由这一要件理解为"自治标准"[2]也是有依据的。

初审法院曾经采取不同的认定标准，其在前述"Ladbroke案"中认为，成员国的措施与欧盟法律是否一致是判断外国主权强制抗辩是否成立的标准。[3]此标准的适用与行为人自由是

---

〔1〕 EU Joined Cases C-359 and 379/95P, Commission of the European Communities and French Republic v. Ladbroke Racing Ltd., 1997 ECR Ⅰ-6265, p. 31.

〔2〕 Eric Blomme, "State Action as a Defense Against 81 and 82 EC", *World Competition*, Vol. 30, 2007, p. 245.

〔3〕 EU Case T-548/93, Ladbroke Racing Ltd. v. Commission of the European Communities, 1995 ECR Ⅱ-2565, pp. 47~49.

否存在没有关系，只要成员国的措施与欧盟竞争法相吻合，私人行为就不适用欧盟竞争法，反之则适用。一言以蔽之，欧盟竞争法是否适用于私人行为取决于成员国措施与欧盟竞争法的关系。

笔者以为，标准不同起因于分析的重点不同。行为自由标准的核心在于行为人自由的有无，行为一致标准重在分析成员国措施是否与欧盟法律一致。前者关心的是行为人的意思自治，后者关心的是国家行为的效果，分析视角不同，导致结论不同。行为一致标准是否合理？对此，可以再分具体情形来论证。在成员国措施与欧盟法律相一致的情形下，无论行为人的意思是否受到强制均不适用欧盟法律应无疑义。至于私人无意思自由则属于成员国法律的内部问题，与欧盟竞争法适用无关。在成员国措施与欧盟法律相违背的情形下，根据私人意思自由有无可再加以细分：在当事人有意思自由时，是其选择了从事与欧盟竞争法相违背的行为，受到欧盟竞争法规制应属咎由自取，其理应承担相应的反垄断法责任；在私人无行为自由时，适用欧盟竞争法使其承担相应的法律责任显属违背公平，从民法言之，不符责任承担之法理。因此，此标准适用的最大争议就是私人无行为自由而被国家强制行为时适用欧盟竞争法。此标准与行为自由标准的最大区别是，行为自由标准强调行为人的自由对于责任承担的价值，符合公平正义，克服了初审法院一致性标准的缺陷。因此，欧盟法院在上诉审中认为："私人根据国家法律行为，在审查条约第81条与第82条是否适用于此行为时，国家立法与条约的竞争规则的一致性不能被视为决定性因素。"[1]从而推翻了初审法院的判决。

---

〔1〕　EU Joined Cases C-359 and 379/95P, Commission of the European Communities and French Republic v. Ladbroke Racing Ltd. , 1997 ECR Ⅰ-6265, p. 32.

但是，如何判断企业行为是否自由？欧盟法院认为："如果私人反竞争行为系由国家法律所要求，或国家法律创造的法律框架本身已消灭私人竞争行为的可能性，《欧洲经济共同体条约》第81条与第82条就不适用。然而，如果国家法律没有排除企业从事自主行为，而这一自主行为又阻止、限制或扭曲了竞争，条约的前述规定可以适用。"[1]由此可见，对私人行为自由的判断可从正反两方面加以分析。从排除欧盟竞争法对私人的适用方面来看，必须存在两种情形才可以达到此目的：要么是私人反竞争行为由法律所要求；要么是成员国法律本身排除了竞争行为可能性。从肯定欧盟竞争法对私人行为的适用方面来看，只要国家法律没有排除私人行为的自由，其就应被适用于反竞争行为。

前述判断企业行为自由需要进一步理解其中的含义。针对成员国法律要求而言，此种要求需达到何种程度？是否需达到美国那样的面临惩罚的危险？成员国法律本身消灭私人竞争行为可能性是指哪种情形？如果成员国法律仅是鼓励或容忍私人反竞争行为，是否构成外国主权强制抗辩？这些问题在某种程度是相互关联的，故本书对此一并予以分析说明。

时间较早的"CNSD案"便已涉及前述问题，审理此案的初审法院曾考虑将争议的特定反竞争行为排除在《欧洲经济共同体条约》第85条第1项的适用范围之外，其理由是成员国法律要求涉案企业从事反竞争行为，也就是涉案企业实施竞争行为的可能性已被取消。[2]因此，初审法院审查案件的关键是，所

---

[1] EU Joined Cases C-359 and 379/95P, Commission of the European Communities and French Republic v. Ladbroke Racing Ltd. , 1997 ECR Ⅰ-6265, pp. 33~34.

[2] EU Case T-513/93, Consiglio Nazionale degli Spedizionieri Doganali v. Commission of the European Communities (CNSD ) v. Commission, 2000 ECR Ⅱ-1807, p. 60.

涉及的法律是否消灭了当事人 CNSD 的竞争行为。法院认为，尽管意大利法律对竞争施加了主要限制，以至于在实践中，关税代理人之间的价格竞争难以展开，但是法律并没有排除某些数量竞争的继续存在，数量竞争被关税代理商的自主行为所阻止、限制和扭曲。同时，初审法院还认为，CNSD 在履行此部法律所施加的义务时具有操作空间，其在法律限度内应当也能够不限制现存的竞争。故初审法院认为，欧盟委员会决定观点正确：争议的费用构成一个协会决定，其必然产生限制竞争效果，此决定由 CNSD 自主采纳。[1]

随后，在"CIF 案"中，欧盟法院对前述 CNSD 的方法又做了进一步发展。其认为，价格竞争并非构成竞争的唯一有效方式，也没有构成在任何情形下均给予绝对优先地位。因此，意大利政府事先规定的手表零售价格本身并没有排除所有竞争行为。即使受到限制，竞争也可以基于其他因素进行。另外，尽管意大利法律授予了 CIF 分配成员生产额的权力，但其却没有规定规则或标准。在这种情形下，成员之间所余留的竞争易于受到扭曲，超出了法律本身的限制。因此，欧盟委员会调查发现，正在进行的生产配额转移的体制和企业之间配额交换的协议并非由法律规定。

由对上述两案的简要分析可以看出，两案均涉及成员国法律要求从事反竞争行为及所要求的程度。虽然成员国法律本身要求企业从事反竞争行为，但在未全部排除竞争的情况下，企业还具有从事反竞争行为的自由空间。此时，如果企业从事的行为超过了法律所要求的反竞争程度，则就企业行为应适用欧盟竞争法。反之，企业行为应不受欧盟竞争法约束，此时也就

---

〔1〕　EU Case T-513/93, Consiglio Nazionale degli Spedizionieri Doganali v. Commission of the European Communities（CNSD）v. Commission, 2000 ECR Ⅱ-1807, pp. 62~72.

谈不上企业之间协议的缔结了。正如有人所言:"由于国家机构已规定了协议所有内容,法律要求缔结协议,再谈强制缔结协议也就无意义了。"[1]同时也可以看出,如果法律要求从事的反竞争行为未能给企业留下行为自由空间,也就符合前面所述的法律本身消灭了从事竞争的可能性。因此,法律要求的程度就是,是否排除了竞争可能性。达到消灭竞争程度即属法律本身要求,未达到此要求者仅属法律要求从事反竞争行为,二者可以说是从不同的方面来论述。虽然二者具有类似性,但区别意义仍存在,即属法律责任或法律适用问题。对此问题下文将予以详述。

何谓要求?要求的力度为何?没有争议的说法是:"反竞争行为仅由成员国所容忍或通过,要适用条约竞争法。"[2]因为,此种情形下不遵守法律并无相应的法律后果。但是,在没有法律规定时:"通过采取诸如可能使企业遭受重大损失的不可抗力的压力,欧盟委员会也可认为经营者没有自由。"[3]由此可以看出,所谓的要求与法律后果相联系,如果不遵守相应的法律要求或其他形式要求,企业就要面临重大损失或承担相应责任。如此,欧盟对于外国主权强制的要求与美国并无二致,虽然美国要依据法律后果(即是否面临惩罚)来判断,但惩罚也是重大损失,且美国的规制方式也不限于惩罚,也包括其他经济损失。只是重大损失的含义并没有被界定清楚,这就为实践的理解留下了空间,此空间就是该标准适用的不确定性体现。不同的人完全可以根据自己的理解或政策的需要对重大损失作出不

---

〔1〕 Fernando Castillo Dela Torre, "State Action Defense in EC Competition Law", *World Competition*, Vol. 28, 2005, p. 424.

〔2〕 EU Joined Cases 43 and 63/ 82, Vereniging ter Bevordering van het Vlaamse Boekwezen VBVB, and Vereniging ter Bevordering van de Belangen des Boekhandels, VBBB v. Commission of the European Communities, 1984 ECR 19, p. 40.

〔3〕 EU Case T-66/99, Minoan Lines v. Commission, 2003 ECR Ⅱ-5515, p. 179.

同的解释。比如，间接损失是否属于此范畴？重大的含义是什么？是否可以具体量化到客观标准进行衡量？这些均是此理论目前无法解决的问题，也给未来的实践案例带来了不确定性。

关于国家法律仅是鼓励或容忍限制竞争行为的问题。欧盟法院在早先的案例"Van Eycke 案"中就对此作出了判决，认为如果国家法律仅是鼓励私人或使私人更易于从事自主的反竞争行为，那么就这些企业仍适用《欧洲经济共同体条约》第81条和第82条施加惩罚。[1]在"CIF案"中，欧盟法院也对此有相关论述，在这种情形下，"企业仍然要适用《欧洲经济共同体条约》第81条和82条，并可能受到惩罚"。[2]前述两个案例均是从法律后果说明国家法律鼓励或容忍限制竞争行为的属性，即行为是否属于国家行为。

限制自由或限制竞争的形式是什么？是否必须限制于法律形式？如果是，其他规定是否也适用前述标准？学者如是解释："在法律与其他规定之间的形式作出区分没有意义"，[3]因为"一个成员国的法律在另一个成员国可能是行政规则。显然，重要的是成员国措施是强制约束力的书面规则"。[4]因此，限制私人竞争自由要求的书面形式并非仅限于法律。

由上述分析得知，虽然欧盟法院对于法律强迫形式的规定并不十分清晰，但是初审法院却一以贯之，它认为法律强迫形式并非本质，重要的是从事违反欧盟条约的竞争行为是不是自

---

〔1〕 EU Case 267/86, Van Eycke v. ASPA, 1998 ECR 4769, p. 56.

〔2〕 EU Case C-198/01, Consorzio Industrie Fiammiferi（CIF）v. Autorità Garante della Concorrenza del Mercato, 2003 ECR Ⅰ-8055, p. 56.

〔3〕 Daniel Jowell, "Commission and France v. Ladbroke Racing Limited（PMU）—Joined Cases C-359 and 379/95", E. C. L. R. , 1998, p. 304.

〔4〕 Eric Blomme, "State Action as a Defense Against 81 and 82 EC", *World Competition*, Vol. 30, 2007, p. 245.

由行为的结果，或者行为自由的主观意思自治是否受到限制。对此，有学者持如是观点，是否适用欧盟竞争法"并非产生于法律义务的施加，而是意愿真正受到损害的背景"。[1]然而，考虑到欧盟法院对于限制自由的形式最终未有相应的案例加以佐证，学者及初审法院的观点毕竟无法保证具有最终约束力，从而显示出了其适用的不确定性。

2. 国家直接强制的法律后果具有不确定性

私人从事违反欧盟竞争法的反竞争行为应当承担的法律责任并非一成不变，其也随着前述国家行为本质要件的变化而变化。

首先，对于私人从事的反竞争行为一律适用欧盟竞争法，因为此时强制的核心要件是国家措施是否与欧盟法一致，与行为人主观意思及行为自由无关。按照此种方式理解强制，在不符合构成要件的情况下，企业自然会因最终适用欧盟竞争法而承受不利后果，即国家措施无法保护私人。有必要明确的是，此处的私人从事的反竞争行为所依据的国家法律要求是否包括成员国法律本身消灭竞争可能性？有学者认为欧盟初审法院的观点是包括，[2]有学者认为欧盟委员会的观点是不包括。[3]从文义解释来看，前者的观点似乎更正确，因为后者也属于法律要求的特殊情形。

其次，随着国家抗辩标准以行为人自由为考量核心，国家抗辩的法律后果也发生了相应的变化。以此为标准，在符合国

---

〔1〕 Fernando Castillo Dela Torre, "State Action Defense in EC Competition Law", *World Competition*, Vol. 28, 2005, p. 415.

〔2〕 Eric Blomme, "State Action as a Defense Against 81 and 82 EC", *World Competition*, Vol. 30, 2007, p. 244.

〔3〕 Fernando Castillo Dela Torre, "State Action Defense in EC Competition Law", *World Competition*, Vol. 28, 2005, pp. 412~413.

家行为抗辩的情形下，欧盟竞争法不适用于反竞争行为，私人不承担欧盟竞争法责任。前已述明，欧盟法院在"Ladbroke 案"中改变了以前的观点，认为国家法律与条约竞争法规定是否兼容不再是决定因素。"如果反竞争行为系由国家法律所要求，或者成员国法律创造了一个法律框架，消灭了企业自身从事竞争活动的可能性，《欧洲经济共同体条约》第 81 条与第 82 条就适用。在此种情形下，正如这些条款暗示所要求的那样，限制竞争不归属于企业的自主行为。"[1]

　　问题是，如果法律要求私人从事反竞争行为，并未完全消灭竞争的可能性，私人又进一步实施了限制竞争行为，此时，欧盟竞争法责任该如何区分？对此，欧盟案例采纳了连带责任方式，[2]因为损害是由联合行为造成的。另外，有学者建议采用成员国与个人各自承担相应份额的方式。[3]与上述观点不同，虽然欧盟肯定了强制的法律效力，但是对于具体的承担责任方式却没有给出最终结论，因为当事人难以事先预料，无法确保法律的确定性。

　　外国主权强制的理论依据是什么？此理论依据也分为两部分，分别是外国主权强制抗辩的一致性与自主性，由于本书在美国外国主权强制理论部分已经分析了自主性，故此处不予重述。外国主权强制抗辩的一致性在"Rendo 案"中得到了体现。[4]其

---

　　[1]　EU Joined Cases C-359/95P and C-379/95P, Commission of the European Communities and French Republic v. Ladbroke Racing Ltd. , 1997 ECR I-6265, pp. 33~34.

　　[2]　EU Joined Case5, 7 and 13-24/66, Kampffmeyer and Others v. Commission, 1967 ECR 245.

　　[3]　Fernando Castillo Dela Torre, "State Action Defense in EC Competition Law", *World Competition*, Vol. 28, 2005, p. 425.

　　[4]　EU Case T-16/91, Rendo NV, Centraal Overijsselse Nutsbedrijven NV and Regional Energiebedriff Salland NV v. Commission of the European Communities, 1992 ECR II-2417, pp. 105~107.

原因并非没有道理:《欧洲经济共同体条约》第 81 条与第 82 条规定了完整的法律规则, 具有充分的直接效力。作为条约的规定, 它们优先于成员国规则。如果存在一个内容相反且效力较低的措施, 服从一个具有较高法律效力的义务是所有法律体系共有的特点。因此, 逻辑结果就是个人有义务服从欧盟法律, 即使欧盟法律要求不能服从与其内容相反的国家法律。尽管如此, 这些极为明显且常出现在国家法律体系之中的基本原则, 至今仍没有在欧盟法律中得到充分适用。欧盟法律没有全部保证其优先于国家法律, 欧盟法律没有因为它们具有较高的法律位阶而产生全部应用的法律后果, 此至少为判例法所无法保证。至于企业, 以下几点将会为人们所接受:"任何时候发现行为属于《欧洲经济共同体条约》第 81 条与第 82 条的禁止范畴, 这些从事反竞争行为的企业就会遭受上述条约规定的法律后果, 不能依靠内容相反并有法律约束力的国家法律而免除其行为的非法性。相反, 为了不使它们遭受《欧洲经济共同体条约》第 81 条和第 82 条规定的惩罚, 这些企业就不要服从国家法律。"[1]可见, 此种外国主权强制抗辩观点是以欧盟条约与国家法律之间的效力等级为理论支撑的。然而, 不得不考虑的是, 欧盟竞争法条款的效力是否一定要超过成员国所追求的限制竞争目标规定效力? 从理论上讲, 欧盟竞争法系属成员国缔结的条约, 条约的优先性应使竞争法条款得到优先适用, 但是成员国所追求的并非仅有竞争目标, 竞争无法解决国家遭遇的一切问题, 其有时会与其他非竞争目标发生冲突, 此时是否还应坚守竞争条款优先性值得进一步深思。如果仅追求竞争目标就有可能严重束缚成员国追求其他目标的自由。因此, 其对欧盟竞争法的直接适

---

[1] EU Joined Cases C-359/95P and C-379/95P, Commission of the European Communities and French Republic v. Ladbroke Racing Ltd. , 1997 ECR I-6265, pp. 57~59.

用性提出了挑战，使得欧盟竞争法的直接适用性存在不确定性。

（二）国家机构适用"法律强制"的有限性

前文着重分析了欧盟委员会适用欧盟竞争法时所遇到的外国主权强制抗辩。其方法与理论是否同样适用于成员国竞争当局与法院？对此，学界存在不同的观点。

1. 成员国竞争机构适用情形

在"AOK Bundesverband 案"中，雅各布总法律顾问的观点是，外国主权强制抗辩的普遍适用是正确的，不赞成其仅适用于欧盟委员会。[1]随后，在"Fiammiferi 案"中，欧盟法院对此进行了较为详细的说明。此案涉及意大利法院向欧盟法院提交的两个问题。其中一个问题是："当企业之间的协议影响欧盟贸易，且协议是由国家法律所要求或促进而成，该国家法律使这些不利后果合法化或得到进一步加强时，《欧盟经济共同体条约》第81条是否要求或允许国家竞争当局不适用国家措施，并惩罚企业反竞争行为，或者无论如何在将来都要禁止它。若此，其法律后果什么？"[2]欧盟法院对此问题的回答分为两部分：第一部分是成员国法律能否适用。法院先引用以前的案例，描述了成员国在《欧盟经济共同体条约》第3条、第10条和第81条、第82条规定下的责任。即前述条约条款规定排除了成员国获得或支持与第81条相反的协议、决定和一致行动，排除了加强前述效果行为，排除了成员国将其自身所属的国家立法交由私人贸易商采取影响经济领域的决定。[3]之后，欧盟法院确定，

---

〔1〕 Opinion of Advocate Generanl Jacobs of 22 May 2003 for joined Cases C-264, 306 and 354-355/01, AOK Bundesverband and others v. Ichthyol-Gesellschaft Cordes and others, 2004 ECR Ⅰ-2493.

〔2〕 EU Case C-198/01, Consorzio Industrie Fiammiferi（CIF）v. Autorità Garante della Concorrenza del Mercato, 2003 ECR Ⅰ-8055, p.39.

〔3〕 EU Case 267/86, Van Eycke v. ASPA, 1998 ECR 4769, p.16.

欧盟法律的优先性要求与欧盟法律相悖的成员国法律的任何规定均不得适用。[1]此义务适用于成员国法院，也适用于成员国的任何机关，包括国家竞争当局。[2]最后，欧盟法院得出结论，国家竞争机关根据《欧盟经济共同体条约》第 81 条在调查企业行为时，能够宣布国家措施与《欧盟经济共同体条约》第 3 条、第 10 条和第 81 条相抵触，并因此不适用国家措施。[3]第二部分是不适用成员国法律的后果。欧盟法院根据先例确定，如果成员国法律排除私人自主行为，那么欧盟法律的确定性可以确保私人的过去行为不受刑事惩罚或行政惩罚。[4]因此，欧盟法院认为："不适用于决定之前的反竞争行为，成员国法律构成保护相关企业免受因违反《欧盟经济共同体条约》第 81 和第 82 条而承担法律后果的正当性理由。"[5]

显然，成员国在面临与欧盟条约相悖的国家法律时，在国家层面与欧盟层面，法律适用存在明显的不同，甚至相反。在欧盟层面其不适用欧盟法，而在国家层面则不适用国家法，此为法律适用表现的不同，但是细查惩罚结果，二者却并无本质不同，均是对争议行为不适用惩罚措施。对此，有人总结为"理论上的侵犯却无任何实际后果"。[6]

---

〔1〕 EU Case C-198/01, Consorzio Industrie Fiammiferi（CIF）v. Autorità Garante della Concorrenza del Mercato, 2003 ECR Ⅰ-8055, p. 48.

〔2〕 EU Case C-198/01, Consorzio Industrie Fiammiferi（CIF）v. Autorità Garante della Concorrenza del Mercato, 2003 ECR Ⅰ-8055, p. 49.

〔3〕 EU Case C-198/01, Consorzio Industrie Fiammiferi（CIF）v. Autorità Garante della Concorrenza del Mercato, 2003 ECR Ⅰ-8055, p. 50.

〔4〕 EU Case 267/86, Van Eycke v. ASPA, 1998 ECR 4769, p. 53.

〔5〕 EU Case C-198/01, Consorzio Industrie Fiammiferi（CIF）v. Autorità Garante della Concorrenza del Mercato, 2003 ECR Ⅰ-8055, p. 54.

〔6〕 Cesare Rizza, "The Duty of National Competition Authorities to Disapply Anti-Competitive Domestic Legislation and the Resulting Limitations on the Availability of the State Action Defense（Case C-198/01 CIF）", E. C. L. R., 2004, p. 129.

欧盟与成员国之间为什么在国家行为抗辩方面存在不同的适用方式呢？对此，有人总结认为，欧盟委员会没有权力不适用成员国法律。[1]根据《欧盟经济共同体条约》第226条（现在的《欧盟运行条约》第258条）的规定，欧盟委员会发现成员国法律与欧盟条约规定不一致时，应向成员国提出修正建议，并在成员国不及时修正时提起诉讼。故，欧盟委员会不可以不适用成员国法律。

2. 成员国法院适用的情形

成员国法院适用国家行为抗辩是否应与成员国竞争机构一致呢？在"Bodson案"中，法国法院将此案提交给欧盟法院进行预先裁决。欧盟法院认为，Pompes funèbres 主张其没有能力施加不公平价格的观点不能成立："价格水平真正归属于企业，因为其承担缔结合同的责任。"[2]此案适用的是行为自主标准，没有涉及是否适用国家法律问题。在"Altair案"中，意大利法院将此案提交给欧盟法院预先裁决，因为意大利条例规定了征收电价额外费，Altair 拒绝缴纳，认为该条例违反了《欧盟经济共同体条约》第81和第82条。欧盟法院认为，征收费用构成税收措施，属于意大利的国家职能，征费者 ENEL 被认为是税收征收者，其没有任何自由，《欧盟经济共同体条约》第81和第82条不能适用的原因系"Ladbroke标准"。[3]

---

〔1〕 Paolisa Nebbia, "Case C-198/01, Consorzio Industrie Fiammiferi（CIF）v. Autorità Garante della Concorrenza del Mercato, Judgement of the Full Court of 9 September 2003", *Common Market Law Review*, 2004, p. 846; Alina Kaczorowska, "The Power of a National Competition Authority to Disapply National Law Incompatible with EC law and its Practical Consequences", E. C. L. R. , 2004, p. 599.

〔2〕 EU Case 30/87, Corinne Bodson v. SA Pompes funèbres des régions libérées, 1987 ECR 2479, p. 35.

〔3〕 EU Case C-207/01, Altair Chimica SpA v. ENEL Distribuzione SpA. , 2003 ECR I-8875, pp. 33, 34, 35.

由此可以看出，成员国法院与竞争主管机构在面临国家行为抗辩时，所适用的方法似乎并非完全一致，竞争主管机构是不适用成员国法律，而法院是适用"Ladbroke 标准"，即行为人是否存在行为自由标准。原因为何？其实答案如此。因为，在"Bodson 案"中，Pompes funèbres 具有行为自由，其应适用《欧盟经济共同体条约》第 82 条，故谈不上不适用问题。在"Altair 案"中，征收电价额外费并非不符合《欧盟经济共同体条约》第 3 条、第 10 条、第 81 条、第 82 条，因而谈不上不适用欧盟法。因此，上述的案例并非表明二机构不能适用同一规则，只是案情不同，无法适用由意大利法院提交的"Fiammiferi 案"提出的适用方法。对此，学者总结认为，二机构应适用同一规则。[1]

由私人引起的国家行为或包含私人行为的国家行为是否适用如此抗辩？前一种情形产生于私人引发成员国采取某一规定、施加某种不可抵抗的压力排除某一自主行为；后一种情形产生于成员国规定是来源于私人之间的协议，或一致行动，或私人协会的决定。对此，可分别针对欧盟委员会与欧盟法院两个机构的观点加以讨论。

欧盟委员会认为不可以适用国家行为抗辩。其在电信部门的特许协议适用竞争法规则的通知中有所体现：《欧盟经济共同体条约》第 81 和第 82 条以正常方式适用于由国家机关通过或授权的协议或活动。在当事方的请求下，国家机关要求在将私人协议的条件包含在其规定中时适用《欧盟经济共同体条约》第 81 条和第 82 条。[2]此段表明外国主权强制抗辩不适用于当

---

〔1〕 Fernando Castillo Dela Torre, "State Action Defense in EC Competition Law", *World Competition*, Vol. 28, 2005, p. 419; Eric Blomme, "State Action as a Defense Against 81 and 82 EC", *World Competition*, Vol. 30, 2007, p. 255.

〔2〕 Notice on the application of the competition rules to access agreements in the telecommunications sector-framework, relevant markets and practices, OJ 1998 C265/2, p. 60.

事人请求下的成员国行为，因为"国家规制机构要求与竞争相反的条件，相关企业会在实际上难以受到惩罚。尽管成员国本身可能违反条约第 3（g）与第 10 条"。[1] 在"法国牛肉案"中，欧盟委员会再次重申了上述观点。此案中，欧盟委员会对 6 个法国私人联盟施以罚款，该联盟由 4 位牧牛人代表与 2 位牛屠宰商组成，他们达成了最低购买价格协议和牛肉进口协议，协议的达成是在"疯牛病"和"口足病"风波之后。疯狂的牧牛人游行促使农业部强烈鼓励上述协议的达成。欧盟委员会认定不应适用外国主权强制理论豁免自主行为，因为农业部门的干涉仅是鼓励而已。[2] 由此来看，此处的限制竞争行为不构成外国主权强制抗辩，理应适用欧盟条约竞争法。但是，欧盟委员会的观点"不能忽略的是，农业部的干涉本身系由牛牧人在 2001 年 9 月及 10 月几周游行而引起的"。[3] 这使得欧盟委员会的观点有点模糊。最终，欧盟委员会对牧牛人施以了全额罚款，因为其系农业部规定的游说者，而对屠宰者的罚款则减少了 30%。[4]

欧盟法院的观点体现在初审法院审理的"Atlantic Container Line 案"中，此案涉及私人公司是滥用市场支配地位还是可以适用外国主权强制抗辩。欧盟委员会发现的所谓滥用是指，涉案当事方将其集体达成的协议适用于其与客户签订的个别服务合同。对此，初审法院认为，尽管美国联邦海事委员会的命令作出了

---

〔1〕 Notice on the application of the competition rules to access agreements in the telecommunications sector-framework, relevant markets and practices, OJ 1998 C 265/2, p. 61.

〔2〕 Commission Decision of 2 April 2003 relating to a proceedings pursuant to Article 81 of the EC Treaty, Case COMP/C. 38. 279/F3- French Beef, OJ 2003 L209/12, pp. 153~154.

〔3〕 Commission Decision of 2 April 2003 relating to a proceedings pursuant to Article 81 of the EC Treaty, Case COMP/C. 38. 279/F3- French Beef, OJ 2003 L209/12, p. 155.

〔4〕 Commission Decision of 2 April 2003 relating to a proceedings pursuant to Article 81 of the EC Treaty, Case COMP/C. 38. 279/F3- French Beef, OJ 2003 L209/12, p. 176.

规定，该案还是应适用《欧盟经济共同体条约》第82条。[1]因为初审法院从这个命令的目的推论，美国联邦海事委员会的命令绝不是要求涉案企业将其达成的规则适用于个别服务合同。[2]另外，初审法院还从命令的本质理解，认为其根本不是法律措施，仅是一个美国联邦海事委员会与涉案当事人之间的协议。[3]因此，命令所列出的义务并不是完全归属于当事人的外部情事，而是来自美国联邦海事委员会与涉案当事人之间的协商。[4]最后，初审法院适用的是"Ladbroke标准"，即以当事人是否具有行为自主性作为判断标准。[5]

上述表明，成员国的竞争机构与法院适用外国主权强制抗辩也是有严格的条件要求的，必须是法律明文规定剥夺了当事人的自由，此与欧盟机构的基本要求一致。条件的存在说明了外国主权强制的适用范围具有有限性，外国主权强制适用的本质仅是对国家所追求的非市场竞争公共利益给予尊重，而并非对私人限制竞争行为的放纵，无法解决由私人限制竞争行为引起的竞争法冲突问题。

## 二、私人直接强制的有限性

将国家规制权力委托给私人源于成员国与私人在作出决定

---

〔1〕 EU Joined Cases T-191, 212 and 214/98, Atlantic Container Line AB and others v. Commission of the European Communities, 2003 ECR Ⅱ-3275, p. 1143.

〔2〕 EU Joined Cases T-191, 212 and 214/98, Atlantic Container Line AB and others v. Commission of the European Communities, 2003 ECR Ⅱ-3275, p. 1150.

〔3〕 EU Joined Cases T-191, 212 and 214/98, Atlantic Container Line AB and others v. Commission of the European Communities, 2003 ECR Ⅱ-3275, p. 1144.

〔4〕 EU Joined Cases T-191, 212 and 214/98, Atlantic Container Line AB and others v. Commission of the European Communities, 2003 ECR Ⅱ-3275, p. 1147.

〔5〕 EU Joined Cases T-191, 212 and 214/98, Atlantic Container Line AB and others v. Commission of the European Communities, 2003 ECR Ⅱ-3275, p. 1130.

时的合作,[1]其所产生的反竞争行为是否构成外国主权强制抗辩主要涉及两个问题：一是委托的标准或国家行为构成要件；二是法律后果。鉴于法律后果与前述的国家法律强制并无区别，此处不予复述。

委托标准的构成以"Mauri 案"为分界线，"Mauri 案"之前适用的是相对比较宽松的条件，"Mauri 案"之后适用的是相对比较严格的条件。首先，较宽松的条件发生于早先的案例中，以形式上的国家机构批准为国家行为构成要件，只要符合批准要件，私人行为就会转变成国家行为，构成外国主权强制抗辩。此种行为性质的转变，是以权力委托本身使成员国违反条约真诚合作义务为前提条件的。[2]为了使这一违反条约行为不受条约竞争法追究，一系列案例规定了条件，即要求企业之间的合作是在制度化的背景下进行，或者法律规定了合作的框架。当然，案例的发展并非仅此而已，有些案例还特别包括：①决定机构是否由专家组成，而非由受影响的市场参与者的代表组成。②这一机构被要求考虑公共利益而不是私人利益，如果这些条件得到满足，这个机构即非企业或企业协会。③这些决定要得到政府批准，如果仅是传达意见，或是草案决定，其仍要经国家机关批准，并非权力委托。然而，随着"DIP 案"[3]及"Arduino 案"[4]的出现，仅符合国家批准此一条件即可。而国家批准仅需国家盖章通过即可，并没有什么措施确保这一行为是基于公共利益，而不是私人利益。当然，也有个别案件的审理法

---

〔1〕　Judit Szoboszlai, "Delegation of State Regulatory Powers to Private Parties‐ Towards and Active Supervision Test", *World Competition*, 2006, p.73.

〔2〕　EU Case C267/86, Van Eycke v. ASPA, 1998 ECR 4769, p.16.

〔3〕　EU Joined Cases C‐140‐142/94, DIP v. Bassano del Grappa and Chioggia, 1995 ECR I‐3257, p.31.

〔4〕　EU Case C‐35/99, Arduino, 2002 ECR I‐1529, p.44.

院没有将国家批准认定为国家行为，由关税代理协会对其通过立法设定的关税服务承担责任，因为意大利政府将设定关税的公共权力全部让渡给私人经济经营者，意大利没有按照《欧盟经济共同体条约》第 81 条和第 10 条以及当时的第 3（1）（g）条履行义务。[1]

在上述案例中，法院没有特别要求公共机构必须履行监督要求的类型，法院也从未要求国家实际上监督那些保护公共利益的公共机构决定，因此公共机构保留权力的标准容易得到满足。有人从另外一角度分析，认为判例法对于公共利益的考虑是基于国家程序的要求。[2]如果国家法律规定了形式同意或批准了私人建议，权力保留条件就能得到满足。这一观点面临诸多批评："通过另外一个行为，一个私人卡特尔就变成一个国家规定，不适用竞争法规则，反竞争状态就得不到纠正。"[3]甚至有人认为，此标准是反竞争的。[4]因此，从有利害关系的私人视角析之，这一程序规则能够减轻其反垄断法的责任，使许多本应受反垄断法追究的私人行为受到国家法律的庇护，不利于竞争法实际发挥作用，会妨碍竞争法目标的实现，难为崇尚效率目标的竞争法所兼容。

其次是严格标准。在"Mauri 案"中，欧盟法院对上述标准进行了相应的修正。在本案中，意大利法律规定相对人只有通过国家面试才能获得律师准入资格，该面试委员会部分由律师

[1] EU Case C-35/96, Commission v. Italy, 1998 ECR Ⅰ-3851, p. 60.

[2] Harm Shepel, "Delegation of Regulatory Powers to Private Parties under EC Competition Law: Towards a Procedural Public Interest Test", C. M. L. R., 2002, p. 50.

[3] Chan-Mo Chung, "The Relationship Between State Regulation and EC Competition Law: Two Proposals for a Coherent Approach", E. C. L. R., Vol. 16 (1995), p. 90.

[4] Gyselen, "State Action and the Effectiveness of the ECC Treaty's Competition Provisions", C. M. L. R., 1988, p. 13.

和法官组成，法律授予职业机构的权力很大，由其决定职业申请者是否适格，这个职业机构组成人员已经在法律市场工作。本案涉及一个问题：此法律是否构成职业进入限制？欧盟法院对此设置了从严的标准，"政府部门有权力监督考试委员会的每一个步骤"，并且"其至通过选派自己的代表执行指示的方式进行干涉"。[1]根据这些用语，我们可以得知，国家对于其委托出的权力并不是仅同意即可，而是要对被委托的权力行使进行全方位的监督。之所以出现这一本质变化，是为了达到"法律保证企业所采取的决定将考虑公共利益"，且"初看似乎是纯个人行为中所追求的公共利益强度非常重要，以至于这一私人行为可以被视为'公共机关'行为"。[2]换言之，这一全程监督可以使私人行为体现出来的公共利益得到最大化保障。因此，"Mauri 案"的审理法院所提出的标准较之前的形式标准具有实质性改变，使得私人借用权力委托从事的反竞争行为能够得到有效制裁。仅注重形式不考虑实质监督的标准与美国的"Midcal 标准"存在较大差异，美国在"Midcal 案"中所确立的积极监督条件是保障，以确保原始协议双方继续监督每一个选择的规定，美国设置有效监督标准的目的是促进在规制形成与执行过程中政治参与目标的实现。[3]

上述情况表明，将公共权力委托给私人行使时，只有在公共权力行使监督职责，并保证私人行为追求公共利益时，方可免除私人限制竞争行为的竞争责任。换言之，免除私人限制竞

---

[1] Order of the Court (Second Chamber) 17 February 2005, Case C - 250/03, pp. 33~34.

[2] Fernando Castillo Torre, "State Action Defense in EC Competition Law", *World Competition*, 2005, p. 426.

[3] Dirk Ehle, "State Regulation Under the U. S. Antitrust State Action Doctrine and Under E. C. Competition Law: A Comparative Analysis", E. C. L. R. , Vol. 19, 1988, p. 382.

争行为的法律责任存在条件限制，不符合此条件即无法享受主权强制抗辩。此条件的设立具有正当性，因为只有对其他公共利益的追求才可以与同为公共利益的市场竞争追求相平衡，个人利益无法高于公共利益。此正当性条件的限制使得适用外国主权强制抗辩的范围更加有限，对无法适用此抗辩的限制竞争行为所引起的冲突也无能为力。

# 小 结

通过上述分析可以得知，美国与欧盟对于外国主权强制的豁免条件不同，且各自法域的外国主权强制理论本身也具有一定的模糊性。首先，在美国法域内，外国主权强制理论对于强制的形式要件目前还存在争论，有的法院要求具备法律的形式要件，有的无此要求；对于强制的法律是否需要合法性审查存在不同意见，有的主张需要审查，有的则主张不需要；对于外国主权强制行为的发生地虽然原则上没有分歧，但是在例外情况下仍存在不确定性，如就发生在美国的强制行为是否应适用外国主权强制抗辩问题仍需要讨论。在欧盟法域内，虽然没有出现像美国那样多的分歧，但是对于非正规形式的强制是否可以适用外国主权强制理论还是存在争论。另外，由于外国主权强制适用存在两种情形，分别是欧盟层面与国家层面，其适用的方式还是存在差异的。在欧盟层面适用外国主权强制理论会导致欧盟竞争法不适用，在主权国家适用外国主权强制理论时，要适用欧盟竞争法，而不适用国家法律。

两个法域在外国强制适用的法律效果上也存在不同。美国判例法认为，当存在外国主权强制时，其法律效果并非当然豁免，仅是适用礼让原则的一个参考因素，理由不甚明了，但此种不确定性的存在说明不能过分依赖以外国主权强制作为豁免理由。相反，欧盟却赋予了外国主权强制确定的法律效果，此确定性给予了卡特尔案件外国主权强制理论适用期待性。当然，两法域的共同点是对于强制的内涵基本上达成共识，即排除行为人的行为自由，同时此种自由排除的判断标准也颇为类似，均以违反强制行为的法律后果来分析。如果行为人违反了其所在的法域法律，将面临重大惩罚或经济损失，可断定强制的存在。

其实，外国主权强制制度的存在是单边域外管辖自我约束的休现，不至于使其本法域内的竞争法域外管辖过广，同时也是出口卡特尔豁免发生域外效力的体现。虽然不同法域对于外国主权强制的基本内涵达成了共识，但在具体构成要件的认定以及法律效果的认定方面仍存在较大差别，无法达成统一。前述较为详细说明了外国主权强制的构成要件及其相应的法律效果，目的即在于展示不同法域适用外国主权强制的规则并非一致，此种差异导致了竞争法单边域外适用的困难，此种差异是由不同法域对外国主权强制理论的认识不一致造成的，更主要的是无统一适用的国际标准，仅由国家机关自我衡量，无相应的约束机制，正如同域外管辖的其他衡量因素（如礼让原则）一样，会产生自由裁量权，不同的法院对于同一问题产生不同认识也属自然，这也是外国主权强制理论存在的先天缺陷，无法克服。这使得本已广受批评的单边域外管辖更加缺乏稳定性。

在理论模糊的同时，实践中，美国的判例更是扑朔迷离、难以掌握。前述分析的"日本电视机案"及"维生素 C 案"的判决均显示出了美国法院适用外国主权强制的无法预期。两个案件均显示出被告的垄断行为系由各自政府强制所为，且面临不为的不利经济后果，完全符合外国主权强制的实质构成要件，然而被告的抗辩却并没有被美国法院所采纳，这不得不使人对该理论存在的价值产生怀疑。同时说明，将外国主权强制作为礼让的一个因素无法带来确定的法律适用，所谓的利益衡量完全可以在实践中背离其创设目的。更何况，美国给予外国政府声明的法律待遇有违国际法的平等原则。

结合第一章与第二章的分析，易使人产生一个疑问：各国关于本国出口卡特尔的豁免规定是否属于外国主权强制适用范围？对此，根据强制的实质要件分析，本国对于其国内的出口卡特尔并无任何惩罚措施作为后盾，出口卡特尔的形成仅是私人意思的自治，豁免规定本身无法等同于国家强制性规范，难以使私人出口卡特尔的行为成为国家行为，无法适用外国主权强制理论。另外，根据 WTO 案例中任意性规范及强制性规范区分的精神也可得出同样的解释结论。美国"烟草案"中的专家组认为，立法强制实施的行为与总协定不一致时，该规定本身就可以受到起诉审查，而立法仅授权缔约方行政部门自由实施与总协定不一致的行为时，其本身无法受到起诉审查，只有据此实施的行为与总协定不一致时才可以受到起诉。[1]《美国1916 年反倾销法案》的上诉机构认为，由 1947 年《关税及贸易总协定》（GATT）所发展的案例表明，强制立法与任意性立法之间的区分集中在政府的行政部门是否赋予相关自由权上。[2]可见，强制与任意法律之间的区分在于是否有自由裁量权。以此为据，美国的出口卡特尔豁免中存在裁量权，而欧盟则无明文规定，故两法域的出口卡特尔豁免规定难以被定为强制性立

---

〔1〕 朱榄叶编著：《WTO 法律制度——以案说法（二）》，法律出版社 2012年版，第 151 页。

〔2〕 朱榄叶编著：《WTO 法律制度——以案说法（二）》，法律出版社 2012年版，第 154 页。

法。即不属于强制规定，自不符合外国主权强制理论的构成要件，进而无法适用该理论。

实践中，欧盟审理的案件对此也遥相呼应。在欧盟法院审理的"Wood Pulp 案"中，作为原告之一的美国木浆企业协会主张，其出口卡特尔根据《韦布-波默林法》享受反垄断法豁免，欧盟法院根据《欧洲经济共同体条约》第 85 条（现行《欧盟运行条约》第 101 条）追究其反垄断责任，损害了美国出口利益。欧盟法院认为《韦布-波默林法》的规定只能说明美国政府对出口卡特尔豁免适用美国反托拉斯法，并不能说明美国政府要求出口企业组织卡特尔。[1] 显然，欧盟法院未采纳美国出口方外国主权强制抗辩的理由是，美国的《韦布-波默林法》并非强制法，不存在相应的违反惩罚措施或不利经济惩罚后果，被告完全存在行为的选择自由，应由行为人承担反垄断法责任。

从上述分析中可以看出，外国主权强制理论及其实践无法将出口卡特尔豁免问题纳入适用范围，该理论的适用只能部分解决出口卡特尔问题，无法从根本上消除由出口卡特尔竞争法单边域外适用所引起的冲突问题，而且该理论本身即存在一定的冲突和不确定性，实践中的不确定性更是增加了其适用的难度，减损了其适用的价值。

---

[1] 参见刘宁元：《反垄断法域外管辖冲突及其国际协调机制研究》，北京大学出版社 2013 年版，第 32~35 页。

# 以全球竞争法规制出口卡特尔的
# 不现实性

　　第三章分析了竞争法单边解决冲突的固有缺陷，然而不能否认的事实是，美国大肆推进法律的趋同性，欲在实行单边主义的同时解决竞争法的冲突，有无可能实现？笔者认为，只要存在上文所分析的本法域利益的本位思想，该问题就无法得到彻底解决。因为国家如同私人一样，均具追求利己利益的动机，欲去除此动机就必须进行法律规制，而此处的规制必须是对国家形成约束力的外部强制规则。仅依靠自己国内法的约束或礼让无法根除冲突。有学者提出依靠单边域外竞争法解决并建立竞争秩序需要具备两个条件："一是各个国家竞争法的实体部分构成几乎一致，二是竞争法在实践中得到有效适用。"其也承认："即使在偏好竞争政策国家之间的贸易，这些要求国家竞争法广泛一致的条件也没有满足。"[1] 显然，由于各国的经济发展水平不同，其竞争法所追求的目标难以达成统一，由目标所衍生的实体法规则也就很难达成一致，竞争法的严厉程度及重点领域也就不同，这充分说明不能依单边域外适用竞争法解决全球竞争问题，包括出口卡特尔。

---

　　[1] Ulrich Immenga, "Unilateralism, Bilateralism, Multilateralism: The evolution of International Competition Law", 载《公平交易季刊》1992 年第 2 期, 第 161~162 页。

# 第一节　以 WTO 规制出口卡特尔的不可行性

寻求通过全球竞争法规制出口卡特尔应当首先分析现行全球协定能否胜任此项工作，只有在现行国际条约无法满足此要求的情况下，才需思考缔结新条约的可能性。虽然在国际性组织中已存在国际性竞争示范法，如经济合作与发展组织（OECD）及联合国贸易与发展会议（UNCTAD）等，但由于这些规范无法律约束力，本书不予探讨。现行与竞争相关的全球性框架仅有 WTO，由于 WTO 仅约束政府行为，不包括私人限制竞争行为，本书在此仅分析 WTO 能否解决出口卡特尔的竞争政策问题。

国际贸易法的目的是去除关税与非关税贸易壁垒，此壁垒以国家的法律或法规规章等形式展现，而竞争法所调整的私人行为则完全基于阻止竞争目的而设置市场进入障碍，从而使国家贸易法解决的国家贸易壁垒问题为私人行为所代替。正所谓："贸易与竞争的主要联系之一即是私人障碍在阻止进口的作用。"[1]由此可见，在 WTO 框架下解决竞争政策问题须具备前提条件，即私人的限制竞争行为具有排斥市场进入的效果，具有贸易壁垒作用，从而使规范此类私人行为的国内法等国家行为与 WTO 的实现目的具有一致性。作为典型的私人限制竞争行为，出口卡特尔是否具有排斥竞争者进入市场之功能？此问题的答案与出口卡特尔的成立目的与手段有关。出口卡特尔的成立目的在于卡特尔成员之间排除竞争，化解彼此间的竞争风险，获得非竞争利润。出口卡特尔获得垄断利润的手段是竞争者之间出于自

---

[1] Deirdre Ann Kelly, "Should the WTO have a Role to Play in the Internationalisation of Competition Law?", Hibernian L. J., Vol. 7, 2007, p. 32.

愿，或达成协议，或采取一致行动。可见，其目的与手段并无
将竞争者排除出市场的内容，此与其他的私人限制竞争行为不
同。比如，滥用市场支配势力的不合理降价销售、搭售、拒绝
交易等，其明显具有排斥竞争对象的目的或手段，规范此类限
制竞争行为的国内法有可能因此成为 WTO 的调整对象。然而，
出口卡特尔恰没有此类功能，无法起到排斥其他竞争者之作用，
甚至还会有利于其他竞争者，因为其他市场力量相对较弱的竞
争者完全可以搭乘卡特尔价格之便车获得垄断利润。出口卡特
尔显然显示出了与 WTO 的功能不相兼容之特点。因此，调整出
口卡特尔的竞争政策也就无法成为 WTO 适用的对象。

　　WTO 成立后，争端解决机构的竞争法实践不多，1998 年美
国对日本提起的"日本富士胶卷案"是第一起涉及竞争政策的
案件，之后 2004 年美国对墨西哥提起的"影响电信服务措施
案"是 WTO 第一起原告方胜诉的竞争案件，最近一起涉及竞争
的案件是 2011 年美国对中国提起的"稀土措施案"。这几起案
件说明，WTO 对于成员方调整竞争政策具有一定的影响。在
WTO 规定中，由于服务贸易协定及与贸易有关的知识产权协定
均有规范竞争行为的规定，本书对此不予讨论，仅限于无明文
规定的 GATT 的货物贸易协定是否可规范竞争政策争端。由于
"稀土措施案"也涉及该问题，使得沉寂多年的竞争政策的
WTO 审查再次引起了争鸣，然而国内少有文章对此进行专门分
析，本书即将以"日本富士胶卷案"和"稀土措施案"为参
考，分析在 WTO 中规范竞争政策是否可行。

## 一、WTO 的国民待遇原则对出口卡特尔并不适用

　　GATT 第 3 条规定了国民待遇原则，与竞争相关的规定系第
4 款，其规定了国内税费征收的国民待遇，内容为"一成员领土

的产品输入到另一成员领土时，在影响产品的国内销售、标价销售、购买、运输、分销或使用的法律、法规和规定方面所赋予的待遇不低于国内类似产品的待遇"。当然，本条第 1 款规定也与此问题有关，其增加了针对产品加工的待遇规定，对此不予详述。该条款的目的"是保障进口产品在经销过程中免遭歧视待遇，防止由于国内行政立法措施而造成的贸易保护主义"。[1]由该条文的规定可以看出，符合国民待遇的条件有两个：一是国家措施；二是国内外产品存在差别待遇。关于措施，如果竞争法的规定是由国家及其行使职权部门制定便可以构成，此应无疑。因此，仅从措施的构成要件来看，竞争法的规定完全符合此要件。重要的是第二个条件，如何理解差别待遇？"日本富士胶卷案"中的专家组引用了美国"337 条款"的"竞争机会有效平等"标准。其认为，不低于国内待遇的用词在 GATT 及之后在 GATT 框架内协商的协议中所表达的意思是，进口产品的待遇与其他外国产品的待遇比较，二者平等，即符合最惠国待遇标准，或者与国内产品待遇相比较平等，即 GATT 第 3 条规定的国民待遇。GATT 第 3 条第 4 款"不低于待遇"的用语要求，在适用影响产品国内销售、标价出售、购买、运输、分销或使用的法律、法规和规定时，给予进口产品有效的机会平等。[2]其突出了竞争机会的平等，是对内外产品的待遇进行比较，在时间维度上是同一时刻，比较的对象是国内产品与外国产品。

为什么将"不低于待遇"的内容解释为"竞争机会平等"？笔者认为，此与 WTO/GATT 的成立目的有关。"由于《世界贸易组织

---

〔1〕 曹建明、贺小勇：《世界贸易组织》，法律出版社 1999 年版，第 67 ~ 68 页。

〔2〕 WTO Panel Report, Japan-Measures Affecting Consumers Photographic Film and Paper, WT/DS44/R, Mar. 31 1998, Ⅱ 10.238.

协定》的规则是为成员方提供市场进入的机会和公平竞争的条件，只要侵害了这种机会和条件，就会造成员方之间既定经济关系的失衡。"[1]也就是说，国民待遇在给惠方面是竞争政策，具体体现为"市场进入机会和公平竞争条件"。那为什么此处没有体现为"市场进入机会"？此与国民待遇适用的对象有关。"国民待遇原则不适用于边境措施"，且"国民待遇原则只有在产品进入进口国市场后才可适用"。因此，主要体现为由边境措施决定"市场进入机会"，而"有关边境措施的不歧视规则体现在GATT第13条非歧视地实施数量限制规则中"。[2]当然，边境措施的实施还体现在GATT第2条规定的关税减让方面。这里需要注意的是，市场进入与竞争机会并非完全独立、无任何联系，竞争机会的丧失会影响产品的进口，起到一种"寒栗效果"，发挥间接作用，而且从对市场准入原则内容的理解来看，其既包括"关税减让方面的体现"也包括"削减非关税壁垒方面的体现"。[3]

应当注意的是，这里的竞争机会的平等是缔约方利益的体现，虽然此条款构成要件只有两个：措施存在和义务违反。但是违反国民待遇原则毕竟构成GATT第23条第1款（a）违约之诉，基于此条款的起诉必须存在"依本协定直接或间接享有的利益正在丧失或受到损伤，或者GATT的任何目的的达成受到妨碍"这一法定条件，但这一利益丧失的条件并不需要当事人具体承担举证证明，只要能说明被诉方的违约义务存在即可。因为《争端解决谅解书》第3条第8款规定："凡出现违反涵盖协定为应承担义务的情形，该行为就被视为构成了利益受到丧失

---

[1] 陈安主编：《国际经济法学专论》（第2版·上编·总论），高等教育出版社2007年版，第356页。

[2] 王传丽主编：《国际贸易法》，法律出版社2004年版，第479~480页。

[3] 曹建明、贺小勇：《世界贸易组织》，法律出版社1999年版，第73~74页。

或损伤的表面证据。"可见，违反国民待遇原则即推定为申诉方利益的丧失，此利益即为前述的竞争机会平等。

国民待遇原则是否适用出口卡特尔的竞争政策？非也。国民待遇适用的比较对象是进口产品和国内的同类产品，而出口的竞争政策包括出口卡特尔及滥用市场支配地位等，其比较的对象是一国的出口销售与国内销售，均属于一国产品，无国籍区别。换言之，国民待遇原则是对国内外同类产品的生产者利益的比较平衡，出口卡特尔政策侵害的并非进口产品的生产者利益，而是国外消费者利益，因此不属于国民待遇的受惠对象。

## 一、WTO 的数量限制原则对出口卡特尔的适用具有不确定性

WTO 没有相关规则约束出口卡特尔的竞争政策？非也。出口卡特尔三大核心为价格、数量和市场，均是围绕价格提高到竞争价格水平以上，即并非市场决定价格而是出口商决定价格。在需求和供应一定的情况下，价格的提高也就意味着销量的减少，此为经济学的基本原理。因此，出口卡特尔竞争政策的存在意味着出口数量的减少，从而形成限制出口数量减少的措施。对此，可由 GATT 1994 第 11 条规定的一般禁止实行数量限制原则来调节。该条第 1 款规定了禁止的数量限制措施："任何成员除征收关税或其他费用以外，不得设立或维持配额、进出口许可证或其他措施以限制或禁止其他成员方领土的产品的输入或向其他成员方领土输出或销售出口产品。"该条款规定的限制措施分为三类：配额、许可证和其他数量限制措施。措施适用的领域包括进口与出口，而出口卡特尔恰属于此类数量限制。因此，出口卡特尔适用该条款似乎存在法律依据。

在实践方面，WTO 专家小组曾在美国与欧盟对中国提起的"稀土措施案"中适用过上述标准。美国与欧盟向专家组申诉的

理由包括中国实施最低出口价格规定，认为此行为违反了 GATT 1994 第 11 条（1）款，构成出口限制。被诉方中国认为中国已废止 2008 年的价格协调规定，且申诉方没有提供中方继续实施最低价格要求的证据。专家组在已认定中国价格规定措施的情况下，认为构成适用 GATT 1994 第 11 条（1）款的条件。该专家组回忆了几起专家组案件，第一起案件是"日本半导体案"，提到该案的目的是借以阐述第 11 条（1）款的措施不仅指法律或法规，而是包括广义的措施，其用词清楚表明，由缔约方实施的并具有限制出口或产品出口销售的任何措施均系该规定所包括的措施，而不论该措施的法律地位为何。第二起案件是"印度数量限制案"，用以说明措施范围比较广。"印度汽车案"的专家组认为，限制一词的普通理解不必是一个"一揽子"禁止或者是准确的数字限制，实际上，限制一词并不意味着仅是禁止，因为 GATT 1994 第 11 条（1）款明确包括禁止或限制。另外，该案专家组认为"印度数量限制案"专家组用限制条件来定义限制，对于界定概念有帮助。限制条件这一词建议不仅要确认施加在进口的条件，还要确认这一条件具有限制效果。第三起案件是"欧洲经济共同体进口最低价格案"，在该案中，番茄浓缩液进口者要额外交付保证金，以保证免费到境价加应付的关税等于或超过已决定的最低价，保证金将依据低于此最低价的比例被没收。专家组对此进行了审查，认为最低进口价格系统符合第 11 条（1）款对非关税、税费的其他限制。[1]

"日本半导体案"再次说明低于特定公司成本价格的半导体

---

［1］ World Trade Report, China-Measures Related to the Exportation of Various Raw Materials, WT/DS394/R, WT/DS395/R, WT/DS398/R, July 5, 2011, pp. 7, 1073 ~ 1078.

出口构成 GATT 1994 第 11 条（1）款所规定的限制，专家组明确提到了"欧洲经济共同体最低进口价格案"所适用的原理。最终结论为，阻止低于最低价的出口违背 GATT 1994 第 11 条（1）款的出口限制规定。[1]

　　最后，"稀土措施案"的专家组同意"欧洲经济共同体进口最低价格案"专家组的思路并跟随"日本半导体案"专家组的思路认为，一项阻止低于最低价格出口的措施构成了 GATT 1994 第 11 条（1）款规定的出口限制，根据专家组的意见，权威机构决定并要求出口商跟随特定的出口价格要求，不背离此价格即无须面临严格的惩罚，此惩罚包括出口权的取消，因此其具有限制贸易的潜在可能。出口限制产生于价格的设置，使得出口商不能找到买者的可能性上升；有此价格设置时那些本应出口的产品将被留在国内市场，此为副效果。专家组认为，此种限制贸易的潜在可能充分构成对出口或任何产品出口销售的限制。专家组认为，中国要求出口企业以固定或协调的价格出口，否则即面临惩罚的规定构成了 GATT 1994 第 11 条（1）款规定的"任何产品的出口或出口销售"。[2]

　　笔者认为，GATT 1994 第 11 条（1）款规定的出口数量限制措施重在规制非境内行为，出口卡特尔虽然具有限制数量的效果，但此效果并非其主要目的，而是间接效果。因为出口卡特尔的行为对象不是进口国的同类产品，而是进口国的消费者或购买者，其损害的并不是进口国同类产品的竞争机会，相反，其有时还会有利于进口国同类产品的生产者。此与国际贸易法

〔1〕　World Trade Report, China-Measures Related to the Exportation of Various Raw Materials, WT/DS394/R, WT/DS395/R, WT/DS398/R, July 5, 2011, p. 7, 1081.

〔2〕　World Trade Report, China-Measures Related to the Exportation of Various Raw Materials, WT/DS394/R, WT/DS395/R, WT/DS398/R, July 5, 2011, pp. 7, 1081 ~ 1082.

目的在于保护国外市场进入和国内外产品竞争机会不同。而保护进口国消费者利益这项工作非贸易法所能承担，只能由竞争法调节。如果任何具有影响进口产品数量的行为均可以成为国际贸易法调整的对象，那便可能背离国际贸易法的初衷。

虽然上述理解似乎有道理，但 GATT 1994 第 11 条（1）款毕竟规定了对出口数量的限制，似乎是出口数量限制阻止了市场进入。若此，WTO 可以调整出口卡特尔的国内政策。当然，专家组意见最终因为程序问题［即不符合争端解决机制第 6 条（2）款的规定］而被上诉机构否定，但毕竟没有否定出口卡特尔的国家政策可由 WTO 进行规制的可能，为以后的 WTO 实践留下了探讨空间。

### 三、WTO 的非违约之诉对出口卡特尔并不适用

GATT 1994 第 23 条规定了违约之诉与非违约之诉，其（b）项规定的内容为，当 WTO 一成员方适用某一措施导致另一 WTO 成员方根据本协议下直接或间接所产生的利益受到损害或无效时，应给予考虑，不管这项措施是否与本协议的规定相互冲突。[1]由此规定可以看出，构成非违约之诉的要件是：一方实施措施；另一方协定项下的利益受到损害；措施与利益之间具有因果关系。对此，学者予以认可："专家组阐明了 GATT 1994 第 23 条（b）项规定的三个要素为：（1）WTO 一成员方实施措施；（2）根据 WTO 协议产生收益；（3）由于措施的实施导致利益无效或受损。"该项规定与本条（a）项规定的违约之诉的条件具有本质

---

[1] 其英文规定为：If any WTO member should consider that any benefit accruing to it directly or indirectly under this agreement is being nullified or impaired—as the result of—the application by another WTO Member of any measure, whether or not it conflicts with the provisions of this agreement.

不同："提起违法之诉，申诉方只要满足以下两个条件：（1）相关协定规定义务的存在；（2）被诉方未履行该义务或者被诉方采取了与 WTO 规则相冲突的措施。"[1]因此，对于非违约之诉的三个条件需要进行进一步阐述，然而相关规定未能清晰表明相关条件的一致确定内容，因此有必要先行阐述此条款的立法目的，以有助于对此条款的解释与分析：

1. 非违约条款制定之目的

从历史方面来讲，GATT 1947 的目标是通过关税减让促进贸易自由。因此，该协定主要强调双边交换，也就是互惠，强调双边关税减让。[2]关税达成后的主要问题是如何防止已取得的进步被弱化。为此，GATT 1947 设计了一套法律机制，使成员方负有履行这些规定的义务。必须指出的是，这些法律义务最初仅是维持关税减让的外交工具之一。[3]或者说，"GATT 设计者通过法律所要达到的真实目的是保持关税减让的价值和争端顺利解决，而不是建立一套统一完整的规范及其相应的结构"。[4]另外，杰克逊（Jackson）提出的理由进一步解释了 GATT 1947 不完善的原因。其认为，GATT 1994 的目的并非提供一个必要的制度框架来治理全球贸易，此种治理作用本应由尚未生效的国际贸易组织（ITO）来完成，ITO 的草案包含更为详尽的争议解决机制，并允许将诉求提交至国际法院。然而，由于美国

---

〔1〕 曹建明、贺小勇：《世界贸易组织》，法律出版社 1999 年版，第 364 页。

〔2〕 Robert E. Hudec, "The GATT Legal System: A Diplomat's Jurisprudence", J. World Trade, Vol. 4, 1970, pp. 616~636; Ernst-Ulrich Petermann, "The Dispute Settlement System of the World Trade Organization and the Evolution of the GATT Dispute Settlement System since 1948", C. M. L. R., Vol. 31, 1994, p. 1171.

〔3〕 Robert E. Hudec, "The GATT Legal System: A Diplomat's Jurisprudence", J. World Trade, Vol. 4, 1970, p. 624.

〔4〕 Sung-joon Cho, "GATT Non-Violation Issues in the WTO Framework: Are They the Achilles' Heel of the Dispute Settlement Process?", Harv. Int'l. L. J., Vol. 39, 1998, p. 315.

的否决使得这一草案的一部分内容体现在了GATT 1947中，[1]因此"协定制度的缺陷使得 GATT 1947 所体现的法律也就不完善了"。[2]由此来看，GATT 1947 的设计者担心的是成员国采取行动绕过具有约束力的关税减让义务，从而使关税减让义务的完整性不能被一般性义务所保护。事实上已说明，法律仅是一种外交工具，因此，GATT 1947 设计了一条具有扩展性和模糊性并显出方便性的条款，即非违约条款。必须强调的是，现行有效的 GATT 1994 规定对于上述条文的规定并没有作出改变，而且在《谅解备忘录》第 26 条第 1 款（b）项进行强化规定。

笔者认为，GATT 1947 及非违约条款的历史说明，非违约条款的存在即在于防止缔约方规避条约规定的义务，从而使关税减让效果无法实现。这是缔约设计的初衷，是为了保护缔约方在缔结条约时所取得的辉煌成就，此成就不仅受明文规定的义务所保护，也会使没有被规定为义务的行为对其避让。总之，不论缔约方采取什么措施都不得损害关税减让已取得的好处，不能使得关税减让具有不平等性，即一方享受对方关税减让所带来的利益，自己却实施那些虽不违背条约义务却使对方无法享受本应享受的利益的行为，其从根本上看就是不公平的体现。如果将 WTO 或 GATT 视为契约，此款规定是为了保证给付义务平等性不被破坏。有学者从英美契约法的角度分析 WTO，认为"WTO 协议本质就是长期的交易，要在随后连续的协商中重新谈判"。而

〔1〕 John H. Jackson, *The World Trading System: Law and Policy of International Relations* (2d ed.), MIT Press 1997, pp. 113~114.

〔2〕 Sung-joon Cho, "GATT Non-Violation Issues in the WTO Framework: Are They the Achilles' Heel of the Dispute Settlement Process?", Harv. Int'l. L. J., Vol. 39, 1998, p. 315.

且，"WTO 法律本质是规制法或公法"。[1]若此，契约法的合理期待将成为基于信赖理论的契约法基础。[2]在行政法中，当一方有合理理由相信公共官员的允诺或行动时，合理期待便将发挥作用。[3]因此，无论将 WTO 看成契约还是公法，合理期待均构成条约的基础，条约解释也离不开此理论，其成了条约形成的目的，期待自己的利益能够不被契约方所破坏。在契约法中，基于信赖合同理论的合理期待要检验的是，是否存在正当的或合理的期待。[4]作为公法的行政法，对信赖要检验的也应是正当的或合理期待是否存在，因为行政法中的合理期待与公平和正义紧密相连。[5]此处之所以以英美的相关法律及理论来论述，是因为 GATT 当初主要是借鉴美国的双边条约，因此英美法律的解释符合当初条约的制定背景。

　　由上述分析可以看出，非违约条款存在是排除缔约方义务且可能毁灭缔约方关税减让所带来的合理期待的可能性，具有类似国内法的兜底条款性质，其适用也如兜底条款一样具有限制条件，即《争端解决规则和程序的谅解协定》第 3 条第 2 项规定的 "DSU 建议与裁决不能增加或减少适用协定所规定的权利义务"，否则即具有滥用之危险。非违约条款主要适用于那些没有明示为义务，但措施的实施将会同样挫败缔约方合理期待之情形。其实，国外学者对此已有类似说明："非违约条款似乎

---

〔1〕　John Linarelli，"The Role of Dispute Settlement in World Trade Law: Some Lessons from the Kodar-Fuji Dispute"，Law & Pol'y Int'l Bus.，Vol. 31，1999，p. 344.

〔2〕　P. S. Atiyah，Contracts，"Promises and the Law of Obligations"，L. Q. Rev.，Vol. 94，1978.

〔3〕　P. P. Craig，"Legitimate Expectations: A Conceptual Analysis"，L. Q. Rev.，Vol. 108，1992.

〔4〕　John N. Adams，"Roger Brownsword, Key issues in Contract"，*Butterworths*，1995，pp. 153~154.

〔5〕　P. P. Craig，*Administrative Law*，Sweet & Maxwell（3 ed.），1994，p. 434.

能够填补法律空白，并重新平衡关税减让的原始价值。"〔1〕

之所以对非违约条款的目的进行相应的分析，实系其对于解释非违约条款具有重要意义，因为《维也纳条约法公约》第31条和第32条规定了相应的解释方法，即文义解释、上下文解释和目的解释，且《争端解决规则和程序的谅解协定》第3条第2项对"按照国际公法解释的习惯规则"进行了解释。更重要的是，通过 WTO 司法实践对何为"习惯规则"进行了确认和澄清。上诉机构认为，《维也纳条约法公约》"'解释的通则'已得到所有当事方及第三方的信赖——这一解释通则已取得习惯或一般国际法地位。因此，'解释通则'构成国际公法解释的习惯规则的一部分。根据 DSU 第3条第（2）项规定，上诉机构在寻求澄清《马拉喀什建立世界贸易组织协定》总协定及涵盖协定条款意义时应受其指导"。〔2〕在"日本酒类税收案"中上诉机构也作出了类似的表述。〔3〕

2. WTO 实践对非违约条款适用的解释

前文已述，非违约条款的构成要件有三个：一方实行措施；另一方利益受到损害；该利益损害与实行的措施具有因果关系。这三个条件看似较为明确，但细究分析却又显得极为不确定，且实践中多有分歧，尤其是 WTO 在解决竞争政策问题时所涉及的利益损害确定更是令人费解。

在乌拉圭回合谈判之前涉及的非违约之诉的经典案例是"欧洲经济共同体油籽案"，虽然此案并非涉及竞争问题，但其

---

〔1〕 Sung-joon Cho, "GATT Non-Violation Issues in the WTO Framework: Are They the Achilles' Heel of the Dispute Settlement Process?", Harv. Int'l. L. J., Vol. 39, 1998, p. 318.

〔2〕 Appellate Body Report, United States- Standards for Reformulated and Conventional Gasoline, WT/ DS2/AB/R, adopted on 20 May 1996, p. 17.

〔3〕 Appellate Body Report, Japan-Taxes on Alcoholic Beverages, WT/DS11/AB/R, adopted on 1 Nov. 1996, p. 7.

有助于我们理解非违约之诉中的利益。专家组认为，GATT 非违约之诉的原理是："从关税减让中获得合理期待的提高竞争机会不仅可以由总协定所禁止的措施所挫败，与总协定一致的措施也同样可以达到此效果。"[1] 而且，此报告多处提及非违约条款保护合理期待。[2] 由此可以看出，这里的利益被解释为"提高竞争机会"的期待（the improved competitive opportunities），且这里的利益也有时间点限制，即在条约达成之际。在 WTO 第一起竞争案件中，专家组根据以往的案例，将利益理解为"被声称的（受损失的——笔者注）利益是产生于相关关税减让中的提高市场进入机会的合理期待"。此案将利益等同于"提高市场进入机会"（improved market-access opportunities arising out of relevant tariff concessions）[3] 的期待。同样，对于期待利益也有时间点限制，两个案例对利益的解释用词不同，前者针对竞争，后者针对市场进入。含义是否相同？对此，"日本富士胶卷案"没有说明，且美国也没有上诉，故无法得知准确答案，但是另外两个上诉机构审理的有关违约之诉案件的解释或许能给我们一些启发。

　　在"印度专利保护案"中，专家组发现印度没有遵守《与贸易有关的知识产权协定》（TRIPs）规定的义务，未能为药品和农业化品提供合适的专利保护。上诉机构对专家组基于合理期待的 TRIPs 义务解释进行了批评。其认为："在发展解释原则方面，专家组将以前 GATT 实践中不同的两个概念合并了，也就是混淆了。两个概念中的一个是当事方对于它们自己的产品

---

〔1〕　Panel Report, EEC-Oilseeds, L/6627, Dec. 14 1989, p. 144.

〔2〕　Panel Report, EEC-Oilseeds, L/6627, Dec. 14 1989, pp. 80~88.

〔3〕　WTO Panel Report, Japan-Measures Affecting Consumers Photographic Film and Paper, WT/DS44/R, Mar. 31 1998, p. II 10. 61.

与相对方产品之间的竞争关系的期待保护，此概念是根据 GATT 1994 第 23 条 1 （a） 所提起的违约之诉发展起来的概念。另一个概念是对当事方关于市场进入减让的合理期待的保护，此概念是根据 GATT 1994 第 23 条 1 （b） 提起的非违约之诉所发展起来的概念。"[1]上诉机构进而指出："专家组援引成员方关于竞争条件的合理期待是将违约之诉与非违约之诉两个法律不同的基础进行了混同。"[2]显然，该案的上诉机构将违约之诉与非违约之诉的合理期待利益进行了区分。此案的报告发布于"日本富士胶卷案"之后的一天。在"欧盟计算机设备案"中，专家组认为关税计划表要根据当事方的合理期待进行解释，而上诉机构对此不予认可，其对专家组的认定进行了类似的批评，认为专家组将竞争关系的合理期待混同于市场进入的合理期待，并将违约之诉与非违约之诉两个不同的诉因合成了一个诉因。[3]

从上述两个上诉机构的报告结论来看，上诉机构对违约之诉与非违约之诉中的期待利益作了不同解释。同时，将违约之诉的合理期待表达为"legitimate expectation"而将非违约之诉的合理期待表达为"reasonable expectation"。而且，上诉机构的理解与"日本富士胶卷案"专家组观点基本类似，均认为在非违约之诉中利益方期待的是市场进入。对于期待的表达，有学者分别从契约法的合理的信赖产生法律效力及行政法的信赖产生

〔1〕 WTO Appellate Body Report, India -Patent Protection for Pharmaceutical and Agricultural Chemical Products, WT/DS50/AB/R, Dec. 19 1997, p. II36.

〔2〕 WTO Appellate Body Report, India -Patent Protection for Pharmaceutical and Agricultural Chemical Products, WT/DS50/AB/R, Dec. 19 1997, p. II42.

〔3〕 WTO Appellate Body Report, European Communities- Customs Classification of Certain Computer Equipment, WT/DS62/AB/R, WT/DS67/AB/R, WT/DS68/AB/R, June 5 1998, pp. 80~111.

于公共官员的行为和声明的可信性角度论证二者并没有本质之
不同。[1]竞争关系与市场进入的含义也存在明显的不同，仅从
文义讲，市场进入似乎是竞争的前提，无进入则无竞争，竞争
是市场进入后之结果。实质上，竞争关系也包括市场进入，阻
碍市场进入也可被认定为反竞争行为的一类，其属于反竞争范
畴自无疑问。由此理解，我们似乎可以得出结论，非违约之诉
仅针对市场进入的国家措施，不处理市场进入后的竞争方面的
国家措施。此结论或许与"日本富士胶卷案"有关，因为其要
解决的问题是市场进入，故其结论也就自然以市场进入为中心。
但是，对 WTO 相关规定的解释还必须依据非违约之诉的条款设
置目的及法理，而 GATT 的目的是给缔约方产品相互进入对方市
场创造条件，其不仅针对市场进入壁垒，当然也包括那些市场
进入后的境内措施。正如"日本富士胶卷案"专家组所指出的：
"我们必须牢记，关税减让从未被视为创造了贸易的增长，而是
创造了涉及竞争关系的期待。"[2]我国也有学者总结认为："专
家组创造性地发展出了'合理预期'的概念，澄清了'利益'
一词的含义，并创造性地提出：'谈判中用以交换的承诺是贸易
竞争条件的承诺，而不是贸易数量的承诺。"[3]由此看来，上诉
机构的表达并非十分妥当，其解释似乎有违非违约之诉的目的
与法理。

那上诉机构的决定是否会影响以后的案子？这涉及 WTO 报
告的效力问题。不论是专家组报告还是上诉机构的报告，均未
被给予相应的法律地位，国内外学者均认为其不具有裁决先例

[1]  John Linarelli, "The Role of Dispute Settlement in World Trade Law: Some Lessons from the Kodar-Fuji Dispute", Law & Pol'y Int'l Bus. , Vol. 31, 1999, p. 345.

[2]  WTO Panel Report, Japan-Measures Affecting Consumers Photographic Film and Paper, WT/DS44/R, Mar. 31 1998, p. Ⅱ 10. 38.

[3]  贺小勇等：《WTO 法专题研究》，北京大学出版社 2010 年版，第81页。

的约束力,〔1〕专家组报告明确其对后案有拘束力的现象也极少出现,〔2〕有个别专家组明确前案专家组报告对后案没有拘束力,〔3〕大部分专家组均没有谈到此问题,如涉及先前的专家组报告,则用一些相对温和的中性词［如"注意到"（notice）、"回忆起"（recall）］,更重要的是,在"日本酒类税收案"中,上诉机构明确推翻了专家组报告具有先例作用的结论,认为"专家组报告构成'关税总协定渊源'的一个重要组成部分,经常被以后的专家小组考虑。它们在世贸组织成员之间创造了合法的期待。因此,这些专家小组报告与任何争端有关时,应当适用（should be taken into account）。然而,除非在用以解决特定争端时针对该争端的当事各方,否则这些专家小组报告没有约束力"。对此,有学者认为,专家小组报告非常类似于国际法院判决,仅是辅助性法律渊源,对后来的专家组没有约束力,英美法中的遵循先例原则不适用于专家组报告,但是对后来的裁决具有说服力,此点不容争辩与否认。〔4〕上诉机构报告的效力又如何?其与专家组报告一样仅对争端当事方有约束力,而无先例的约束力,但学者多认为上诉机构与专家组的关系类似于主权国家

---

〔1〕 参见陈安主编:《国际经济法学专论》（第2版·上编·总论）,高等教育出版社2007年版,第377页;贺小勇等:《WTO法专题研究》,北京大学出版社2010年版,第60页;Sung-joon Cho, "GATT Non-Violation Issues in the WTO Framework: Are They the Achilles' Heel of the Dispute Settlement Process?", Harv. Int'l. L. J., Vol. 39, 1998, p. 331.

〔2〕 Panel Report, United States-Restrictions on Imports of Cotton and Man-made Underwear, WT/DS24/R, adopted on 25 Feb. 1997, at 7, 12.

〔3〕 Panel Report, Brazil-Measures Affecting Desiccated Coconut, 1996; Panel Report, United States-Measures Affecting Imports of Woven Wool Shirts and Blouses from India, 1997.

〔4〕 John. H. Jackson, *The World Trade System: Law and Policy of International Economic Relations* (*2nd ed.*), MIT Press, 1997, pp. 122~126.

上下级法院之间的关系，上诉机构的报告对专家组具有指导作用，事实上具有约束专家小组的作用。[1]由上述来看，上诉机构报告对后来的专家小组具有事实上的约束力。

如此，是否意味着只能按照上诉机构的裁决理解 GATT 1994 第 23 条的非违约之诉的利益？笔者认为，对此作肯定理解较为妥当。WTO 的目的主要是去除成员方市场进入的壁垒，其对进入成员方市场后的措施通过非歧视原则加以约束，且非歧视原则的约束也较为完善，无需其他原则来补充完善。由此来看，GATT 1994 第 23 条之非违约之诉主要被用来填补市场进入壁垒措施的漏洞，没必要以进入市场后的措施作为对象加以规范。同时，此条适用的范围意味着其所保护的利益同非歧视原则的国民待遇原则所保护的利益不同。

至于利益的无效或损害，学者从实践案例出发进行了相应的归纳，主要分为"期待"标准、互惠标准、非效率标准和国民待遇标准。[2]其实，对损害与利益的分析是一脉相承的，分清了利益也就自然确定了利益的损害，或者说二者系一个问题的两个方面，套用国内法的损害赔偿原理中的损害和利益之间的关系即为"损害＝利益"。[3]期待标准和互惠标准在前文已有说明，在此不再赘述。国民待遇标准实质上将非违约条款下的利益等同于国民待遇，此观点似乎混淆了国民待遇与非违约之诉，不应采纳。非效率标准以被诉措施的经济效果作为非违约之诉的标准，其外延较为广泛，不具有确定性，也为学者所批

---

〔1〕　贺小勇等：《WTO 法专题研究》，北京大学出版社 2010 年版，第 61 页；R. Bhala, "The Myth about Stare Decisis and International Trade Law（Part One of a Trilogy）", *American University International Law Review*, Vol. 14. , 1999, pp. 845~956.

〔2〕　John Linarelli, "The Role of Dispute Settlement in World Trade Law: Some Lessons from the Kodar-Fuji Dispute", 31 Law & Pol'y Int'l Bus. , Vol. 31, 1999, pp. 340~354.

〔3〕　曾世雄：《损害赔偿法原理》，中国政法大学出版社 2001 年版，第 119 页。

判。[1]

然而，规范出口卡特尔的国家措施无法实现非违约之诉的目的，其根本原因正如前文已分析的那样，出口卡特尔意在获取垄断利润，非排斥竞争者，达到目的所采取的手段也并非排斥竞争者，故其没有起到替代其他国家贸易壁垒的功能，也就自然不符合非违约之诉设立之初衷，无法适用 WTO 的非违约条款来解决国家对出口卡特尔的规范问题。

## 第二节　全球竞争法形成的障碍分析

前文分析了目前 WTO 无法解决出口卡特尔政策问题，那是否可缔结新的全球条约，以规范出口卡特尔？有学者针对全球竞争法的必要性进行了总结，其理由主要有：第一，单边国家对反竞争行为一般无能为力，此种情形主要归因于全球市场的产生。单边国家不能控制的反竞争行为包括两个类型：一是国家竞争法对发生在国外且对国内经济有影响的行为无法有效行使管辖权，此已为国际卡特尔所证实。证明国际卡特尔的证据往往位于国外，或者分散在全球，最适合收集证据的国家却没有动力。二是国家竞争法一般不考虑其领域内生产者对他国造成的损害，国家对此行为持较宽容的态度，此已为出口卡特尔豁免证明。[2] 以上国家竞争法的缺陷起因于"国家竞争法由国

---

〔1〕　See John Linarelli, "The Role of Dispute Settlement in World Trade Law: Some Lessons from the Kodar-Fuji Dispute", Law & Pol'y Int'l Bus. , Vol. 31, 1999, pp. 348~352.

〔2〕　Peter J. Lloyd, "Multilateral Rules for International Competition Law?", *World Economy*, Vol. 21, 1988, quoted from Luu Huong Ly, "Regional Harmonization of Competition Law and Policy: An ASEAN Approach", *Asian Journal of International Law*, Vol. 291, 2012, p. 292.

家立法机关制定，其仅关心生活在管辖领域内居民福利，并限制于其管辖领域内的行为（域外适用是例外）"。[1]学者的观点是从国内立法机关立法权限和内容加以考虑，但必须指出的是，国内立法机关仅考虑其国内居民福利虽然是一般原则，但此原则是在国家无相应的国际义务时才适用的。如果国家签订了相应的国际条约，规定应考虑国外居民福利，此原则便不得适用，国际法存在的必要性由此产生。

　　鉴于此，针对上述单边适用竞争法所遭遇的困境，有学者认为："没有国家竞争当局之间有效的合作，全球消费者将会支付越来越高的价格。"[2]至于域外管辖问题，或许有人认为国家已采用域外管辖权，即效果原则，对于跨边界的反竞争行为适用反垄断法。但是，此方法除无法克服前几章分析的问题外，尚存在其他众所周知的问题。比如，证据取得。因为书面证明或证人皆位于国外，没有政府之间的合作，审查起诉几无可能。[3]再如，国家竞争当局执行冲突。竞争法执行已不再仅仅是一国的内部事务，此观已被普遍接受。[4]这里的执行包括司法判决执行和行政机关执行。前者涉及国家司法协助问题，没有国家协定难以完成，此问题不必多言。后者是竞争法特有的，因为竞争法是公法，其实施主要以一国竞争当局为主体，此为竞争法的本质体现。但是，在国内竞争法实施过程中，由于各

〔1〕　Peter J. Lloyd, "Multilateral Rules for International Competition Law?", *World Economy*, Vol. 21, 1998, p. 1132.

〔2〕　Daniel K. Tarullo, "Competition Policy for Global Markets", *Journal of International Economic Law*, Vol. 2, 1999, p. 447.

〔3〕　Robert Pitofsky, "Competition Policy in a Global Economy–Today and Tomorrow", *Journal of International Economic Law*, Vol. 2, 1999, p. 408.

〔4〕　Luu Huong Ly, "Regional Harmonization of Competition Law and Policy: An ASEAN Approach", *Asian Journal of International Law*, Vol. 291, 2012, p. 293.

国法律的不同，很可能产生相当大的冲突，国家利益冲突也会浮出水面。因此，有必要分析以全球性竞争法解决国家利益冲突的主张，其涉及全球性竞争法能否存在，以及如何实现的问题。

## 一、各国（地区）对出口卡特尔规制观点的分歧

能否形成全球性竞争法规范与各国对出口卡特尔的观点息息相关，如果各国对于出口卡特尔规范的观点一致，便易形成相关全球性竞争法。如果各国的观点分歧较大，形成全球性竞争法的难度也就大。以下，笔者将就各国对出口卡特尔的规范观点作一总括分析。

（一）对 WTO 成员就出口卡特尔竞争法规制存在分歧的分析

有学者认为，学术团体的观点不一致反映在 WTO 成员的主张观点里。[1]自从 1996 年新加坡部长会议成立关于贸易与竞争政策互动工作组（Working Group on the Interaction between Trade and Competition Policy，WGTCP）以来，该会议讨论出口卡特尔多次，但最终未达成一致，并于 2004 年 8 月 1 日 WTO 总领事会会议决定将竞争政策从 WTO 议程中除去。[2]在 WTO 框架内讨论出口卡特尔时，各成员单位就出口卡特尔法律属性观点并未达成一致，其观点反映了各成员单位的政治立场。此政治立场对于各国的立法和实践而言无疑具有重要影响。

首先分析一下发达国家的观点。发达国家针对出口卡特尔的观点并不相同。欧盟与日本强烈反对出口卡特尔，其理由分别是：欧盟认为，出口卡特尔对于国际贸易有清楚的歪曲影响，

〔1〕 Aditya Bhattacharjea, "Export Cartels: A developing Country Perspective, Working Paper No. 120", *Center for Development Economics*, January, 2004, p. 4.

〔2〕 Decision Adopted by the General Council on 1 August 2004, WT/L/579, 2 August 2004, p. 1.

有害于经济发展。日本认为，由于出口卡特尔通常对国内市场影响较小，各竞争当局总体上对此并不进行立法规制。即使进行了立法规制，各竞争当局能否根据本国法律去规制一个不必然对国内市场有影响的实践也尚有疑问。另外，进口国竞争当局规制出口卡特尔总体而言比较困难。总而言之，出口卡特尔确实会歪曲贸易。因此，在此种情形下，由规制国际贸易的多边机构制定一个共同规则反对出口卡特尔（包括禁止）将会是非常重要的。[1]同样作为发达国家的美国（也是反垄断史最悠久的国家）却坚持出口卡特尔豁免。理由是出口卡特尔能够产生效率收益、促进贸易，因为"像（卡特尔）这样的安排具有明显促进竞争特点的效果。故，在讨论具有出口卡特尔这样安排时，应注意到，此等安排实际上并没有产生像核心卡特尔那样的（反竞争）效果"。[2]另外，美国声称出口卡特尔能带来技术革新、降低价格，因此对于出口卡特尔进行禁止并适用本身违法规则是不适当的。[3]由此看来，美国并没有将纯粹国家出口卡特尔等同于核心卡特尔，这或许是美国在出口卡特尔规制问题上的立场不同于欧盟之原因。鉴于第一章的分析，赤裸裸固定价格的卡特尔符合核心卡特尔含义，经济效果无本质区别的出口卡特尔不应受到不同的竞争法待遇。

　　发展中国家认为应禁止出口卡特尔，取消出口卡特尔豁免。

---

　　〔1〕　WTO documents WT/ WGTCP/M/12（Minutes of the Working Group Meeting of 2-3 October 2000），p. 10, 25; and WTO/WGTCP/ W/ 156（Communication from Japan, 19 December 2000）.

　　〔2〕　WTO document WT/ WGTCP/M/18（minutes of the WTO Working Group meeting of 1-2 July 2002），p. 44. Also Communication of 15 August 2002（WT/ WGTCP/W/ 203, p. B. 7）and at the meeting of 20-21 February 2003（WT/ WGTCP/M/21, p. 37）

　　〔3〕　Report on the Meeting of 20-21 February 2003, WT/WGTCP/M/21（26 May 2003），p. 37.

各发展中国家的具体理由总体相同，其中以泰国的观点最为清晰。其呼吁取消工业化国家的出口卡特尔豁免，因为出口卡特尔被用作战略性贸易政策，从外国榨取租金。因而，该国认为，出口卡特尔潜在地对发展中国家具有损害性，会恶化贸易条件。[1]另外，泰国坚持特别优惠待遇，因为发展中国家出口卡特尔主要由中小企业组成，并同时要求发达国家取消管辖域外出口卡特尔，此观点为另外一些发展中国家（如印度、中国、印度尼西亚和埃及）所认同。[2]另外一些发展中国家（如代表加勒比海经济共同体的特立纪达拉岛、多巴哥岛及巴西）则侧重于阐释出口卡特尔对他们造成的损害。[3]

从上述各国家在 WTO 框架下发表的观点来看，虽然结论有所不同，但是有一点基本相同，那就是各国均将出口卡特尔与贸易问题联系在一起，均是围绕出口卡特尔能否促进贸易问题发表观点。换言之，出口卡特尔只是贸易的工具或手段，贸易是根本目的，出口卡特尔合法与否是以贸易结果为判断标准的。如此，由于各国的贸易条件不相同，对能否促进贸易的要求也就不同，对出口卡特尔的要求自然也不同。具体来讲，工业化国家与非工业化国家的贸易条件大不相同，各国贸易优势的区别显著，与国际竞争有关的是出口量，或者出口能力，当然也与出口产品构成有关，因为贸易产品包括货物、技术和服务，

〔1〕 Communication from Thailand, WT/WGTCP/W/213/ Rev.1（26 September 2002），p.2.

〔2〕 See respectively, WT/WGTCP/W/213/Rev.1（Communication from Thailand, 26 September 2002）; WT/WGTCP/W/216（Communication from India, 26 September 2002）; China: WT/WGTCP/M/19（Minutes of the meeting of 26-27 September 2002），p.78; Egypt: WT/WGTCP/M/22（Minutes of the meeting of 27 May 2003），p.33.

〔3〕 See respectively, WT/WTGCP/M/12（Minutes of the meeting of 2-3 October 2000）and WT/WGTCP/M/22（Minutes of the meeting 26-27 May 2003），p.25.

各国的出口产品构成或附加值含量也大不相同，工业化国家在技术或服务出口方面占有明显优势，而非工业化国家在货物尤其是自然物质出口方面占有优势，这导致产品出口竞争的条件不相同，工业化国家相对于非工业化国家占有明显优势。即使是工业化国家之间也同样存在不同的贸易条件，以美国和日本为例，二者均为发达经济体，但在出口方面日本占有明显优势。因此，在国际市场上，对出口卡特尔进行豁免明显不利于日本，日本主张禁止出口卡特尔也就再自然不过了。相反，在美国，其出口产品或在其他国家受到市场进入私人抵制，或与其他国家的产品相比不具有绝对优势，其国际贸易处于不利境地。因此其积极主张出口卡特尔豁免有利于其开展国家贸易，由此导致两国对于出口卡特尔豁免的观点大相径庭。

另外，需要指明的是，上述 WTO 成员分别由发达经济体与不发达经济体同时构成，其观点不统一不足为奇。在由工业化国家组成的 OECD 和由非工业国家组成的 UNCTAD 中，代表工业化经济体与非工业化经济体的观点也值得进一步探讨。

（二）OECD 成员对出口卡特尔竞争法规则的分歧

OECD 公布的产业组织与竞争法术语将出口卡特尔定义为，公司之间为制定特定的出口价格或（和）分割出口市场而达成的协议或安排。许多国家的竞争法律均豁免这样的协议，只要卡特尔没有对竞争产生有害后果，即没有产生价格固定或出口限制。理由是它可以便利进入外国市场，将外国消费者收入转入国内，并对出口方进行有利的贸易平衡。可见，OECD 将出口卡特尔的范围明显缩小为价格卡特尔和市场划分卡特尔。将其他形式的卡特尔排除在外。此种价格卡特尔与市场划分卡特尔是否属于其认可的核心卡特尔？之所以要将价格卡特尔与市场划分卡特尔同核心卡特尔进行比较，是因为 OECD 已经就核心卡特尔达成普遍协议，其总体态度是禁止。在 1998 年的关于限制竞争的卡特尔规定中，OECD 将核心卡特尔定义为，竞争者之间固定价格、操纵竞标、限制产量和共享市场的反竞争协议、安排和一致行动。同时，该规定又将出口卡特尔排除在外。其规定为，下列协议、一致行动或安排被排除在外：①与成本减少、产量增加和效率的法律实现具有合理的联系；②成员国法律的涵盖范围直接或间接被排除；③符合法律的授权。[1]由例外规定来看，出口卡特尔并不属于核心卡特尔，但若仅从核心卡特尔与出口卡特尔的定义来分析，似乎核心卡特尔又包括出口卡特尔，因为出口卡特尔指价格固定与市场分割。那为什么又将出口卡特尔排除在核心卡特尔之外呢？就此问题，笔者没有查到相应资料，可从竞争法的目标与出口卡特尔的特征来臆测其原因。OECD 在 2000 年的核心卡特尔报告中列明了国际核心卡特尔，此处的国际性是指卡特尔成员来自多个国家，其当然备受各国谴责，将其定为违法自无争议。在无相应国际法的情况下，通过国家间的合作来规范，或由单个国家单边域外适

---

[1] 1998 Recommendation of the Council concerning Effective Action Against Hard Core Cartels. 25 March 1998 - C (98) 35/FINAL. 其英文原文如下：A "hard core cartel" is an anticompetitive agreement, anticompetitive concerted practice, or anticompetitive arrangement by competitors to fix prices, make rigged bids (collusive tenders), establish output restrictions or quotas, or share or divide markets by allocating customers, suppliers, territories, or lines of commerce; The hard core cartel category does not include agreements, concerted practices, or arrangements that (i) are reasonably related to the lawful realisation of cost-reducing or output-enhancing efficiencies, (ii) are excluded directly or indirectly from the coverage of a Member country's own laws, or (iii) are authorised in accordance with those laws. However, all exclusions and authorisations of what would otherwise be hard core cartels should be transparent and should be reviewed periodically to assess whether they are both necessary and no broader than necessary to achieve their overriding policy objectives. After the issuance of this Recommendation, Members should provide the Organisation annual notice of any new or extended exclusion or category of authorisation.

用本国法律。由此概念引申出了只影响一个国家市场的核心卡特尔，在此情况下，只能由一个国家的国内竞争法进行处理。而针对国家性出口卡特尔，其既不属于单纯的国内卡特尔，也不属于国际性卡特尔，其与二者的共同点是具有价格固定和市场划分的限制竞争因素。其不同于国内卡特尔之处在于出口国家受益，不管是国际性经济利益还是政治利益。其区别于国际性卡特尔之处在于，国际性卡特尔对于受影响的任何国家均有害，而出口卡特尔则不然。其既有利于市场的可能也有不利于市场的可能，这是出口卡特尔的本质特征。因此，只能将那些无法带来效益的出口卡特尔列为核心卡特尔。认定此种区别，只能依个案而定，而不能仅依其不利之面而禁止其有利之面。依此推断，出口卡特尔结果并非必定违法，OECD 并未就出口卡特尔达成普遍共识。不过，有必要提及的是，有学者认为 OECD 呼吁全球废止效率抗辩带来的卡特尔豁免。[1]然而，同样是 OECD 的报告，其对出口卡特尔具有促进竞争或反竞争的效果并没有给出一个肯定的结论：它根据具体情况可以提高或减少消费者福利和总福利。[2]然而，此处 OECD 所提到的出口卡特尔并非本书所论述的赤裸裸的出口卡特尔，赤裸裸的出口卡特尔对竞争有害无利。

　　从上述 OECD 的报告来看，其对出口卡特尔所持观点并非一成不变，有反对的声音也有不确定的声音，之所以存在不确定的声音就是因为出口卡特尔具有一定的效率积极因素，而且其积极因素，既有就竞争法本身而言的消费福利和总福利，也

　　[1] See Margaret C. Levenstein and Valerie Y. Suslow, "The Changing International Status of Export Cartel Exemptions", Am. U. Int'l L. Rev., Vol. 20, 2005, pp. 786~787.

　　[2] See Communication from the OECD, WTO Doc WT/WGTCP/W/221 (2003), pp. 41~42. Quoted From Brendan Sweeey, "Export Cartels: Is There a Need for Global Rules?", J. Int'l Econ. L., Vol. 10, 2007, p. 89.

有与贸易相联系的促进贸易活动。其之所以没有像核心卡特尔那样被列为禁止，也是基于同样的原因。其实，出口卡特尔与核心卡特尔在某种意义上具有一定的类似性，均有价格固定、市场分割等限制竞争因素，只是由于出口卡特尔在多数情况下符合国家利益而受出口方保护。当然，并非任何国家对于出口卡特尔均采肯定态度，这涉及各国的贸易方式和产业结构问题。由于各个国家贸易不同，其会根据国家利益原则而采取不同的竞争法态度。对于一个净出口国而言，由于出口能给其带来经济利益，在鼓励出口的情况下有可能纵容出口卡特尔。或许有人会提出一个相反的事实，那就是日本是一个出口大国，但其却主张禁止出口卡特尔豁免。日本现在之所以一改过去肯定出口卡特尔豁免的主张，是因为日本现有出口产业已经在全球市场占有重要份额或没有面临重要竞争，此时去除出口卡特尔豁免不仅不会损害本国的出口利益，相反还会有利于其出口，因为如果各国均禁止出口卡特尔豁免，则与日本生产相同或相似产品的竞争者便不会因组成出口卡特尔而与日本出口企业进行竞争。不能忘记的是，日本在20世纪90年代前是大量存在出口卡特尔豁免法律规定的国家，那时日本产业在国际市场尚没有形成如今的市场实力，其自然主张豁免出口卡特尔。另外，美国主张豁免出口卡特尔的原因也与其出口产业国际竞争力的强弱有关。

（三）UNCTAD 成员对出口卡特尔竞争法规制的观点

UNCTAD 组织是在发展中国家的倡议下，在联合国成立的，其集中反映了各发展中国家的观点。由于发展中国家占全球的绝大多数，因此全球经济发展不能离开发展中国家，尤其是将全球竞争法纳入 WTO 框架失败的原因之一就是发展中国家的反对，因为将全球竞争法纳入 WTO 框架对其不利。因此在出口卡特尔方面也同样必须考虑发展中国家的感受。UNCTAD的文件[1]虽没有正式对出口卡特尔进行定义解释,但对出口卡特尔表达过明确态度,即废止出口卡特尔豁免的法律规定(55段)。但是,废止豁免是针对所有国家(包括发展中国家)还是仅限于部分发达工业化国家经济体? 上述文件明确提出,作为一个特别优惠成分,发达国家在知道其竞争法的豁免规定会影响发展中国家进口利益时应当放弃此种规定(53段)。因此,发展中国家明确提出要发达国家放弃出口卡特尔豁免规定,并不针对发展中国家,而且这种放弃也不考虑出口卡特尔能否带来经济效益,只要损害了发展中国家利益即应当被禁止豁免。显然,这是特别优惠待遇在出口卡特尔方面的具体体现。之所以如此,主要原因是发展中国家考虑到其经济发展所处的阶段不同,不同的经济发展阶段应适用不同的竞争法规则。对此,前述文件亦有表述。有些专家认为,在发展中国家发展的早期阶段,一定程度的产业政策能够弥补市场的失败。在发展的高级阶段和产业化升级后,产业政策将逐渐变得比竞争政策弱(51段)。由此说明,不能将发达国家竞争政策完全适用于发展中国家,也就是发达国家与发展中国家的竞争政策要有区别。具体区别应根据本国的具体国情而加以分析。此中所蕴含的理论以经济发展为核心,而不是由竞争法所带来的消费者福利提高,还有比消费者福利提高更重要的长期发展任务,这主要涉及产业政策与竞争政策之间关系的协调问题,其以发展为核心。有学者根据发展中国家的实际情况,针对欧盟提出的WTO框架内的全

---

〔1〕 UNCTAD, Closer Multilateral Cooperation on Competition Policy: the Development Dimension, consolidated report on issues discussed during the Panama, Tunis, Hong Kong and Odessa Regional Post‒Doha Seminars on Competition Policy, 15 May 2002, pp. 55, 53, 51.

球竞争法规范建议本提出异议，其主要理由就是该建议稿没有将发展中国家的经济发展列为核心，忽视了发展中国家与发达国家的差异。但是，为什么发展中国家自己仍适用出口卡特尔豁免规定呢？说明出口卡特尔能给发展中国家带来利益。发展中国家认为，其出口企业主要由中小企业构成，在国际市场上无竞争力，[1]这些中小企业只有组成出口卡特尔才能节省成本、增强竞争力，从而进入出口市场。可见，发展中国家希望自己保留出口卡特尔的原因也是基于贸易目的，作为手段的出口卡特尔能给其带来利益。

综上所述，无论是发达国家竞争法还是发展中国家竞争法均是关注自己本国的经济发展，尤其是在出口贸易领域，更为关注本国的出口贸易，根据本国的实际贸易情况主张采用适合本国的竞争法。在出口卡特尔方面自然也是如此。各国针对出口卡特尔豁免态度的不同实属正常。各国对出口卡特尔豁免的法律观点均是围绕贸易或经济发展展开的，说明出口卡特尔的立法观点不能单独就消费者福利提升与否进行思考，应当与经济贸易发展相联系。换言之，要将对外贸易发展放在竞争法的消费者福利保护之前。试想，如果日本出口贸易并非具有如今的市场势力，其能主张禁止出口卡特尔豁免吗？这一假想的现实最好例子就是美国，其相关出口业务并不具有绝对优势，其出口卡特尔豁免观点与日本相反。因此，包括出口卡特尔在内的竞争法并非中立，并非无价值目标。国内学者对此也有研究："竞争于反垄断法的意义确定重要，但它承载不起反垄断法的政

---

[1] See J. Summer La Croix, "Commentary", in Lee-Jay Cho and Yoon Hyung Kim (eds), *The Multilateral Trading System in a Globalizing World*, KDI Press 2000, p. 105, quoted from Brendan Sweeney, "Export Cartels: Is There a Need for Global Rules?", J. Int'l Econ. L., Vol. 10, 2007, p. 92.

策目标，它不过是反垄断法为实现政策目标而倡导的方法与手段。反垄断法的政策目标应当是植根于竞争背后的东西，是国家通过维护竞争希望达到的效果。"[1]所谓的效果，在出口卡特尔领域就是对外贸易的发展，如果出口卡特尔的规制有碍于经济贸易发展，则不为各经济体所主张，相反则为倡导。因此，出口卡特尔豁免规定在目前所讨论的领域仅是对外贸易发展的手段与工具，我们必须正视这一政治与经济现实。

只是二者的联系并非总是呈现积极效果。有学者认为出口卡特尔是新的贸易保护主义："促进或容忍出口卡特尔以增加出口者福利却减少进口方市场消费者福利是一种新贸易保护形式。"[2]学者的观点不无道理，但其仅说明了部分出口卡特尔的存在情形，也就是那些具有市场势力可以影响市场价格的出口卡特尔，并没有包括那些无重要市场份额的出口卡特尔，此类型的出口卡特尔可以促进效率，在提高出口方福利的同时可以使进口市场消费者受益。前述提到的芬兰的出口市场情况即是如此。当然，本书所分析的出口卡特尔仅限于价格固定、数量限制和市场划分三种类型，其本质为限制竞争，应当对其实行禁止。

## 二、阻碍全球竞争法形成的不利因素

（一）利益交换促进全球竞争法形成的难度

学者古兹曼（Guzman）认为，很难在全球范围内单独就反垄断法达成一致。其理由是：不同的国家有不同的贸易方式，体现出不同的国家利益。一个净进口的国家喜欢反垄断法执行

---

[1] 刘宁元、司平平、林燕萍：《国际反垄断法》（第 2 版），上海人民出版社 2009 年版，第 4~5 页。

[2] Brendan Sweeney, "Export Cartels: Is There a Need for Global Rules?", *Journal of International Economic Law*, Vol. 10, 2007, p. 96.

超过最佳状态，也就是说要严厉执行，一个净出口的国家喜欢宽松执行。尽管国家之间的合作规制将在严厉和宽松之间进行选择，可通过国际合作获得净收入，但是在任何一个国际论坛上对这两方面进行调整难度都很大。这也许解释了过去多边解决的失败原因。[1]学者斯温（Swaine）总结了古兹曼的观点，只要反垄断与其他问题分离，问题就会变得棘手，交易就会变得困难。如果喜欢反垄断法让步的国家能够安排另外一种转移支付，比方说对让步的国家减少贸易障碍，包含实体反垄断条件的协议实际上便具有了可行性。此时考虑到解决问题的广泛性，WTO 自然是一个讨价还价的好地方，此为 TRIPs 所能说明。反垄断协议不可能实现，除非对 WTO 进行机构改革，使其成为一个谈判和执行非贸易问题的友好环境。[2]其实，古兹曼观点的实现还要依赖于 WTO 形成的一个方法——"一揽子"协议。如果使用"一揽子"协议方法还没有产生一个实体反垄断法的议程，也许是因为 WTO 仍然不是一个协商非贸易问题的合适地方，或者说其成员还没有认识到"一揽子"协议的价值。

学者斯温对古兹曼的观点提出了异议，因为古兹曼在反垄断僵局的模型诊断上存在缺陷。古兹曼教授的模型假定是，在不完善的竞争市场下，一个净出口国家（即发达国家）将是反对国际反垄断的国家。而发展中国家，作为同样产品的净进口国家，也是更多同质产品的出口方，将喜欢选择更为严厉的政策。[3]然而，这个模型假定与现实相矛盾，美国对于实体多边

---

〔1〕 Guzman, "Is International Antitrust Possible?", N. Y. U. L. Rev. , vol. 73, 1998, pp. 1540～1541.

〔2〕 Edward T. Swaine, "Against Principled Antitrust", Va. J. Int'l L. , Vol. 43, 2003, pp. 990～991.

〔3〕 Andrew T. Guzman, "Is International Antitrust Possible?" N. Y. U. L. Rev. , Vol. 73, 1998, pp. 1536～1537.

反垄断政策的热心程度与其他发达国家相比较低，而发展中国家则更为冷淡。竞争法之所以被提上议程，似乎仅仅是因为欧盟作为全球竞争法的支持者，突然愿意放弃以前的抵抗来讨论农业补贴问题。此时，不同利益也存在，但是并不符合模型的建议。[1]

　　不论古兹曼的模型是否与现实相吻合，利益的需要均是国际条约达成的先决条件，反对古兹曼模型的观点也未否认此点。只是此种利益的表现方式可能不同，或许表现为贸易市场进入的利益交换，或许是条约方的共同利益。无相关利益的共同关切，无法达成意思一致，条约也就无从谈起。这已为实践所证实。比如，现有 WTO 的缔结就是利益交换的体现，人权条约就是共同利益的体现。在竞争法领域中，既有交换利益的需求也有共同利益存在。交换利益在竞争法方面体现为实体规范统一及执行合作，经济发达国家多数希望执行较为严格的竞争法，以市场竞争为经济发展的重心；发展中国家希望执行较为宽松的竞争法，可以为产业政策和贸易政策留下较为宽松的环境。此不同利益追求迫使各国以利益交换作为条件，达成各自所需的国际协定。共同利益体现在已经为大部分国家认可为违法的一些限制竞争行为上，希望能够利用竞争法进行规制，就此较易达成全球条约。以国际卡特尔为例，国际上已对国际卡特尔所涉国家造成侵害达成共识。出口卡特尔具有混合性，其侵害既涉及共同利益也涉及交换利益，之所以如此，乃因为在共同利益方面，虽然大多数国均认可其会对进口国的消费者造成损害，违反竞争法原理，但由于各国的经济发展阶段不同，各国对于竞争政策同产业政策和贸易政策关系的协调不一，出现了

〔1〕　Edward T. Swaine, "Against Principled Antitrust", Va. J. Int'l L. , Vol. 43, 2003, pp. 913~994.

各国宽容出口卡特尔，以追逐非竞争政策、达到经济发展目的的现象，这也体现为利益不同的方面。正是出口卡特尔不同利益的存在，使得各个国家难以对出口卡特尔的规制达成共识。为使相关国家舍弃对非竞争目标的追求，只能以交换利益促进达成国际协定。然而，此种利益交换，无论是在 WTO 还是在其他国际组织中均没有成功，均是由于各国对利益交换后的结果充满不确定性。然而，在达成共识追求一体化的区域国家里，即使各国对出口卡特尔持不同观点，但由于更高的市场一体化追求，各国完全可以摒弃分歧、达成共识，以完成共同目标。

（二）其他阻碍全球竞争法形成的因素

1. 全球竞争法执行的自觉因素

学者斯温认为，反垄断协议难以达成的原因与反垄断作为交换条件的明显不利有关。在已制定反垄断法的国家里，反垄断法的实施效果要部分依赖于这些国家是否选择它并培育它。暂不考虑反垄断法适应当地情况的程度以及法律移植总体的成功，仅就反垄断体制最强大的美国与欧盟而言，其基本上均是自己发展起来的。必须承认，很难接受一个国家无意识地默认与贸易相关的义务。但是，为使那些不愿意接受反垄断法规制的国家同意制定竞争法，似乎就不可能产生自我执行有效的体制，如此就很有可能将执行压力全部放在 WTO 的执行机制上。劝服国家接受反垄断法并换取其他承诺可能忽略了将反垄断规则内部化的需要。执行反垄断法很可能使竞争当局将此作为工具来保护竞争者而不是促进竞争。[1]学者强调的是竞争法的执行程度，如果仅为了强调法的存在实无价值，关键是法的执行，纸面的法只有被运用到实际之中才能发挥应有的作用。其实也

---

〔1〕 Edward T. Swaine, "Against Principled Antitrust", Va. J. Int'l L., Vol. 43, 2003, pp. 996~997.

就是竞争意识的深度，只有主观上真正充分认识到竞争及其法律的价值，客观上才能真正执行到位。如果各国就竞争法作用难以达成共识，全球竞争法执行难度可想而知。不过，竞争法价值认同感的产生，并非全部是自然进化而来，也可以通过外部强制输入获得成功。TRIPs 的成功就是一个明显例子，虽然许多发展中国家内心不赞同签订此条约，但最终还是通过"一揽子"强制方式获得了成功。竞争法虽存在不同于 TRIPs 的特点，但在大部分国家已采取市场经济的情况下，也可以尝试采取强制方式。

2. 全球竞争法赖以存在的基础条件

美国学者斯宾塞·韦伯·沃勒从形成一个全球性垄断协议影响因素来分析，即霸权性、经济一体化或价值共同性，认为全球反垄断法缺乏此等条件，难以达成，因而只能在符合此条件的双边或区域性范围内形成条约。[1]

（1）在政治霸权性方面，目前国际社会尚不存在超级政治霸权国家，即使美国具有相应的政治力量，其也不足以担当此任，因为美国反垄断法是诉讼驱使类型，其有广泛的调查程序、联邦和州的民事和刑事执行、个人三倍诉讼。尤其是个人三倍诉讼，很难在国际社会达成共识。欧盟也是如此，欧盟竞争法的影响只能通过吸纳更多成员才能扩大，而且其成员国想得到的是优惠的贸易安排，其次才是成为欧盟成员。如果采纳某种风格的竞争法是成为欧盟成员的代价，其国愿意接受，最终证实竞争法对其社会有益，才会更好。

（2）在经济一体化方面，经济一体化涉及开放的市场，其必须防止卡特尔和公权对市场权利（力）的滥用，以保护市场。

---

〔1〕 Spencer Weber Waller, "The Internationalization of Antitrust Enforcement", B. U. L. Rev. , Vol. 77, 1997, pp. 393–395.

象《北美自由贸易协定》（NAFTA）这样已经形成高度区域贸易一体化的区域性条约，其竞争法在一些重要问题上已经达成一致。那些还没有加入区域群体的国家，几乎没有动机推进竞争法达成一致。

（3）在社会价值与前景愿望方面，反垄断法的一致化并不仅仅涉及交易费用减少问题，并非如同决定在路的哪一侧驾驶、交通信号的颜色或交通信号形状那样简单，因为它可能从一开始决定时候就不重要，只要人们达到一致就可以。竞争法具有强大的历史、经济、政治和社会根基，它造就一个市场国家公法的最终形式。不用阅读书面的宪法，一个国家的竞争法就可以向人们展示一国经济和政权体制的大部分内容，也可以告诉人们一国是信任政府命令还是市场运作。因此，对创造一个共同的价值核心而言，不信任集中计划仅是必要条件，不是充分条件。当下，国际竞争法达成的共识无非是竞争是有益的，每个国家都应当制定，并以非歧视方式执行。而当国家之间谈至具体细节时，协议却会变得非常难以达成，即使在具有相对同质性的 OECD 组织内也是如此。

上述所论全球竞争法形成的不利因素的确存在，正是这些不利因素的存在使得包括竞争在内的国际条约难以缔结，但并非否定国际条约缔结的可能性，仅是说明全球竞争法缔结的现实困难。随着时间的推移，各国对竞争的价值形成了一定程度的共识，竞争法的实体内容具有一定程度的趋同性，在竞争问题正在给全球带来前所未有的急迫性的情况下，缔结全球竞争条约的时机已经成熟。因此，现实困难并不能阻止全球竞争条约缔结的前进步伐。只要全球贸易存在，全球竞争价值就会深入人心，全球竞争法的形成只是时间问题。

# 小 结

由上述可知，全球竞争法的形成不仅在理论上对全球的社会资源配置有利，而且在实践中大多数国家还是主张形成全球竞争法，即使美国一贯反对全球竞争法的形成，最近也倾向于以竞争法的全球规定来解决国际竞争问题，因此对于国际竞争法形成的必要性已无太多分歧。学者如戴安·伍德（Diane Wood）认为，国际反垄断法在目前形成几无可能："获得国家竞争法规制的一致性或者建立任何超国家的程序或实体体制是一个不可能实现的梦想。"[1]但其仍认为，将来有可能形成一个最低程度的国际反垄断法："尽管存在观点分歧以及克服分歧的难度，答案看来明显。从长远来看，没有国际反垄断法的解决方案的成本将会过高。尽管类似欧盟的解决方案在短期内不可能在较广泛的范围内取得成功，但是，如果努力向国际竞争体制需求方向和克服本书确认的阻碍方向奋斗，认真合作、竞争法的趋同和最终一致是可能的。这样的体制将推动国际反垄断法沿着其目前的需要尽力向前进。鉴于现有的政治体制，取得更大的进步是不合适的。"[2]因此，从戴安·伍德的文中我们可以看出，其虽然认为国际反垄断法不可能在短期内形成，但并非绝对不可能，其所谓的不可能是着眼于当前，从长远来看其认为具有可能性。其还分析了国际上对国际反垄断法的客观经济需要，基于国际商业的普遍存在及其垄断问题需要在国际层面解决，

---

〔1〕 Diane P. Wood, "The Impossible Dream: Real International Antitrust", *University of Chicago Legal Forum*, 1992, p. 278.

〔2〕 Diane P. Wood, "The Impossible Dream: Real International Antitrust", *University of Chicago Legal Forum*, 1992, p. 310.

其还提出运用现有反垄断法单边解决国际反垄断问题所造成的冲突，也需在国际平台进行，双边解决存在局限性。[1]由此可见，即使是国际反垄断法的反对者，也承认反垄断法在国际范围内的形成具有可能性及必要性。

问题的关键是，目前 WTO 机制能否胜任解决涉及竞争法问题，此一问题涉及是否需要及如何形成一个国际竞争法。前述已分析，WTO 主要解决国家之间的贸易壁垒问题，适用 WTO 解决竞争政策必须符合两个条件：具有阻碍市场进入之功能、具有竞争机会剥夺之功能。只有符合这两个条件才能启动 WTO 争端解决机制。那么，回到与本书相关的出口卡特尔问题，WTO 争端解决机制是否可以有效规制出口卡特尔？要回答此问题必须先解决一个问题，即出口卡特尔是否具有限制竞争之功能？若有则可以进一步考虑启动 WTO 争端解决机制之可能，若无则无须考虑。由于本书将出口卡特尔限于三类情形，价格固定出口卡特尔、市场划分出口卡特尔和数量限制出口卡特尔，此处就出口卡特尔对竞争市场影响的讨论也限于此三种情形。

价格固定出口卡特尔的主要目的是避免卡特尔成员之间的竞争，固定竞争产品的价格，排除竞争者之间的竞争，以赚取高于竞争价格的垄断利润。从此目的来看，主要是竞争者之间自愿达成协议，避免成员之间的竞争，并非针对第三竞争者的市场进入，以排斥其进入竞争市场，其主要目的恰如市场独占行为那样是收取掠夺性价格，获取较高的垄断价格，且垄断价格的获得无须通过排斥竞争者之手段来实现。相反，价格固定出口卡特尔有时还会对第三竞争者产生有益的外溢效应，因为第三竞争者可以搭乘固定价格之便车获得较高的利润或收入。

---

[1] Diane P. Wood, "The Impossible Dream: Real International Antitrust", *University of Chicago Legal Forum*, 1992, pp. 280, 301, 296.

显见，价格固定出口卡特尔的形成目的与 WTO 现行的排除贸易壁垒目的并不相同，无法发挥贸易壁垒之功能。既与 WTO 目的不容，也就不能在 WTO 框架下得到规制，这是由 WTO 的目的与出口卡特尔目的不同造成的。有必要提及的是，如果出口卡特尔的设立是为了排斥第三竞争者，将竞争产品的价格降到竞争价格以下，此种行为便具有排斥第三竞争者之功能，但这里的价格固定并非卡特尔的目的，而只是手段，其目的是排斥卡特尔成员外的竞争者，国家对于此类卡特尔排斥外国竞争者的行为不追究竞争法责任的问题有可能在 WTO 范围内得到解决。但必须注意的是，此时排斥的对象是出口国的竞争者，而不是进口国的竞争者，对出口行为的规范，WTO 仅有数量限制规定，此时的排斥能否起到如此作用尚无法得到准确答案，存有可商榷之处。但是，无论结果如何，以价格为手段达到排斥竞争目的者均并非本书讨论的以价格固定为目的的卡特尔，故将其排除在外。

　　市场划分出口卡特尔，目的是将出口产品的市场在竞争者之间进行划分，形成割据分治之局面，从而消灭卡特尔成员之间的竞争，获取较高的超竞争的垄断利润。由此意义分析，市场划分出口卡特尔的目的如同价格固定一样，并非排斥第三竞争者进入市场，仅是排除卡特尔成员之间的竞争，以获得较高的垄断价格，因此其无法发挥贸易壁垒作用，其目的与 WTO 目的不符，就市场划分出口卡特尔也就不能诉诸 WTO 争端解决机构规制。

　　数量限制出口卡特尔也如同上述两个类型的出口卡特尔一样，均是为了得到较高的价格，并非排斥竞争者，因而也不能运用 WTO 争端机制规制。这里要说明的是，WTO 的目的虽是排除贸易壁垒，但是数量限制明显具有贸易壁垒之功能，且 WTO 将数量限制作为一项禁止的原则。由此来看，似乎数量限制出口卡特尔可以在 WTO 框架下得到规制。然而，再思考便知，此时的数量限制并非针对外国产品进入行为所在地国的市场，即并非进口限制，而是由行为地所在国针对外国市场的输出，即出口限制，似乎不应落入 WTO 框架。但是，WTO 既规范进口限制的贸易壁垒也限制出口的贸易壁垒，因而国家对于数量限制竞争行为应当进行严格管制，否则就有可能被进口国提起 WTO 争端之诉。果真如此，价格固定出口卡特尔是否必然会导致数量限制？从经济学角度分析，出口价格的固定必然伴随着数量的减少，则价格固定出口卡特尔似应可以在 WTO 框架下得到规制。然而由于数量限制的目的并非在于阻止进口国同类产品的竞争，而是针对消费者掠夺垄断利润，数量限制仅是实现目的的手段，其目的显然与 WTO 目的不符，似不应由 WTO 规制出口卡特尔的数量限制问题。若从手段上来看，其又为 WTO 所禁止，且为 WTO 专家组所认可，由此便会导致数量限制出口卡特尔能否在 WTO 框架下得到规制具有不确定性。

根据上述分析得知，WTO 无法解决出口卡特尔的规制问题，尽管数量限制在 WTO 得到了运用，但是数量限制出口卡特尔在出口卡特尔中所占比例较小，大部分出口卡特尔均是以价格固定形式出现，因为数量限制对于出口商来讲并非主要的获利手段。因此，WTO 无法规制在实践中普遍存在的价格固定出口卡特尔。但是，如果在全球内寻求规制出口卡特尔的条约，恐怕短期内无法实现，坎昆会议以失败而告终充分说明难以在 WTO 内解决竞争问题。1996 年新加坡议题提出解决包括竞争在内的四个议题，后经 WTO 相关竞争小组的多次研究，取得了相应的诸多成果。但由于各国的争议较大，最终因无法达成协议而被迫终止，2003 年决定不再讨论竞争问题。因此，希冀于在全球范围内解决出口卡特尔问题机会实在是渺茫。

# 以区域竞争法规制出口
# 卡特尔的可行性

　　前文分析了目前全球范围内解决出口卡特尔的困难性，但
这并不意味着没有希望在国际层面规制出口卡特尔，区域条约
已经展现出了成功解决（包括出口卡特尔在内的）限制竞争之
路，典型的例子即为欧盟。针对追求经济区域一体化目标的区
域条约来讲，其是否适合被用来规制出口卡特尔？区域条约是
否能胜任此角色，也同样需要基于目的来分析区域一体化的目
标宗旨与出口卡特尔的本质特征是否具有一致性。有必要说明
的是，本章所讲的区域竞争法并非仅就竞争法内容单独达成协
定，而是包含了竞争法内容的综合性贸易协定。

　　在进行具体分析之前，有必要先界定下区域协定一体化的
含义。我国学者对于区域经济一体化的理解为："是指地理区域
上比较接近的两个或多个国家为了谋求共同发展，通过缔结条
约而建立起来的某种经济贸易联合的过程。"[1]由此可以看出，
我国学者将区域经济一体化的区域限定于地理相邻。而在现代
国际社会，区域一体化的发展已超出了此限制："新近的经济一
体化趋向于包含那些经济与地理不同的伙伴。总之，新的区域
贸易协定呈现逐渐跨区域性及经济不同发展阶段国家之间的一

---

　　[1]　张国元：《博弈与协调——WTO 的实质内涵与全球贸易治理机制》，法律
出版社 2012 年版，第 73 页。

体化。"而且，"区域化已经超过纯粹的贸易或关税，或与自由贸易区或关税同盟相关的市场一体化，其已变得越来越深入化，更加多元化，跨产业化，包括更广范围的经济政治目标"。[1]因此，本书所指的区域一体化条约缔结主体不限于区域相近的国家或地区，其主体数量是指两个或两个以上。至于区域一体化的程度，主要指具有共同市场目标，而并非仅指贸易自由化目标。

# 第一节　以区域竞争协定规制出口卡特尔的可行性

## 一、以区域竞争协定规制出口卡特尔的理论可行性

从 20 世纪 90 年代开始，区域条约如雨后春笋般呈现在世界大部分区域，最典型的区域条域即为《欧洲经济共同体条约》。除此之外，在其他各洲也存在区域条约，如北美洲的 FTAIA；南美洲的区域条约更多，有南美洲南部的《南方共同体条约》，南美洲西部的《安第斯条约》，南美洲北部的加勒比共同体。同样，在非洲也存在众多区域条约。在亚洲也存在区域条约，最为典型的当为《东盟条约》。这些条约大多包含对竞争内容的规定。虽然竞争内容相差很大，但总体可分为两大类型，一为紧密型竞争规定条约，一为松散型竞争规定条约。所谓紧密型竞争规定条约是指，在条约中规定了竞争法的实体条款及（或）共同执行机构，如南美洲的三大条约。松散型竞争规定条约是指条约并没有规定竞争的实体内容和统一执行机构，如《东盟

---

〔1〕　Philippe Brusick, "ANA María, Lucian Cernat editors, Competition Provisions in Regional Trade Agreements: How to Assure Development Gains", *United Nations New York and Geneva*, 2005, pp. 2~4.

条约》及北美洲 FTAIA。虽然这两类条约的竞争法规定内容不同，但均非单独竞争法条约，竞争法规定属于条约的一部分，条约存在大量贸易规定内容。既然存在这样的一个共同点，为什么如此众多的条约会出现不同的竞争内容？这不得不引起人们的思考。笔者通过考察认为，竞争法内容相异与条约的目的相关。也就是说，如果条约缔结目的仅是使条约区域内的贸易自由化，则其涉及竞争法的内容便会较为宽松。如果条约的缔结目的不仅是实现区域内贸易自由化，具有更高的目的，如达到市场共同体或市场一体化，则竞争法的内容就会较为紧密。

（一）区域贸易协定目的与竞争的兼容性

为什么区域条约的目的与竞争内容具有兼容性？笔者认为，各国缔结条约的本质目的必然是相应结果发生。如果缔结条约的目的是实现共同体市场或区域一体化，那将意味着在条约当事国之间建立一个没有政界区分的统一市场，这类似于一个国内市场。建立一个统一的市场，必然要求市场贸易自由化、市场竞争自由化。也同时意味着，统一市场的国家贸易壁垒不能被私人限制竞争行为所代替，否则贸易自由化目标便很难实现，共同体目标也将无从谈起。因此，竞争法的高度一致规定也将属于条约的内容之一。如果共同体市场内无共同实体法规则，各个国家对限制竞争行为的认定标准也就无法达成统一，限制竞争行为就可能因国家的认定标准不一而阻碍贸易自由化，进而成为共同体市场统一的"绊脚石"。如果共同体市场无统一的执行机构，交由各当事国执行，则会产生各国执行效率低下问题，一些国家对于涉及本国私人的限制竞争行为会怠于执行，使受害当事方难以得到有效、及时的救济。限制竞争行为无法得到有效的制裁，无异于放纵限制竞争行为，结果必然是阻碍共同体目标的实现。因此，共同体的本质要求是设置竞争的统一标准。

对上述结论也可以从自由贸易与自由竞争之间的关系入手加以分析。竞争是贸易自由化的保障手段，没有竞争作为保障，贸易自由化就不可能彻底实现。之所以如此，是因为当今世界大部分国家均以市场经济作为本国的经济体制，即为市场经济就离不开市场，而市场的本质在于竞争。由此各国也相应纷纷制定竞争法以适应市场经济的需要，从而使得本国内的贸易与竞争具有统一性，即竞争保证本国的市场主体贸易自由化。但是，各个国家在制定竞争法时大多局限于本国市场，仅考虑本国市场主体的竞争自由，不考虑本国市场外的竞争状况，使得各个国家放纵与容忍本国竞争主体实施影响他国的限制竞争行为，导致全球贸易自由化的成果被分裂的竞争法执行所侵蚀。因此，在当今这个贸易全球化时代，竞争法适用的市场不能再局限于基于本国的政治疆域所划分的国内市场，而是由全球贸易化所带动、涉及的全部市场。这已完全超出了国家市场范畴，使贸易市场与竞争市场具有了同一性。正是这一市场的同域性使得贸易与竞争被捆在了一起。贸易是竞争的前提，竞争是贸易的保障，二者不能割裂，否则便难以持续享受贸易成果。区域条约的总体体现是，追求区域内的市场统一化必然使区域内的贸易寻求竞争的保障，此竞争是统一竞争，不是各主权国家各自为政的竞争。这也是区域条约不同于 WTO 的重要特点。

那么，在区域条约内，贸易与竞争关系是如何体现的？联合国贸易会研究认为，区域条约包含的竞争法目的分别是：一是主要防止贸易壁垒被私人限制竞争行为所代替；二是条约高度一体化的要求。这两个内容均要求发挥竞争法的作用，但是其发挥方式可能不一样，如果仅要求防止贸易壁垒为竞争所代替，其竞争法的发挥便仅需要限制那些能够排斥竞争者的限制竞争行为，而不需要限制那些仅具掠夺性而不具排斥性的限制竞争行为，如歧视性收费价格卡特尔。因此，防止贸易壁垒被私人限制竞争行为所代替的竞争法范围十分有限。换言之，仅需要规制那些阻碍市场进入的限制竞争行为，从而使得贸易自由化与竞争法具有同步性。而对于第二个目标，条约缔约国一体化的要求显然高于前者，市场一体化要求不仅排除那些阻碍市场进入的限制竞争行为，而且还要排除那些除此之外的限制竞争行为，将对消费者仅有掠夺性的限制竞争行为也纳入此范畴。

（二）区域竞争协定缔结的阻碍呈弱化性

尽管运用区域条约一体化规制出口卡特尔存在理论上的可行性，但是区域条约也面临诸如 WTO 等多边条约一样的阻碍，那就是条约缔约方的主权限制。前文已指出，所有高度一体化区域条约的竞争条款内容均涉及竞争法实体条款和执行机构的统一，必然与国内竞争法的实质内容发生冲突，限制国内立法权，国内竞争法对区域内的限制竞争行为无能为力，交由区域的统一实体法解决明显限缩了成员方的主权范围。统一竞争法执行机构的存在使得国内竞争法执行机构不得不交出相应限制竞争行为调查权和处罚权等权力，进一步体现出主权在执行方面的限制。每个国家均不愿意其主权受限，此为主权独立问题，这对于缔结区域条约来讲是一个重要的现实障碍。同样重要的是，由于竞争法本质上并非私法，不像私人权利义务那样涉及的国家利益较少，各国之间较易达成条约，竞争法的本质是国家对私人行为自由的干涉，目前的通说为公法。无论竞争法是何种性质的法，干涉私人权利义务均已确定，干涉原因是基于社会利益而维护竞争秩序或消费者利益。既然竞争法涉及主权国家的全体社会利益，那么任何缔约方均不会轻易将涉及公共利益的管辖权交由凌驾于主权之上的国际组织。将国家对社会的经济管理权交由区域性国际组织，会涉及主权的独立及稳定性问题。另外，竞争法的实施还涉及一国内其他社会政策的相互关联性问题，如产业政策和贸易政策等之间相互协调，将竞争主权让渡于区域性组织必然会损及上述国家政策协调的主动性，危及国家主权的独立性，这是每一个国家均不愿意如此而为的关键核心。这样的障碍在国际经济条约中随处可见。以与竞争具有密切关系的投资条约为例，投资的实体规定也涉及国家主权问题，这一敏感问题导致国际社会尚未产生单独的实体条约。再如，在 WTO 中增加竞争法内容为发展中国家所拒绝的原因之一便是存在主权被限制的可能性。美国对全球竞争法的多次拒绝，也是基于主权限制问题，其拒绝签署《哈瓦那宪章》就是因为担心其主权行使会受到过多限制，至今连美国对于竞争法的全球解决也是持不积极的态度，其原因也是如此。另外，美国在区域条约 NAFTA 中并没有取消反倾销条款，从没有以竞争法条款代替反倾销条款的原因中我们也可窥见美国的心态。美国认为其贸易保护主权将会受到限制，也就是说不会因为竞争问题而放弃国内贸易保护，由于竞争的实施将使贸易保护无生存余地，鉴于此，区域一体化要求竞争法的统一必须克服对此种主权限制的担心，必须存在一个现实的必要性或紧迫性使得区域成员放弃部分竞争法主权。

哪些情形能构成如此强烈的放弃主权动机？对于这一问题从正面界定难以说明，应先分析拒绝竞争法条约的原因。以美国为例，其之所以拒绝在全球范围内解决竞争问题，除了因为主权会受到限制之外，更主要的原因是，美国是一个市场广大的国家，其国内市场成了每一个国家出口的必争之地，与其有贸易关系的国家大多在其国内有投资关系，对于影响美国市场的限制竞争行为，其完全有能力依靠本国竞争法规制，国际规则对其而言无必要性可谈。如此分析是否可以得出结论，经济力强大国家均无须缔结高度一体化条约？未必。经济强大国家仅是一个必要条件并非充分条件，因为即使是那些经济强大的国家，如果其国内市场不广阔，也无法容纳来自世界各国的产品，从而无法依靠本国竞争法单边解决域外问题。只有国内市场足够大，使得其他出口国家在该国的出口产品在出口国家占有重要比例，才能使得该国竞争法域外适用在实践中行得通。如果一国市场规模很小，进入其国内的出口产品所占份额很小，其域外管辖将很难奏效，域外管辖仅会使得出口国停止对该国的出口，因为其出口的中止对于出口国家而言毫无影响，其完全可以将出口产品转至另外一些国家，或会导致影响不大、完全可以承受得起如此小市场份额的损失。因此，单边域外管辖的另一个必要条件是该国的市场规模足够大。

市场规模大就可以有效实施域外管辖？也未必。仅有足够大的市场规模并不会必然使得域外管辖得到有效实施，其必须具备足够高的开放程度，才能对外国产品有足够的吸引力。如果市场对外不开放，外国产品无法进入其国内市场或进入该国市场的产品市场份额有限，其效果便会如同小规模市场国家那般，无本质区别，自然对出口国家无吸引力。

是否符合前述条件就可以？同样未必。出口国出口产品的目的是在进口国得到有效的销售，所谓有效的销售就是能以合理的价格售出，被进口国家消费者所认可。换言之，进口国的国民具有足够的购买力。只有具备相应的购买力，才能使得外国进口产品得以有效销售，对于出口商而言也就具有足够的诱惑力。否则，即使外国产品进入该国市场，由于国民购买力不足，也会使得国内对进口产品的消费需求明显不足，进而使得外国出口商在该国的出口份额不高，此时该国市场对于出口国而言将无足轻重，该进口国的域外管辖也将无法充分发挥。换言之，该国的消费能力与该国经济发展呈正相关比例。

规模较大的市场经济发达国家已经具备了域外适用的客观条件，由此来看，缺乏这些条件的国家或许就需要结合在一起，克服那些单靠自己力量无法克服的困难，弥补自己的不足。这些经济条件有些是先天的，有些是经过努力改造可以实现的，前者即如市场规模，后者即如开放程度及消费者购买力。由此似乎可以得出结论，那些市场规模小的国家具有足够强的动力去缔结相应的区域条约，以克服自己的不足。由此可以引申出一个问题，市场规模真的这么重要吗？的确如此。这可以从经济学理论中得到相应的答案。亚当·斯密的《国民财富的性质与原理》就存在关于市场规模重要性的论述："分工起因于交换，分工范围因此必然要受到交换能力的限制，也就是说要受到市场范围的限制。如果市场过小，那么就不能鼓励人们去专门从事一种职业，因为这样他就无法用超出自己消费的自己劳动生产物的剩余部分会随意换得自己需要的别人劳动生产物品的剩余部分。"〔1〕市场是经济活动的空间，市场的本质就是竞争，只有市场空间广大，竞争才能有效发挥，竞争中的规模经济要求具有广阔的市场与其相适应，否则有效的竞争将无从发挥作用，只有存在符合规模经营要求的市场才能使商品价格处于最为低廉的状态，才能使得市场资源得到有效配置，从而使得竞争利益为整个社会所分享。反之，如果不具备与规模经济相适的市场，规模经济将无法有效运转，社会资源无法得到有效配置，产品价格也将无法降到最低程度，使得国内消费价格过高，国家资源遭到浪费，这是规模经济的必然性要求。

---

〔1〕 ［英］亚当·斯密：《国民财富的性质与原理》，赵东旭、丁毅译，中国社会科学出版社2007年版，第45页。

　　规模经济理论告诉我们，规模经济意味着产品的成本随着产品的增加而减少，直至达到最低程度无法再减少为止，此时的规模就是最佳规模。如果一个国家的市场规模足够小，其生产的产品便无法在国内全部销售，或小到难以支撑规模经济所要求的产品数量，不仅浪费社会资源，也会让国家消费者承担其不应承担的损失。此时，小市场国家就有必要为达到规模经济，输出国内生产的无法消费的产品。至此，产生了相应的出口动力与需求。这种需求使得几个较小的市场经济国家联合在一起，成为一个较大的市场，使得规模经济能够享有充分的施展空间。区域国家具有相同或类似产品时可能发生竞争，使得竞争发挥充分作用，逐步提升竞争力，进而走出区域迈向更大的国际市场。当产品输入另一国家时，如果发生出口企业的限制竞争行为，影响了进口国的消费者利益，就会发生竞争法适用的冲突。为了缓和冲突，保证出口的顺利完成，国家之间彼此产生了相互克制自己竞争主权的愿望，区域条约的产生也就再自然不过了。另外，根据联合国的 2005 年报告，市场规模较小的国家可通过区域联合的方式使得竞争法的执行达到规模效益，减少浪费，一个国家执行法律可能要承担巨大的经济成本，由几个国家联合承担则可以节省不必要的成本。

　　市场规模小就一定能成功缔结区域条约吗？未必。前述所讲的市场规模小是区域条约缔结的诱因，此种可能性并非孤立存在，其还要受到诸多因素的影响，如经济发展水平、文化与法律制度异同程度、地缘政治等多方面的影响。就经济发展水平而言，经济较为发达国家与发展中国家达成一体化条约难度相应较大，其原因是多方面的，如地缘政治性就可能具有很大的影响力，两个或多个分属不同地区、相距较为遥远的国家缔结一体化的区域条约难度相对较大，因为空间障碍会增加运输

成本，使得缔结条约所节省的成本为运输成本所抵销甚至为其
所超过。如果两个国家的政治意识形态相差很大，国家之间难
免会产生政治敌意，其在经济方面的合作难度也将加大。如苏
联与美国就 GATT 的缔结态度即为如此，基于政治意识的敌对原
因，苏联没有缔结该条约。

既然市场规模对条约一体化缔结具有如此重要的影响，是
否意味市场规模大的国家之间较难达成一体化条约？从理论上
讲应是如此，除非具有特殊因素存在，使得具有较大市场规模
的国家之间达成一致。因为市场规模大的国家具有足够的能力
消费其自己生产的产品，当其产品在国际上具有优势时，其可
以借助贸易自由化条约达到出口目的，并非让渡其主权缔结一
体化条约，自由贸易需要的是关税等壁垒的消除，除非自由贸
易关税等壁垒为私人限制竞争行为所代替，出口国家单边适用
竞争法无法救济时，有可能出现进一步的条约一体化。当然，
此种可能性也并不是唯一的，也存在地缘政治等因素导致一体
化的可能性。但无论如何，经济、政治、社会文化价值及地缘
等都是占有很大成分的影响因素。

总而言之，缔结一体化区域条约要求主权放弃带来的利益
超过其牺牲的利益，这是经济学的成本与效益理论在条约缔结
问题上的适用，虽然这里的效益与成本难以客观量化，主观价
值判断占有重要分量，但每一个国家所要考虑的因素类似，均
可能涉及前述的政治、经济、法律文化和历史渊源等因素。

同为主要因素的还有，区域一体化条约涉及的缔约主体数
量相对较少，利益冲突自然减弱，国家之间易达成意思一致。
换言之，国家之间对抗力量减弱。正是这一要素增加了缔结一
体化条约的可能性。从此种意义来理解，WTO 之所以就竞争问
题难以达成一致意见，其原因之一是缔约方数量太多，利益冲

突加剧，不利于达成全球竞争协定。

（三）禁止出口卡特尔与区域条约一体化目标的一致性

区域条约的目标既然已经非常清晰，在此即可具体分析出口卡特尔适合由区域条约规制的原因。本书所分析的出口价格卡特尔分为三种：价格固定出口卡特尔、市场划分出口卡特尔和数量限制出口卡特尔。这三个类型的出口卡特尔对于市场的影响具有不同的效果，价格固定出口卡特尔对于市场进入无排斥作用，其侵害的对象是消费者，目的仅是获得高出竞争性价格那部分垄断价格。有时价格固定出口卡特尔外的竞争者或许还能搭上价格固定出口卡特尔的便车，按卡特尔固定的价格出售产品。由此来看，价格固定出口卡特尔无排斥市场进入者效果。市场划分出口卡特尔的本质在于划分销售区域，使卡特尔成员不得进入各自划分的区域，但对组织外的竞争者无约束力，不具有排斥竞争者效果。同样，数量限制出口卡特尔的设置目的在于使卡特尔成员销售的产品数量不超过其约定的数量，具有市场进入壁垒的间接效果。因此，一体化区域条约应规制出口卡特尔的这三种形式，这也是市场一体化的必然要求。虽然国内法未必全面禁止出口卡特尔，但是各国对于本国市场内的核心卡特尔大部分均为禁止性规定，作为一体化要求的区域条约也必然要求禁止这些卡特尔，如此才不致使一体化目标受挫。

从上文的分析来看，区域条约目的决定着竞争条款的内容，当条约目标具有市场一体化要求时，竞争法的内容和执行便会具有类似主权国家的竞争法规定，以保证条约目标的实现。相应的，出口卡特尔也就可以被规定于条约竞争法之中。对于那些条约目标并非必然禁止的限制竞争行为，其竞争法的内容相对宽松一些，可以容纳那些不阻碍市场进入的限制竞争行为，这样的竞争法规定与条约目标没有矛盾。实践中是否如此？这要看各国对于贸易自由化要求的希冀程度和决心，如美国、加拿大和墨西哥的自由贸易协定就无此要求。如果认为"贸易自由化应以发展为目标，对于一项政策、建议和方案的检验，不是看它是否存在'贸易扭曲'，而是看它是否存在'发展扭曲'。发展是人类社会的终极目标，而现阶段减少贸易壁垒只是达到目标的一种手段"。[1]那么，竞争也是一种政策选择，其目的也是发展，对其进行检验时，表面看它是否存在"竞争扭曲"，实质上真正的目的在于是否"发展扭曲"。换言之，如果竞争政策的选择无益于甚至有害于经济发展，其不会为任何国家所选择。条约一体化目的是成员方的经济发展，竞争必须服从于此种目的，唯有符合此种目的的竞争才能在条约一体化中获得生存土壤，二者的目的一致性导致竞争适用于一体化条约。

## 二、以区域竞争协定规制出口卡特尔的实践性

既然从理论上分析，区域条约中的竞争条款内容与条约目标具有紧密关系，现实有无与此呼应的实践？"尽管许多 WTO 成员不愿意在 WTO 框架内协商与竞争有关问题的协议，但是许多 WTO 成员认为竞争与区域条约相关。"[2]因此，实践中出现的区域条约为本书的分析和论证提供了实证资料。根据联合国 2005 年的研究结果，现在的区域条约多达二百多个，本书中无法一一列举说明并实证性分析，在此仅列举几个具有典型意义的区域条约进行探讨。此处所列举的条约类型分为两类：一是具有紧密合作关系的区域条约，一是仅具有松散合作关系的区

---

〔1〕 林燕萍：《贸易与国际竞争法》，上海人民出版社 2005 年版，第 19 页。

〔2〕 Oliver Solano， "Andreas Sennekamp, Competition Provisions in Regional Trade Agreements"， OECD Trade Policy Papers, No. 31, OECD Publishing, http://dx. doi. org/ 10. 1787/344843480185， 2014−11−9.

域条约。之所以选择两大类型条约，目的在于明示：竞争法尤其是出口卡特尔的规制，在具有紧密合作关系的区域条约中较易得到有效实施。

（一）具有共同体市场目标的区域竞争条约

1.《安第斯条约》

《安第斯条约》（the Andean Community）是 1969 年 5 月 26 日在哥伦比亚的一个城市卡塔赫那（Cartagena）签署的《安第斯区域一体化协议》（Andean Subregional Intergration Agreement）的简称，又被称为《卡塔赫那协议》。依该协议成立的安第斯集团的先期成员是玻利维亚、智利、哥伦比亚、厄瓜多尔和秘鲁，现在由玻利维亚、哥伦比亚、厄瓜多尔和秘鲁四个国家组成。该条约有关竞争的条款是第 93 条与第 94 条，第 93 条规定授权安第斯集团委员会制定规则。为此，该协议涉及竞争的内容是由安第斯集团委员会依据第 93 条于 1993 年 5 月 21 日通过的《第 285 号决定：预防或纠正限制自由竞争行为引起的扭曲竞争标准》（Decision 285：Norms for the Prevention or Correction of Distortions in Competition Caused by Practices that Restrict Free Competition，简称第 285 号决定）。另外，还包括 1979 年 5 月 28 日签署的《设立卡塔赫那协议法院条约》（Treaty Creating the Court of the Justice of the Cartagena Agreement），后该条约于 1996 年 3 月 10 日进行了修订，条约名称改为《设立安第斯集团法院条约》（Treaty Creating the Court of Justice of the Andean Community）。对此决议及条约内容的简述如下：[1]

---

〔1〕 安第斯集团官方网站不是英文，由于语言限制，以下部分主要参考 Dabbah, *International and Comparative Competition Law*，Cambridge Press，2010，pp. 405 ~ 407；刘宁元：《反垄断法域外管辖冲突及其国际协调机制研究》，北京大学出版社 2013 年版，第 232 ~ 235 页。

第 285 号决定的竞争法内容主要包括：适用范围、执行程序。适用范围分别包括适用的主体、适用的行为对象。适用的主体是指，哪些人可以申请安第斯集团执行机构适用该条约规定，预防或制止限制竞争行为。该决定规定不仅是成员国可以申请，且成员国具有合法利益的企业也可以申请。适用的行为范围是指可以向执行机构申请的预防或制止限制竞争行为的类型。总体言之，其包括两大类，限制竞争协议和滥用市场支配地位。第 285 号决定将每一个类型的限制竞争行为再次明细列举。执行程序包括执行机构设立与执行规则。前者是设立了安第斯集团的执行机构，其可以依据相应的程序规则享有相应的案件调查启动权、收集证据权、调查结论权和采取措施意见权，同时规定相应的强制措施种类。这里有必要提及的一个强制措施是优惠关税，它是指授权相关成员国允许在其境内受到限制竞争行为影响的企业，适用比地区关税承诺更为优惠的关税，出口受到限制自由竞争行为影响的产品。这是一个比较新颖的措施，是赋予受到限制竞争影响的产品更优惠的关税。当然，此种对于限制竞争行为的处罚还是与贸易有关的措施。

法院是由 5 个法官组成的常设机构，与竞争法相关的主要职能是，受理违背《安第斯条约》规定义务的诉讼，此诉讼可由成员国提起，也可由受到不法行为侵害的私人提起诉讼；对《安第斯条约》加以解释，即为确保协议在各成员国法院统一适用，法院有责任对各成员国法院适用《安第斯条约》审理案件时提出的问题进行解释。

2. 南方共同市场

南方共同市场（The Southern Common Market，MERCOSUR）是于 1960 年建立的拉丁美洲国家自由贸易联盟（Latin American Free Trade Association，ALALC）的发展，当时 ALALC 组织较为

宽松，为推动区域经济一体化的发展，于 1980 年创立了拉丁美洲国家一体化联盟（Latin American Integration Association），在此基础上又于 1991 年 3 月 26 日由阿根廷、巴拉圭、乌拉圭和巴西四个国家在巴拉圭首都亚松森（Asuncion）签订了《南方共同市场协议》（Southern Common Market Agreement）。该协议是一个框架性协议，涉及竞争法的规定是第 4 条，规定成员国在制定各自的贸易竞争规则时要开展政策性合作。可见，该条款并没有实质性规定，仅是一个政策性倡导。后于 1996 年 12 月17 日由南方共同市场理事会通过了《南方共同市场保护竞争议定书》（MERCOSUR Protocol of the Defense of Competition）。[1] 该议定书比较详细地规定了竞争规则，主要涵盖范围包括：竞争法的目标与适用范围，执行程序规则和司法解决。目标是保护共同市场的竞争，其适用的主体范围是共同市场范围的私人，不包括协议成员方，适用的行为范围是指共同市场范围的私人所实施的限制竞争行为，包括两大类，即限制竞争协议与滥用市场支配地位。这些被禁止的行为目的或最终结果在于限制、扭曲、损害共同市场范围内的竞争或市场进入，或者在共同市场范围内的相关货物、服务市场领域滥用优势地位，并且影响了成员国之间的贸易，构成对本议定书规则的违反。执行规则包括执行机构的设置及权力：执行机构涉及两个，贸易委员会与保护竞争委员会，其中以保护竞争委员会为主，只有在其无法达成统一决定时才交由贸易委员会。执行由协议成员国的执行机构交由竞争委员会决定，如果不予调查则由贸易委员会决

---

〔1〕　See Clifford A. Junes, Leveling the playing Field in the EU, NAFTA, CAN, Mercosur and Beyond: Comparing the role of competition Rules in the Regional Economic Organization, paper presented to the European Union Studies Association Conference，转引自刘宁元：《反垄断法域外管辖冲突及其国际协调机制研究》，北京大学出版社 2013 年版，第 244~246 页。

定。具体的调查由被告所在国的执行机构执行，并由其作出所涉行为是否违法、是否应采取强制措施的结论，竞争委员会对此结论作出独立裁决，并交由贸易委员会批准。二者的决定均应采取完全一致同意的方式形成。如果贸易委员会仍无法一致同意，则应由共同体集团共同决定，如共同体集团仍无法一致同意，则由利害关系方的当事人直接求助于共同市场的争端解决程序。执行的处罚权包括罚金、禁止参与公共采购和禁止与公共金融机构缔结合同。禁止参与采购是指禁止违法当事人参与任何成员国的公共采购，禁止缔结合同是指禁止违法当事人与任何成员国的公共金融机构缔结合同。此类惩罚措施也较为新颖。

（二）无共同体市场目标的区域竞争条约

1.《北美自由贸易协定》

众所周知的《北美自由贸易协定》[1]是由美国、加拿大与墨西哥于1992年8月12日签署并于1994年生效，该协定与竞争有关的部分是第15章，共有5个条文，第1501条规定的主要内容是，成员方应禁止反竞争商业行为，并为之建立适当的行动制度，从而有助于本协定目标的实现。为实现本目标，所有成员方应就其所实施制度的有效性随时展开协商；每一成员方都应认识到，为促进自由贸易区内竞争法的有效执行，成员国主管当局的合作与协调很重要，成员方应就竞争法执行政策问题展开合作，包括在自由贸易区进行与竞争法执行和政策相关的司法协助、通报、协商和交换信息，同时规定由本条产生的问题不得提交本协定下的争端解决机制进行救济。第1502条规定的主要内容是垄断授权自由，垄断授权可能造成的成员国影

---

[1] 具体内容参见：http://www.nafta-sec-alena.org/en/view.aspx? conID = 590，最后访问时间：2013年6月30日。

响消除方式，通知有可能受不利影响的对方，对垄断的立法控制、监管或其他类似制度，确保垄断企业的行为方式与本协定下的义务一致，在相关市场销售货物或服务时不得采取歧视措施，不得直接或间接地在非垄断化市场从事反竞争行为。此项规定不适用于政府机构基于政府目的和不具有商业性的考虑而获得的货物或服务。第1503条是关于国营企业的规定，成员方有权建立国营企业，但应通过立法控制、管理监督，使其符合本协定的投资与金融项下所承担的义务，其在经营过程中给予另一方投资者非歧视待遇。第1504条是关于贸易与竞争工作组的规定，自由贸易委员会应建立一个由每一成员方的代表组成的贸易与竞争工作组，负责就贸易与竞争之间的问题提出建议，并提交贸易委员会。另外，与竞争有关的是非专属于竞争法的争端解决机构，竞争问题也可以由此部门审理。

2.《东盟条约》

东盟即东南亚国家联盟的简称，是亚洲东南亚10个国家组成的联盟，[1]起初由马来西亚、印度尼西亚、菲律宾、泰国和新加坡五个国家于1967年8月8日签署《东盟宣言》（ASEAN）宣告东南亚国家联盟（Association of Southeast Asian Nations，ASEAN）组成，直至1992年1月在新加坡举行的第四届东盟峰会上，建立东盟自由区的目标才得以正式确立，此目标是以各缔约国签署的《以东盟自由贸易区为目标的共同有效优惠关税协定》（Agreement on the Common Effective Preferential Tariff Scheme for the ASEAN Free Trade Area）为标志的。随后于2000年11月在新加坡举行的第四届东盟非正式峰会上，各缔约国同意推出《东盟一体化倡议》（Initiative for ASEAN Integration，IAI），旨在将东

---

〔1〕 以下内容见：ASEAN Regional Guidelines on Competition Policy，Copyright Association of Southern Asian Nations（ASEAN）2010.

盟建设成具有高度竞争性的一体化区域，在 2007 年 12 月于新加坡举行的第十三届东盟峰会上，各缔约国签署了《东盟宪章》，正式确定了东盟的具体目标和原则，明确了在 2015 年前将东盟建设成为稳定、繁荣和高度竞争的单一市场，并形成贸易和投资自由、有效便利的经济一体化区域。在此等原则规定的基础上，各缔约方又签署了一系列文件，其中与竞争政策有关的是《东南亚国家联盟竞争政策地区指南》，于 2010 年 8 月由东盟秘书处发布。此指南主要涉及：竞争政策的目标和益处，认为竞争政策是促进或维持市场竞争水平的政府政策，包括直接影响企业行为、产业和市场结构的政府措施。目标是促进和维护竞争过程。竞争政策和法律适用的行为范围包括：反竞争协议、滥用市场优势地位和反竞争合并。当中也规定了一些豁免规定，允许各国追求可能要求减损竞争政策原则的其他合法政策，也就是说，可以针对特定产业、行为豁免或排除竞争法的适用。豁免的理论基础是战略和国家利益、安全、公共利益、经济的或社会的考虑，但围绕豁免应建立特别批准程序。除此之外，还可以考虑针对那些能够改善产品或服务的生产或分配、促进技术或经济进步、便于消费者分享公平利益等具有补偿利益的协议或行为给予豁免。竞争监管机构：各成员国应赋予竞争监管机构竞争任务和职权，其主要任务就是贯彻和强制执行竞争政策和法律，解释说明竞争政策与法律，倡导竞争政策，在国际竞争事务中展开合作。其职责主要就是执行调查、行政处罚等。正当程序：为保障竞争机构的独立性，应建立独立的司法机构。

## 第二节　中国缔结区域竞争协定

目前，中国已与东盟缔结了区域贸易自由化框架性协议，也与韩国缔结了相关的双边自由贸易协定，协定包含了相关竞争规范。因此，研究我国缔结的自由贸易协定竞争规范现状及完善建议，既有理论重要性又显得更为务实。对此，本书将先概括分析中国目前的产业结构及市场特征，比较我国产业的总体竞争力，为规制出口卡特尔提供实证支撑，之后再分析规制出口卡特尔的竞争法原则性内容。

## 一、影响区域竞争法协定的中国产业竞争力现状

随着我国改革开放政策的实施，我国已逐步迈向市场经济，其取得的经济成就有目共睹，尤其是自中国加入 WTO 后，出口贸易快速增长，一跃成为世界第二大经济体。显然，我国已从市场经济中获益巨大。2013 年召开的十八届三中全会将市场经济的地位提升，由原先的市场基础性作用变为市场决定性作用，更加明确了市场经济对我国经济发展不可动摇的地位。既然经济发展以市场为主要导向，即应按照市场经济规律行事，竞争也就成了市场的核心。但在贸易全球化的竞争压力下，我国如何应对国际竞争？我国现有产业是否能在竞争中取胜？我国是否应采取一些产业保护措施，还是以竞争为中心来进一步提升我国产业结构并增强产业国际竞争力？这些都是我国实际面临的问题，也都与我国应采取的竞争政策息息相关。由于此问题涉及我国各个行业，本书不能对此加以详细分析论证，在此仅分析我国总体的产业实际情况，为中国缔结区域协定奠定理论基础。

关于竞争与产业的关系，有学者基于中国产业的结构特征分析产业的竞争力，[1]以工业产业为例，涉及 36 个行业，且以

---

[1]　以下关于我国产业竞争力的实证关分析，参见石俊华：《反垄断与中国经济发展——转型期中国反垄断政策研究》，经济科学出版社 2013 年版，第 221~252 页。

动态的时间为基础，分析企业的集中度变化及利润率高低变化。自20世纪90年代以来，由于市场竞争激烈，一些得到较为充分竞争的企业表现出了一定程度的集中，这是值得肯定的成绩，比如食品、饮料、烟草、纺织、服装、家具、造纸、金属制品和机械等行业市场开放得较早，各种所有制企业得到了充分竞争，市场集中度上升大多与行业利润率的上升呈明显的正相关性，利润率均随着市场集中度上升而上升。此种正相关充分说明，竞争推动了企业效率的提高，使企业进一步显现规模经济力量，使企业进入良好的竞争循环。本书认为，上述研究结论充分说明了竞争对于产业结构升级而言具有不可替代的作用，我国产业在面临全球化竞争的当今，应当继续坚持市场竞争，从而进一步提高我国产业在国际市场的竞争力。但前述学者指出，我国企业目前集中度仍然低，属于分散型竞争，产业并没有形成由市场机制造就的内生性自我发展形态，并认为应通过行业协会、出口卡特尔、中小企业互助担保组织和中小企业资金互助会等行业组织来协调中小企业的市场行为。对此，本书认为其观点值得进一步商榷。出口卡特尔的本质是违反竞争，即使通过中国反垄断法得到豁免也难逃进口国竞争法的追究，本书的第三部分涉及我国维生素出口企业被提起反垄断诉讼的相关案例。如果联合抵制外国竞争产品进入中国市场则有可能违反WTO义务，此种做法实为下策。虽然美国针对中小企业作出了出口卡特尔豁免规定，但是本书前述的实证分析结论是，具体适用法律豁免的并非中小企业，而是那些具有高市场份额的大企业，说明通过出口国竞争法豁免中小企业的反竞争行为无法达到实际目的。真正增强中小企业国际市场竞争力的并非国内法，而是其自身实力的提高。更何况，国内法的保护在国际市场中也发挥不了应有的作用。

　　以产业结构来分析市场竞争力固然有其价值，竞争对产业优化的结论肯定了竞争对产业的正面作用，这也是本书分析国际竞争力的前提条件。但是，此种方法研究的重点在于市场竞争对于市场结构的影响，或者对于产业结构的影响，其分析大多局限于国内市场之竞争，与本书要研究的国家之间的产业竞争力相比并不相同。对此，本书更倾向于从产业的国际竞争力角度来分析中国产业在国际市场实际面临的竞争问题，因为只有比较中国与其他国家的产业竞争力才能正确判断我国与其他国家实现贸易自由化或一体化时的竞争政策取向，避免迷失方向，以利于我国市场经济国内政策的正确发挥，有益于国内产业竞争力的提高。竞争政策作用的发挥离不开具体的经济发展，经济发展阶段也可通过产业竞争力体现出来。

　　什么是产业竞争力？学者对此解释较多，难以给出统一、准确的结论，本书也无意对此作出较为准确的定义，为了方便说明，本书采用描述方式来解释产业竞争力。产业竞争力主要从不同国别之间的产业角度来分析，按照传统的古典经济学理论是生产要素的比较优势，因为"有关产业为何能在国际贸易中成功的解释很多，'比较优势'（comparative advantage）是最古典也是经济学家深信的一种理论"。[1]而按照美国经济学者迈克尔·波特的理论，比较优势已经退位，因为诸如"以劳动成本或天然资源为优势的产业，往往是资金周转率低的产业。这类产业的进入障碍不高，所以是许多国家优先考虑的产业发展项目，同时也引来了很多的竞争者"以及"有更多的产业现象却无法用生产要素的比较优势法则来解释，特别是需要精密技术或熟练人工的产业或它的相关产业，而这两种类型的产业又正

---

　　〔1〕　以下相关比较优势的引用参见［美］迈克尔·波特：《国家竞争优势》，李明轩、邱如美译，郑风田校，华夏出版社2002年版，第10~36页。

是国家生产力中最重要的部分"等原因，其竞争优势分成两类："低成本竞争优势"和"差异型竞争优势"。低成本优势主要指企业能比竞争者更有效率地设计、生产及销售产品，而当产品价格相差不多时，成本越低利润越高，此时展现的就是产业成本竞争优势。差异型竞争优势在于向客户提供独特而优异的价值。"为什么有些企业具备国际竞争优势？决定条件在于企业所处的国家能否在特定领域中创造或保持比较优势，这也就是一个国家的竞争优势。"足见，产业优势的本质仍是一种比较，迈克尔·波特对此的解释也没有改变，改变的是比较因素，不再局限于生产要素同质分析比较，而是扩大至由技术等带来的差异比较。

上述的比较优势如何体现？市场份额似乎可以在一定程度上扮演说明角色。目前中国的国际市场占有率已超过美国、德国和日本。[1]如果单从市场占有份额看，似乎中国的国际竞争力具有一定的比较优势，但正如资料所显示的那样，相对于发达国家来讲，中国对发达国家的竞争力一直走弱，但对发展中国家的竞争力有所提升。以上是中国与其他国家总体经济竞争力的比较情况。但是，有学者指出："总体国际市场占有率无法反映一国在产业链条中创造附加值的能力。"而且，"为了解决总体国际市场占有率和总体贸易竞争力指数在反映一国产业竞争力方面不足的问题，学者和机构开始运用增加值方法"。为了正确分析评估中国产业的竞争力，我们必须分析中国企业的创造附加值。一般而言，"一国生产的产品技术含量越高，其创造附加值的能力就越强，所以，只要产品分类足够细致，一国创造附加价值的能力，仍可以通过分析产品的技术含量、产品的

---

〔1〕 以下相关引用的国际竞争力状况参见张其仔主编：《中国产业竞争力报告》（2013年·No.3），社会科学文献出版社2013年版，第2~15页。

市场占有率及产品的贸易竞争力指数对一国在全球产业分工中的位置进行判断"。经过详细分析，学者的结论是，中国 EXPY 指标虽然表现出了一定程度的增长，但是名次仍位于 30 名之外，仅略高于全球平均水平。与美、日、德、法、英等国仍有较大差距。若以将来的变化趋势看，这些国家中部分技术含量有所下降，而中国并没有出现此问题。虽然与发达国家相比中国处于较弱势地位，但是与发展中国家相比，如印度、印度尼西亚、马来西亚、泰国、南非等国，中国产品的技术含量处于领先地位。另外，从全球产品空间结构来看，中国产品的比较优势是正从边缘产品向核心产品演化，中国以往在劳动密集型产品中所展现出的优势已出现退化。具有潜在比较优势的产品有 77 种，分布于机电、化工等行业。

## 二、规制出口卡特尔的中国区域竞争协定内容

以上论述的是中国产业竞争力的总体情况，由于"没有哪一个国家能在每个产业中所向无敌，或只是出口不进口"，[1]因此本书并不打算对中国的各个产业进行实证分析，而是以中国产业竞争力总体为基础，对中国应缔结的条约种类及其包括的竞争内容作一总体分析。

截至目前，我国已签署自贸协定 13 个，分别与东盟、新加坡、巴基斯坦、新西兰、智利、秘鲁、哥斯达黎加、冰岛、瑞士和韩国。这些已生效的协定中，仅有中国与瑞士的自贸协定含有竞争条款，[2]但是内容较为简单，没有统一实体竞争法条

---

〔1〕 ［美］迈克尔·波特：《国家竞争优势》，李明轩、邱如美译，郑风田校，华夏出版社 2002 年版，第 7 页。

〔2〕 本书完成，中国与韩国自由贸易协定刚草签，尚没有正式生效，且条约关于竞争规定内容无法查到。

款，也没有统一竞争执行机构和争端解决机构，显属较为松散的竞争合作。其原因与协定的性质有关，中瑞已签署的协定仅是自由贸易协定，尚无法实现共同市场目的，更没有达到一体化水平。从国际条约的法律约束力来讲，其对于竞争的规定仅属于倡导性质，无任何实质法律约束力。这是中国缔结贸易条约包含竞争条款内容的总体现状，说明我国缔结的贸易条约与国际上现有的一体化条约还有很大差距，这或许与中国的经济状况有关，或许与缔约方要求有关，也可能与社会文化法律制度有关。此种性质的条约无法更好地发挥竞争对缔约方市场资源的配置作用，会使得那些私人限制竞争行为替代贸易壁垒，抵消贸易自由化之成果，我国也将无法享受到缔约方产品竞争对我国产品的优化成果。

（一）中国缔结区域竞争协定的类型

我国学者已注意到中国正面临区域一体新趋势："现在的自由贸易协定除了扩展到服务贸易的自由化之外，正在向投资规则、竞争规则、环境政策和劳工等与贸易直接或间接相关的领域迈进。"[1]结合整个国际协定一体化发展的趋势，以及我国以开放促改革的现实需要，我国应当选择一些适当条约开展一体化尝试，将竞争实质内容列入贸易条约，使竞争条款发挥市场机制的核心作用，而不仅是倡导性作用。如此，可以使来自缔约方的外部竞争促进中国市场结构改革、优化产品。所谓适当条约就是指那些能够促进我国产业结构升级和优化我国产品，对我国产业提出竞争挑战，但不至于威胁到我国重要经济部门的安全或引起社会不安的条约。此类条约的存在依赖于条约缔约双方或多方的经济实力与产业结构，需要基于我国产业与缔

---

[1] 上海财经大学自由贸易区研究院编著：《赢在自贸区：寻找改革红利时代的财富与机遇》，北京大学出版社 2014 年版，第 4 页。

约相对方产业的整体和个别评估才能得出正确结论。笔者认为，根据前文对我国产业的综合竞争力评估，我国可以与东盟国家开展深入的一体化市场尝试，此等条约总体上对于我国安全没有根本性威胁，以竞争机制实现一体化市场的资源配置，可以使我国区域贸易总体上进一步扩大。鉴于《东盟条约》竞争条款列明了相关豁免内容，我国应对东盟国家某些产业或产品实行部分竞争责任豁免，以使双方能够建立一体化市场。只是东盟国家开放带来的竞争能否对我国产业结构的优化起到真正作用尚存疑问，因为东南亚国家的工业化程度相对不高，科技产业和第三产业也不发达，但可以转移我国的剩余产能，扩大我国的生产总量，在增加国民收入的同时提高就业率。

除了与相对不发达国家缔结一体化条约之外，我国还可以与那些经济发达国家缔结一体化条约，但应以缔结双边条约为主，这样可以避免经济发达国家对我国一些重要部门造成威胁。因为某个特定发达国家毕竟并非全部产业均具有国际竞争力，其个别产业的国际竞争力不会有碍于我国经济安全和社会稳定，即使会存在风险因素，也可以协商一个缓和期，以使我国相关产业或产品逐步开放，或将此产业排除，以使不利因素降到最低程度，保障我国的经济安全与社会稳定。借助市场竞争机制，以缔约相对方发达国家具有国际竞争力的产业来优化我国的产业结构和产品，为我国获得市场竞争红利。当我国相关产业优化成功后，可以再与其他国家签订类似的一体化条约，使我国另外一个产业或一些产品得到优化。以此类推，逐步实现我国产业的全面升级优化，既达到我国的开放目的，也降低风险。

如果与发达缔约方缔结条约涵盖的产品过多，有导致过多风险之可能，也会导致发展中国家接受难度较大。针对这一问题，我国可以就特定行业或产品缔结一体化条约，以化解相应的开放风险；也可以择取部分行业或产品，作为交换利益条件，以达到缔约目的。以产业为基准缔结条约在历史上也出现过。1951 年的《建立欧洲煤钢共同体的巴黎条约》即为明显例子，该条约旨在约束煤钢行业跨市场的限制竞争行为。总之，无论是大部分行业或产品，还是部分行业或产品，抑或是特定行业或产品，只要能对我国产业结构升级和产品优化具有积极意义，均可试行。当然，条约设置包含出口卡特尔在内的竞争法条款的目的是促进经济发展，而并非单纯的以竞争实现消费者利益保护目的。

（二）中国缔结区域协定规制出口卡特尔的框架内容

与发达国家缔结条约所包含的竞争条款可以分为实体和程序统一条款。实体条款包括双方达成共识的限制竞争行为类型及定义，当然包括出口卡特尔。鉴于我国与发达国家缔约方之间竞争法目标及实体法规定存在差异性，可以就共同内容最大化达成协议，以供缔约方共同适用，对于未达成共识之内容仍适用各自的竞争法，这是基于现实国情差距之折中方案。由于我国与发达国家缔约方之间在经济、政治、文化等方面还没有达到澳大利亚与新西兰两国之间那样较为相似的程度，因此实体法内容不可能完全相同，更何况新澳之间竞争法的相同性也并非一蹴而就，而是随着两国长时间的磨合与磋商形成的。另外，实体法差异并不影响缔约方共同实体法的缔结，因为缔约方仅是针对具有涉外影响的限制竞争行为，只要对此行为达成一致即可，不需要使缔约方实体法完全一致。我国有学者认为："各国反垄断法立法与执行上是否存在分歧和是否可以建立具有约束力的反垄断法的国际合作框架并无本质联系。"[1] 当然，如

---

[1] 于馨淼：《我国反垄断法国际合作的模式选择》，法律出版社 2012 年版，第 258 页。

果缔约方实体法类似或相同，则可以减少缔约成本和阻碍因素，但这并非决定性因素，《南方共同市场协议》就是明显的例子，在成员方仅有巴西和阿根廷有相对完善竞争法的情况下，该协议仍然缔结成功。

　　由于缔约方竞争实体法的差异影响程序法的选择，其程序法难以达成统一。程序问题包括竞争行政执法机构的管辖权、司法诉讼管辖权、相关行政决定和司法裁决的执行。可否建立统一的执行机构与司法管辖机构？笔者认为不必如此。一是行政执法机构和司法机构的配置较难，以哪一方的工作人员来执行难以抉择，即使以双方共同人员来执行，也涉及人员数量奇偶数确定问题。无论将行政执法权赋予哪一方人员均会使得对方国家不情愿，司法管辖权的法庭组成人员由奇数三人组成，如何搭配第三方的问题难以解决。诸如此类问题导致统一执法和司法机构难以有效运转。如果缔约方数量达到三个或以上，还可以考虑设置此种共同机构。二是缔约方实体法条款并非完全相同，适用对方条款会产生难度。因为本国对自己的法律最具解释权，统一的司法机构对此无能为力，其功能价值也会随之降低。虽然出口卡特尔等达成一致的限制竞争行为可以由统一机构加以规制，但如果达成共识的限制竞争行为数量有限，统一解决的竞争案件也将有限，不能为获得有限的共识效果付出成本较高的统一执法机构成本，经济效率低下不容许成员方达成此类统一执法与司法机构。

　　行政管辖权的分配可以交由限制行为发生地的缔约方管辖，由此可以解决竞争法单边适用情况下对等原则适用的担忧，保证对等原则的适用，也可以解决取证难问题。更为重要的是，此种管辖权的赋予增加了出口方所在国的竞争法执行责任，无疑增加了对出口卡特尔等限制竞争行为的威慑力，可以将出口卡特尔等限制竞争行为消灭在萌芽状态，起到一定的预防作用。从经济学角度言之，可以节省竞争法适用的成本。此一行政执法管辖权分配是针对包括出口卡特尔在内的共同实体法适用而言的，那些没有达成共识部分的实体法执行，由效果发生地的竞争主管机构实施较为方便，因为各国对于是否构成限制竞争行为存在分歧，可能得出不一致结论，由受到影响的国家执行，可以较好地保护受害人利益及竞争秩序。如果由行为地国家管辖则可能得出相反的结论，不利于竞争法执行，难以保证对受害损失的救济。不同结论的出现使相异部分竞争法发生冲撞，也可以使双方相互学习，达到逐渐融合目的。

在司法管辖权的分配问题上，可以赋予当事人选择权，如此分配管辖权可以充分调动私人损害赔偿的积极性，提高制止限制竞争行为的效率，同时也可以使缔约双方竞争法之间展开竞争，使缔约方竞争法进一步趋同，受理案件较少的缔约方明显不符合竞争市场，其必然有动力完善自己的竞争法，以利于自己取得相应案件的管辖权。

# 小　结

缔结区域协定与全球协定的根本不同之处就在于，区域协定的目标是形成区域共同市场，而全球协定由于缔约方数目众多，无法实现全球市场统一的目标。区域一体化协定的共同市场目标要求排除一切限制竞争行为，包括出口卡特尔，因为包括出口卡特尔在内的限制竞争行为为共同市场的本质所不容。由此可见，区域一体化协定完全可以被用来规制出口卡特尔。

在区域一体化浪潮中，我国是否也应缔结一体化条约？这的确是一个值得思考的问题。第四章分析的区域一体化所涉及的国家市场较小，比较符合亚当·斯密所要求的较大市场规模条件，从而实现规模经济。而我国市场规模较大，具有很强的消费能力，是否就没有必要缔结一体化条约？我国市场规模虽大，但也面临着另外一个事实，产业结构不合理。国际竞争压力使得我国产业应急速转型，否则即会陷入经济停滞阶段，这已为我国宏观经济政策所认可。如果我国不缔结一体化条约，在开放市场情况下，不可避免地会对内外产品的竞争待遇进行歧视，很难保持竞争中立，这将使得我国产业压力不够、技术改革动力不足，对产业升级不利。相反，如果我国与其他国家市场实现一体化，前述担忧便无从谈起。可见，缔结一体化条约可以使得我国产业发挥破釜沉舟之动力，符合以开放促进改革之党和国家的基本政策，极其有利于我国产业结构升级和产品优化。因此，市场规模大并非拒绝缔结一体化条约的理由。

在具体缔结相应的一体化条约时，我国应着眼现实需要和国情，根据自身产业特点和具体的竞争力，重点考虑那些不实行开放无法完成升级的产业，同时顾及我国社会稳定和经济安全。如果无法保证全部或大部分产业实行一体化市场，可以选择以部分产业作为一体化市场目标，这样既可以满足我国需要，也可以调动缔约相对方的缔约动力。一体化条约所涉及的竞争法内容应该是那些具有跨国影响的限制竞争行为的竞争法规则。除此之外，内容应由各缔约方自主决定，不求与缔约方竞争法内容相同。

　　竞争法是一个横跨学科的部门法，涉及经济学与法学。出口卡特尔作为市场限制竞争行为，对其法律价值的判断当然离不开经济学的分析。出口卡特尔类型及内容较多，本书仅限于价格固定、数量限制和市场划分三大核心类型，使出口卡特尔的经济分析趋向一致，易于作出法律价值判断。出口卡特尔的涉外性，使得经济学的正常分析受到了竞争法国内属性的人为割裂，进出口国家仅考虑自己疆域内的经济行为效果，最终在竞争法国内属性的规范下，造成单边域外适用的冲突。此种单边域外适用的法律冲突体现是多方面的：一是对本法域内外组成的出口卡特尔的法律待遇有差别。各法域对于本法域组成的出口卡特尔适用豁免规制，对本法域外组成且对本法域竞争市场造成不利影响的出口卡特尔实施管辖；二是对于域外管辖权的行使，各法域规定的管辖权条件具有差异性和不确定性，同一法域内的同一机构对域外管辖条件也有不同的规定，比如，美国联邦最高法院对于域外管辖条件是否实行礼让原则分析有不同观点，造成不同竞争法适用机构适用的规则也不同。欧盟内部竞争委员会和欧盟法院对于域外适用规则虽达成了短暂的一致，但大多体现的是不同方面，欧盟委员会一直强调效果原则的适用，但屡次被欧盟法院所否认，并强调属地原则。美国单边域外管辖的原理基础是效果原则，欧盟则是属地原则，并发展出不同的具体的单一经济体规则、履行地规则，且在并购领域适用效果规则。

各法域虽然通过加强自我约束、合理适用规则和国际礼让使域外管辖冲突得到了一定程度的缓和，并进一步使得那些表现为私人行为但实为外国主权强制的限制竞争行为不适用国内竞争法，但基于类似的自由裁量原因，这一原则的适用存在不确定性，单边自我约束的自由裁量权使本法域的机关根据自己的需要作出不同的判断，适用的条件也具有很大的不确定性，增加了适用一致的难度。

造成单边域外适用冲突的根本原因就是竞争法的国内属性将本属于一体化的经济行为——出口卡特尔——的经济效果进行了人为割裂，欲解决此冲突必须消除产生的原因，也就是要恢复对出口卡特尔经济效果的全面法律评价。欲实现此目标，必须克服法律的国内属性，适用超国家的法律来解决，恢复出口卡特尔经济效果与法律的对话。经济效果之所以为国内法所分割，主要原因是各个法域的经济条件和经济发展水平不同，其利用竞争法规制经济行为所追寻的目标也常常不同，有的是谋发展，有的是求效率，有的是保护消费者利益，大多数法域追求的目标均具有混合性，由此制定的包括出口卡特尔在内的竞争法内容也就不同。各国的经济发展水平总是存在差别的，难以达到高度类似性，与法律相关的各国文化社会政治制度也将长期保持差异性，因此系属国内法的竞争法内容的差异性也同样难以消除。这一现象的存在需要也势必呼唤超国家的法律出现。

之所以呼唤超国家法律解决出口卡特尔问题，乃在于经济学与法学的对话本属常态。各国竞争法规定在大多情况下属于常态，因为在大部分情况下经济行为并没有超越国界，与竞争法国内属性具有同一性。经济行为的涉外性打破了这一平衡，出口卡特尔域外适用冲突就是经济学与法学关系的变态体现，此冲突影响了各国之间的贸易一体化和区域一体化。区域一体化的表现是各国之间的市场去除政治疆界，犹如一国市场那样实行贸易自由，在这一体化的市场内追求竞争法的统一适用，排除了一体化市场的限制竞争行为的存在。针对一体化的市场而言，实际上无出口事实，因为出口是就有政治疆界分割市场而言，既然原先分割的市场已经形成一体化，出口事实自然不存在，所谓的出口，仅是针对一体化市场之外而言的。一体化市场实现了经济行为的经济效果与法学价值判断的统一，使二者的对话恢复到了常态。

既然一体化市场可以解决出口卡特尔的竞争法域外适用冲突，那么该冲突是否可在WTO框架下得到解决？WTO的目的是实现贸易自由化，其规定成员方的法律法规政策及其他国家行为不能设立贸易壁垒，本质上此种贸易自由化目的与竞争法追求价值具有一定的相似性，因为有些限制竞争行为可以发挥贸易壁垒作用，如无正当理由降价、搭售和拒绝交易行为均有排斥竞争者之目的。此类限制竞争行为的最终目的虽然是追求垄断利润，但其追求垄断利润的手段具有排斥竞争者效果。与此相区别，出口卡特尔没有排斥竞争者目的或手段，相反，有时会使竞争者搭乘卡特尔价格之便车获得超竞争利润，因此出口卡特尔无贸易壁垒后果，其与WTO的去除贸易壁垒目的无一致之处。在WTO没有特别规定竞争法规范的情况下，无法适用其基本原则来解决出口卡特尔问题。

区域一体化条约与WTO同属国际法，既然WTO已无法适用出口卡特尔竞争政策从而解决冲突，那么超国家的区域一体化又何以能解决这一问题？区域一体化为了实现贸易自由，不仅要求去除贸易壁垒，还要求区域内市场高度统一，不能被限制竞争行为扭曲。此为区域一体化条约区别于WTO的重要特点，正是这一特点使出口卡特尔能在区域一体化条约框架下得到解决。因为出口卡特尔在一体化市场内恰类似于国内卡特尔，对于一体化市场具有明显的限制竞争效果，能够挫败条约缔结目的，无法为一体化市场所容纳。此结论实质上是区域一体化条约目的与出口卡特尔限制竞争效果特征相吻合之因。不仅理论上可证实区域一体化条约解决出口卡特尔的可行性，实践中也有通过缔结一体化条约规制出口卡特尔的案例。最为典型的一体化条约即为欧盟条约，其不仅实现了经济一体化而且也达成了部分政治一体化。另外，南美洲的南方共同体、安第斯共同体也属于经济一体化的共同体，条约规定了部分限制竞争行为的实体标准，有的规定了共同的执行机构。因此，通过区域一体化条约规制出口卡特尔既具有理论可行性也具有实践操作性，值得进一步推广。

中国面临产业结构升级和产品优化的重大压力，依靠过去的产业政策保护无法实现此目标。既然我国已确认社会主义市场经济为根本的经济体制，就应充分发挥市场机制的功能，以竞争带动产业改革，此路径既符合市场经济特点，也能解决目前无法克服的迫在眉睫的经济问题。经济一体化浪潮席卷而来，我国可以借机开放内部市场，提升产业质量。但是应根据我国国情，缔结适当条约，否则即会面临经济安全及社会稳定风险，为此应正确评估我国产业的现有竞争力。

经过四十多年的改革开放，我国产业竞争力已取得很大进步，但总体竞争力相比于发达国家依然较弱。现实的产业竞争力允许我国与亚洲的东盟国家进一步开放市场。结合东盟国家的经济实情，为进一步促进贸易，必要时可在竞争内容上对东盟国家做些适当让步，可以豁免其必要产业或产品的卡特尔，以此推动区域一体化的成功。然而，发展中国家经济技术的有限性使得其无法为我国产业结构和产品改造提供重大动力，真正的产业升级还要依赖经济发达国家。由于发达国家产业竞争力要强于我国，与其缔结一体化条约时应限于一两个国家，毕竟发达国家有竞争力的产业数量有限，对于我国的经济安全与社会稳定冲击相对较小，我国可以接受此等竞争压力，同时改造竞争的产业结构，获得市场开放的红利。待某类产业改革成功后再推行另一个产业的一体化条约制订。以此类推，逐步完成产业的全部升级改造。本书设计的方案，与美国之前倡导的《跨太平洋伙伴关系协定》（TPP）或许具有某些内容的相似性。

## 一、著作及译著类

1. 刘宁元：《反垄断法域外管辖冲突及其国际协调机制研究》，北京大学出版社 2013 年版。

2. 石俊华：《反垄断与中国经济发展——转型期中国反垄断政策研究》，经济科学出版社 2013 年版。

3. 张国元：《博弈与协调——WTO 的实质内涵与全球贸易治理机制》，法律出版社 2012 年版。

4. 王晓晔：《反垄断法》，法律出版社 2011 年版。

5. 贺小勇等：《WTO 法专题研究》，北京大学出版社 2010 年版。

6. 刘宁元、司平平、林燕萍：《国际反垄断法》，上海人民出版社 2009 年版。

7. 许光耀：《欧共体竞争法通论》，武汉大学出版社 2006 年版。

8. 林燕萍：《贸易与国际竞争法》，上海人民出版社 2005 年版。

9. 曹建明、贺小勇：《世界贸易组织》，法律出版社 2004 年版。

10. 曾世雄：《损害赔偿法原理》，中国政法大学出版社 2001 年版。

11. ［美］赫伯特·霍温坎普：《联邦反托拉斯政策：竞争法律及其实践》，许光耀、江山、王晨译，法律出版社 2009 年版。

12. ［美］约翰·H. 杰克逊：《国家主权与 WTO：变化中的国际法基础》，赵龙跃、左海聪、盛建明译，社会科学文献出版社 2009 年版。

13. ［美］戴维·J. 格伯尔：《二十世纪欧洲的法律与竞争》，冯克利、魏志梅译，冯克利、冯兴元统校，中国社会科学出版社 2004 年版。

14. ［美］迈克尔·波特：《国家竞争优势》，李明轩、邱如美译，郑风田校，华夏出版社 2002 年版。

## 二、编著类

1. 上海财经大学自由贸易区研究院编著：《赢在自贸区：寻找改革红利时代的财富与机遇》，北京大学出版社 2014 年版。
2. 张其仔主编：《中国产业竞争力报告》（2013 年·No. 3），社会科学文献出版社 2013 年版。
3. 朱榄叶编著：《WTO 法律制度——以案说法》（二），法律出版社 2012 年版。
4. 王传丽主编：《国际贸易法》，法律出版社 2008 年版。
5. 全国人大常委会法制工作委员会经济法室编：《中华人民共和国反垄断法：条文说明、立法理由及相关规定》，北京大学出版社 2007 年版。
6. 陈安主编：《国际经济法学专论》（第 2 版·上编·总论），高等教育出版社 2007 年版。

## 三、外文著作

1. Maher M. Dabbah, *International and Comparative Competition Law*, Cambridge University Press, 2010.
2. Cedric Ryngaert, *Jurisdiction over Antitrust Violations in International Law*, Intersentia, 2008.
3. Philippe Brusick, ANA María, Lucian Cernat editors, *Competition Provisions in Regional Trade Agreements: How to Assure Development Gains*, United Nations NewYork and Geneva, 2005.
4. Lee-Jay Cho and Yoon Hyung Kim (eds), *The Multilateral Trading System in a Globalizing World*, KDI Press, 2000.
5. John H. Jackson, *The World Trading System: Law and Policy of International Relations*, 2d ed., MIT Press, 1997.
6. P. P. Craig, *Administrative Law*, 3 ed., Sweet & Maxwell, 1994.
7. R. H. Bork, *The antitrust Paradox: A Policy At War With Itself*, The Free Press, 1987.

8. B. Currie, *Selected Essays on the Conflict of Laws*, Duke University Press, 1963.

# 四、外国案例

## (一) 美国案例

1. Arbaugh v. Y & H Corp. , 546 U. S. 500 ( 2012 ).

2. Animal Science Products, Inc. v. China Minmetals Corp. , 654 F. 3d 462 ( 2011 ).

3. Morrison v. Nat'l Austl. Bank Ltd. , 130 S. Ct. 2869 ( 2010 ).

4. Empagran S. A. v. F. Hoffmann-La Roche, Ltd, 417 F. 3d 1267 ( 2005 ).

5. F. Hoffmann-La Roche, Ltd. v. Empagran S. A. , 542 U. S. 155 ( 2004 ).

6. Hoffmann-La Roche Ltd. v. Empagran, 542 U. S. 155 ( 2004 ).

7. U. S. v. Lsl Biotechnologics, 379 F. 3d 672 ( 2004 ).

8. Empagran S. A. v. F. Hoffmann-La Roche, Ltd, 315 F. 3d 338 ( 2003 ).

9. Crompton Corporation v. Clariant Corp. , 220 F. 2d 569 ( 2002 ).

10. Kruman v. Christie's Int'l PLC, 284 F. 3d 384 ( 2002 ).

11. Den Norske Stats Oljeselskap As v. Heeremac V. O. F. , 241 F. 3d 420 ( 2001 ).

12. Den Norske Stats Oljeselskap As v. Heeremac V. O. F. , 241 F. 3d 420 ( 2001 ).

13. Access Telecom Inc. v. MCI Telecommunications Corp. , 197 F. 3d 694 ( 1999 ).

14. Trugman-Nash Inc. v. New Zealand Dairy Bd. ( Trugman-Nash I ), 942 F. Supp. 905 ( 1996 ).

15. Hartford Fire Insurance Co. , et al v. California et al, 509 U. S. 764 ( 1993 ).

16. In re Insurance Antitrust Litigation, 732 F. Supp. 464 ( 1991 ).

17. McGlincy v. Shell Chemical Co. , 845 F. 2d 802 ( 1988 ).

18. O. N. E. Shipping, Ltd. v. Flota Mercante Grancolombiana, S. A. , 830 F. 2d 449 ( 1987 ).

19. Laker Airways Ltd. v. Sabena, Belgian World Airliens, 731 F. 2d 909 ( 1984 ).

20. In re Japanese Elec. Prod. Antitrust Litig. , 723 F. 2d 238 ( 1983 ).

21. McLain v. Real Estate Board of New Orleans, 444 U. S. 232 ( 1980 ).

22. National Soc'y of Professional Eng'rs v. United States, 435 U. S. 679 ( 1979 ).

23. Mannington Mills Inc v. Congoleum Corp. , 595 F. 2d 1287 ( 1979 ).

24. J Mannington Mills, Inc. v. Congoleum Corp. , 595 F. 2d 1287 (1979).

25. Dominicus Americana Bohio v. Gulf & Western, 473 F. Supp. 680 (1979).

26. Timberlane Lumber Co. v. Bank of America National Trust and Savings Association, 549 F. 2d 597 (1976).

27. Zenith Radio Corp. v. Hazeltine, 401 U. S. 321 (1971).

28. Imperial Paint Colonnades Condominium v. Mungurian, 549 F. 2d 1029 (1971).

29. Interamerica Refining Corp. v. Texaco Maracaibo Inc. 307 F. Supp. 1291 (1970).

30. FTC v. Brown Shoe Co. , 384 U. S. 316 (1966).

31. Continental Ore Co. v. Union Carbide & Carbon Corp. , 370 U. S. 690 (1962).

33. Grand Union Co. v. FTC, 300 F. 2d 92 (1962).

34. Tampma Elec. Co. v. Nashville Coal Co. , 365 U. S. 320 (1961).

35. United States v. Minnesota Mining & Mfg. Co. , 92 F. Supp. 947 (1950).

36. FTC v. Cement Inst. , 333 U. S. 683 (1948)

37. United States of America v. Aluminum Company of America, 148 F. 2d 416 (1945).

38. United States v. Sisal Sales Corp. , 274 U. S. 268 (1927).

39. FTC v. Curtis Publishing Co. , 260 U. S. 568 (1923).

40. FTC v. Beech-Nut Packing Co. , 257 U. S. 441 (1922).

41. Chicago Board of Trade v. United States, 246 U. S. 231 (1918).

42. Standard Oil of New Jersey v. United States, 221 U. S. 1 (1911).

43. United States v. American Tobacco Co. , 221 U. S. 106 (1911).

44. American Banana v. United Fruit Co. , 213 U. S. 347 (1909).

45. American Banana Co. v. United Fruit Co. , 213 U. S. 347 (1909).

46. Hilton v. Guyot, 159 U. S. 113 (1895).

(二) 欧盟案例

1. Case C-8/08, T-Mobile Netherlands, 2009 E. C. R.

2. Case C-209/07, Competition Authority v Beef Industry Development Society Ltd, 2008 E. C. R. I-8637.

3. Case T-328/03, O2 (Germany) Gmb H v. Comm'n, 2006 E. C. R.

4. Case C-519/04P, Meca-Medina v. Comm'n, 2006 E. C. R. .

5. Case T-328/03, O2 (Germany) GmbH& Co. OHG v. Commission, 2006 E. C. R.

6. T-168/01, GlaxoSmithKline Services Unlimited v. Commission, 2006 E. C. R.

7. Case T - 209/01 and 210/01, General Electric Company v. Commission, 2005 E. C. R.

8. Order of the Court (Second Chamber) 17 February 2005, Case C-250/03.

9. Case T-44/00, Mannesmannnröhren-Werke AG v. Commission of the European Communities, 2004 E. C. R.

10. Joined Cases C-264, 306 and 354-355/01, AOK Bundesverband and others v. Ichthyol-Gesellschaft Cordes and others, 2004 E. C. R.

11. Case C-198/01, Consorzio Industrie Fiammiferi (CIF) v. Autorità Garante della Concorrenza del Mercato, 2003 E. C. R.

12. Case T-65/98, Van den Bergh Foods v. Comm'n, 2003 E. C. R.

13. Case T-66/99, Minoan Lines v. Commission, 2003 E. C. R.

14. Case C-198/01, Consorzio Industrie Fiammiferi (CIF) v. Autorità Garante della Concorrenza del Mercato, 2003 E. C. R.

15. Case C-207/01, Altair Chimica SpA v. ENEL Distribuzione SpA. , 2003 E. C. R.

16. Joined Cases T-191, 212 and 214/98, Atlantic Container Line AB and others v. Commission of the European Communities, 2003 E. C. R.

17. Case C-309/99, Wouters v. Algemene Raad van de Nederlandse Orde van Advocaten, 2002 E. C. R.

18. Case T-112/99, Métropole télévision (M6) v. Comission, 2001 E. C. R.

19. Case T-513/93, Consiglio Nazionale degli Spedizionieri Doganali v. Commission of the European Communities, 2000 E. C. R.

20. Case T-102/96, Gencor v. Commission, 1999 E. C. R.

21. Case T-374/94, European Night Service Ltd (ENS) v. Commission of the European Communities, 1998 E. C. R.

22. Case C267/86, Van Eycke v. ASPA, 1998 E. C. R.

23. Case C-35/96, Commission v. Italy, 1998 E. C. R.

24. Case 267/86, Van Eycke v. ASPA, 1998 E. C. R.

25. Case T - 374, 375, 384 & 388/94, European Night Services Ltd (ENS) v. commission, 1998 E. C. R.

26. Joined Cases C-359 and 379/95P, Commission of the European Communities and French Republic v. Ladbroke Racing Ltd. , 1997 E. C. R.

27. Case T-548/93, Ladbroke Racing Ltd. v. Commission of the European Communities, 1995 E. C. R.

28. Joined Cases C - 140 - 142/94, DIP v. Bassano del Grappa and Chioggia, 1995 E. C. R.

29. Case C-250/92, G ¢ ttrup-Klim Grovvareforening and Others v. Dansk Landbrugs Grovvareselskab AmbAt, 1994 E. C. R.

30. Case T-17/93, Matra Hachette v. Commission, 1994 E. C. R.

31. Case T-16/91, Rendo NV, Centraal Overijsselse Nutsbedrijven NV and Regional Energiebedriff Salland NV v. Commission of the European Communities, 1992 E. C. R.

32. Case T-14/89, Montedipe ApA v. Commission of the European Communities, 1992 E. C. R.

33. Joined Cases 89, 104, 114, 116, 117&125 to 129/85, A. Ahlstrom Osakeyhtio v. Commission, 1988 E. C. R.

34. Case 30/87, Corinne Bodson v. SA Pompes funèbres des régions libérées, 1987 E. C. R.

35. Joined Cases 43 and 63/ 82, Vereniging ter Bevordering van het Vlaamse Boekwezen VBVB, and Vereniging ter Bevordering van de Belangen des Boekhandels, VBBB v. Commission of the European Communities, 1984 E. C. R.

36. Wood Pulp, O. J 27, 1984, L 27/85.

37. Case 48/69, Imperial Chemical Industries Ltd. v. Commission, 1972 E. C. R.

38. Case 5/69, Völk v. S. P. R. L. Ets J. Vervaecke, 1969 E. C. R.

39. Joined Case5, 7 and13 - 24/66, Kampffmeyer and Others v. Commission, 1967 E. C. R.

40. Case 56/65, Société La Technique Minière v. Maschinebau Ulm GmbH, 1966 E. C. R.

## （三）WTO 案例

1. World Trade Report, China–Measures Related to the Exportation of Various Raw Materials, WT/DS394/R, WT/DS395/R, WT/DS398/R, July 5, 2011.

2. WTO Panel Report, Japan–Measures Affecting Consumers Photographic Film and Paper, WT/DS44/R, Mar. 31 1998.

3. WTO Appellate Body Report, European Communities– Customs Classification of Certain Computer Equipment, WT/DS62/AB/R, WT/DS67/AB/R, WT/DS68/AB/R, June 5 1998.

4. WTO Appellate Body Report, India –Patent Protection for Pharmaceutical and Agricultural Chemical Products, WT/DS50/AB/R, Dec. 19 1997.

5. Panel Report, United States–Restrictions on Imports of Cotton and Man–made Underwear, WT/DS24/R, adopted on 25 Feb. 1997

6. Panel Report, United States–Measures Affecting Imports of Woven Wool Shirts and Blouses from India, 1997.

7. Appellate Body Report, United States– Standards for Reformulated and Conventional Gasoline, WT/ DS2/AB/R, adopted on 20 May 1996.

8. Appellate Body Report,, Japan–Taxes on Alcoholic Beverages, WT/DS11/AB/R, adopted on 1 Nov. 1996.

9. Panel Report, Brazil–Measures Affecting Desiccated Coconut, 1996.

10. Panel Report, EEC–Oilseeds, L/6627, Dec. 14 1989.

# 五、外文期刊

1. Morgan Franz, "The Competing Approach to the Foreign Trade Antitrust Improvements Act: A Fundamental Disagreement", Pepp. L. Rew. , Vol. 41, 2014.

2. Angela Ortega González, "Restrictions by Object and the Appreciability Test: the Expedia Case, a Surprising Judgment or a Simple Clarification?", *European Competition Law Review*, Vol. 34, 2013.

3. Tom C. Hodge, "Compatible or Conflicting: The Promotion of a High Level of Employment and the Consumer Welfare Standard Under Article 101", *William & Mary Business Law Review*, Vol. 3, 2012.

4. Marek Martyniszyn, "A Comparative Look at Foreign State Compulsion as a Defense in Antitrust Litigation", *The Competition Law Review*, 2012.

5. Marek Martyniszyn, "Export Cartels: Is It Legal to Target Your Neighbour? Analysis in Light of Recent Case Law", *Journal of International Economic law*, 2012.

6. Luu Huong Ly, "Regional Harmonization of Competition Law and Policy: An ASEAN Approach", *Asian Journal of International Law*, Vol. 291, 2012.

7. Craig Callery, "Should the European Union Embrace or Exercise Leegin's "Rule of Reason"?", Eur. Competition L. Rev. , Vol. 32, 2011.

8. Bruno Lebrun, Thibault Balthazar, "Definition of Restrictions of Competition by Object: Anything New Since 1966?", UGGC, 2011.

9. Jane Lee, "Vitamin 'C' is for Compulsion: Delimiting the Foreign Sovereign Compulsion Defense", Virginia Journal of International Law, 2010.

10. D. Daniel Sokol, "What Do We Really Know about Export Cartels and What is the Applicable Solution?", *Journal of Competition Law & Economics*, Vol. 4, 2008.

11. Brenden Sweeney, "Export Cartels: Is There a Need for Global Rules?", *Journal of International Economic Law*, Vol. 10, 2008.

12. Margaret C. Levenstein, "Valerie Y. Suslow, The Economic Impact of the U. S. Export Trading Company Act", Antitrust L. J. , Vol. 74, 2007.

13. Max Huffman, "A Retrospective on Twenty-five Years of the Foreign Trade Antitrust Improvement", HOUS. L. Rev. , Vol. 44, 2007.

14. Eric Blomme, "State Action as a Defense Against 81 and 82 EC", *World Competition*, Vol. 30, 2007.

15. Florian Becker, "The Case of Export Cartel Exemptions: Between Competition and Protectionism", *Journal of Competition Law & Economics*, 2007.

16. Deirdre Ann Kelly, "Should the WTO have a Role to Play in the Internationalisation of Competition Law?" Hibernian L. J. , Vol. 7, 2007.

17. Judit Szoboszlai, "Delegation of State Regulatory Powers to Private Parties—Towards and Active Supervisison Test", *World Competition*, 2006.

18. S. Lynn Diamond, "Empagran, the FTAIA and Extraterritorial Effects: Guid-

ance to Courts Facing Questions of Antitrust Jurisdiction Still Lacking",
Brook. J. INT'l. , Vol. 31, 2006.

19. Alison Jones, "Analysis of Agreements under U. S. and EC Antitrust Law-
Convergence or Divergence", *Antitrust Bulletin*, Vol. 51, 2006.

20. Fernando Castillo Dela Torre, "State Action Defense in EC Competition
Law", *World Competition*, Vol. 28, 2005.

21. Margaret C. Levenstein, Valerie Y. Suslow, "The Changing International Status
of Export Cartel Exemptions", Am. U. Int'l L. Rev. , Vol. 20, 2005.

22. Daniel Jowell, "Commission and France v. Ladbroke Racing Limited (PMU) --
Joined Cases C-359 and 379/95", E. C. L. R. , 2004.

23. Cesare Rizza, "The Duty of National Competition Authorities to Disapply Anti-
Competitive Domestic Legislation and the Resulting Limitations on the Availability
of the State Action Defense (Case C-198/01 CIF) ", E. C. L. R. , 2004.

24. Paolisa Nebbia, "Case C-198/01, Consorzio Industrie Fiammiferi (CIF)
v. Autorità Garante della Concorrenza del Mercato, judgement of the Full Court
of 9 September 2003", *Common Market Law Review*, 2004.

25. Alina Kaczorowska, "The Power of a National Competition Authority to Disap-
ply National Law Incompatible with EC law- and its Practical Consequences",
E. C. L. R. , 2004.

26. Aditya Bhattacharjea, "Export Cartels-A Developing Country Perspective",
*Journal of World Trade*, Vol. 38, 2004.

27. Andrew Guzman, "The Case for International Antitrust", Berkeley J. Int'l
L. , Vol. 22, 2004.

28. R. W. Beckler, M. H. Kirtland, "Extraterritorial Application of U. S. Antitrust
Law: What Is a 'Direct, Substantial, and Reasonably Foreseeable Effect' Un-
der the Foreign Trade Antitrust Improvement Act?", Texas Int'l L. J. , Vol. 38,
2003.

29. Joel Davidow, Hal Shapiro, "The Feasibility and Worth of a World Trade Or-
ganization Competition Agreement", *Journal of world Trade*, Vol. 37, 2003.

30. Edward T. Swaine, "Against Principled Antitrust", Va. J. Int'l L. , Vol. 43,

2003.

31. Harm Shepel, "Delegation of Regulatory Powers to Private Parties under EC Competition Law: Towards a Procedural Public Interest Test", C. M. L. R., 2002.

32. Simon J. Evenett, "International cartel enforcement: lessons from the 1990s", *The World Economy*, 2001.

33. Alan O. Sykes, "Externalities in Open Economy Antitrust and Their Implications for International Competition Policy", *Harvard Journal of Law and Public Policy*, Vol. 23, 1999.

34. Daniel K. Tarullo, "Competition Policy for Global Markets", *Journal of International Economic Law*, Vol. 2, 1999.

35. Robert Pitofsky, "Competition Policy in a Global Economy—Today and Tomorrow", *Journal of International Economic Law*, Vol. 2, 1999.

36. John Linarelli, "The Role of Dispute Settlement in World Trade Law: Some Lessons from the Kodar—Fuji Dispute", Law & Pol'y Int'l Bus., Vol. 31, 1999.

37. Sung—joon Cho, "GATT Non— Violation Issues in the WTO Framework: Are They the Achilles' Heel of the Dispute Settlement Process?", Harv. Int'l. L. J., Vol. 39, 1998.

38. R. Bhala, "The Myth about Stare Decisis and International Trade Law（Part One of a Trilogy）", *American University International Law Review*, Vol. 14, 1999.

39. N. Komuro, "Kodak— Fuji Film Dispute and The WTO Panel Ruling", *Journal of World Trade*, Vol. 32, 1998.

40. Peter J. Lloyd, "Multilateral Rules for International Competition Law?" *World Economy*, Vol. 21, 1998.

41. Gyselen, "State Action and the Effectiveness of the ECC Treaty's Competition Provisions", C. M. L. R., 1998.

42. Dirk Ehle, "State Regulation Under the U. S. Antitrust State Action Doctrine and Under E. C. Competition Law: A comparative Analysis", E. C. L. R., 1998.

43. Andrew Guzman, "Is International Antitrust Possible?", N. Y. U. L. Rev., Vol. 73, 1998.

44. Spencer Weber Waller, The Internationalization of Antitrust Enforcement. , B. U. L. Rev, 1997.

45. Chan -Mo Chung, "The Relationship Between State Regulation and EC Competition Law: Two Proposals for a Coherent Approach", E. C. L. R. , 1995.

46. Ulrich Immenga, "Export Cartels and Voluntary Export Restraints Between Trade and Competition Policy", Pac. Rim L. & Pol'y J. , Vol. 4, 1995.

47. Ernst-Ulrich Petermann, "The Dispute Settlement System of the World Trade Organization and the Evolution of the GATT Dispute Settlement System since 1948", C. M. L. R. , Vol. 31, 1994.

48. James D. Whitney, "The Causes and Consequences of Webb-Pomerene Associations: A Reappraisal", *Antitrust Bulletin*, Vol. 38, 1993.

49. P. P. Craig, "Legitimate Expectations: A Conceptual Analysis", L. Q. Rev. , Vol. 108, 1992.

50. Diane P. Wood, "The Impossible Dream: Real International Antitrust", *University of Chicago Legal Forum*, 1992.

51. G. B. Born, "A Reappraisal of the Extraterritorial Reach of U. S. Law", Law & Pol. Int'l Bus. , Vol. 24, 1992.

52. Roger P. Alford, "The Extraterritorial Application of Antitrust Laws: The United States and European Community Approaches", *Virginia Journal of International Law*, Vol. 33, 1992.

53. Spencer Weber Waller, "The Failure of the Export Trading Company Program, North Carolina Journal of International Law and Commercial Regulation", Vol. 17, 1992.

54. A. Paul Victor, "Export cartles: An Idea whose time has passed? " Antitrust Al. J. , Vol. 60, 1991.

55. John Leidig, "The Uncertain Status of the Defense of Foreign Sovereign Compulsion: Two Proposals for Change", Va. J. Int'l L. , Vol. 31, 1990.

56. Dieter G. F. Lange, John Byron Sandage, "The Wood Pulp Decision and Its Implications for the Scope of EC Competition Law", *Common Market Law Review*, Vol. 26, 1989.

57. Richard Whish, Brenda Sufrin, "Article 85 and the Rule of Reason", Y. B. Eur. L. , Vol. 7, 1987.

58. E. Fox, "Extraterritoriality and Antitrust- Is Reasonableness the Answer?", *Fordham Corporate Law Institute*, Vol. 49, 1987.

59. James Wilson Perkins, "In Re Japanese Electronic Products Antitrust Litigation: Sovereign Compulsion, Act of State, and the Extraterritorial Reach of the United States Antitrust Laws", Am. U. L. Rev. , Vol. 36, 1987.

60. Ali Ganjaei, Matsushita Electric Industrial Co. , Ltd v. Zenith Radio Corp, "The Death Knees for Predatory Price Fixing and the Avoidance of a Standard for the Foreign Sovereign Compulsion Defense", Denv. J. Int'l & Pol's, Vol. 15, 1986.

61. Karl M. Meessen, "Antitrust Jurisdiction Under Customary International Law", Am. J. Int'l L. , Vol. 78, 1984.

62. D. T. Murphy, "Moderating Antitrust Subject Matter Jurisdiction: the Foreign Trade Antitrust Improvements Act and the Restatement of Foreign Relations Law (Revised)", *University of Cincinnati Law Review*, Vol. 54, 1986.

63. D. J. Gerber, "The Extraterritorial Application of the German Antitrust Laws", A. J. I. L. , Vol. 77, 1983.

64. Donald Zarin, "The Export Trading Company Act: Reducing Antitrust Uncertainty in Export Trade", Geo. Wash. J. Int'l L. & Econ. , Vol. 17, 1982.

65. Timothy J. Langella, Bichler v. Eli Lilly, "An Improper Use of Conscious Parallelism as Evidence of Concerted Action", B. U. L. Rev. , Vol. 62, 1982.

66. Spencer Weber Waller, "Redefining the Foreign Compulsion Defense in U. S. Antitrust Law: the Japanese Auto Restraints and Beyond", Law & Pol'y Int'l Bus. , Vol. 14, 1982.

67. Barry E. Hawk, "Special Defense and Issue, Including Subject Matter Jurisdiction, Act of State Doctrine, Foreign Government Compulsion and Sovereign Immunity", Antitrust L. J. , Vol. 5o, 1981.

68. A. F. Lowenfeld, "Public Law in the International Arena: Conflict of Laws, International Law, and Some Suggestions for Their Interaction", R. C. A. D.

I. , Vol. 163, 1979.

69. P. S. Atiyah, Contracts, "Promises and the Law of Obligations", L. Q. Rev. , Vol. 94, 1978.

70. Ernst Steindorff, "Annotation on the Decision of the European Court in the Dyestuff Cases of July 14, 1972", *Case Law*, 1976.

71. Robert E. Hudec, "The GATT Legal System: A Diplomat's Jurisprudence", J. World Trade, Vol. 4, 1970.

72. Graziano, "Foreign Governmental Compulsion as a Defense in United States Antitrust Law", Va. J. Int'l. , Vol. 7, 1967.

73. Wilbur L. Fugate, "Antitrust Jurisdiction and Foreign Sovereignty", Va. L. Rev. , Vol. 49, 1963.

# 六、外文网站

1. Caleb Vesey, "Per se Rules in U. S. and EU Antitrust/ Competition Law", http://www. eucomplaw. com/comparing-eu-and-us-competition-law/per-se-rules/, 访问时间: 2013 年 12 月 28 日。

2. Oliver Solano, *Andreas Sennekamp*, *Competition Provisions in Regional Trade Agreements*, OECD Trade Policy Papers, No. 31, OECD Publishing, http://dx. doi. org/10. 1787/344843480185, 访问时间: 2014 年 11 月 9 日。

# 七、附录

1. Guidelines on the applicability of Article 101 of the Treaty on the Functioning of the European Union t horizontal co-operation agreements Text with EEA relevance, 2011/C 11/01.

2. H. R. Rep. No. 686, 97th Cong. , 2d Sess. 13 (1982).

3. Notice on the application of the competition rules to access agreements in the telecommunications sector - framework, relevant markets and practices, OJ 1998 C265/2.

4. S. Rep. No 9, 65th Cong. , 1st Sess. 2 (1917).

5. Promotion of Export Trade: Hearing on H. R. 17350. Before the Senate Comm.

On Interstate Commerce, 64<sup>th</sup> Cong. , 2d Sess. 82-83, 1917.

6. S. Rep. No 9, 65<sup>th</sup> Cong. , 1st Sess. 2, 1917.

7. U. S. Department of Justice Antitrust Division, Antitrust Guidelines for International Operations, 1995.

8. Restatement (Third) of Foreign Relations Law of the United States, 1987,

9. Decision Adopted by the General Council on 1 August 2004, WT/L/579, 2 August, 2004.

10. WTO documents WT/ WGTCP/M/12 (Minutes of the Working Group Meeting of 2-3 October, 2000).

11. WTO/WGTCP/ W/ 156 (Communication from Japan, 19 December 2000).

12. WTO document WT/ WGTCP/M/18 (minutes of the WTO Working Group meeting of 1-2 July 2002). Communication of 15 August 2002 (WT/ WGTCP/ W/203) and at the meeting of 20-21 February 2003 (WT/ WGTCP/M/21).

13. Report on the Meeting of 20-21 February 2003, WT/WGTCP/M/21 (26 May 2003); Communication from Thailand, WT/WGTCP/W/213/Rev. 1 (26 September2002).

14. WT/WGTCP/W/213/Rev. 1 (Communication from Thailand, 26 September 2002); WT/WGTCP/W/216 (Communication from India, 26 September 2002); China: WT/WGTCP/M/19 (Minutes of the meeting of 26-27 September 2002). Indonesia; Egypt: WT/WGTCP/M/22 (Minutes of the meeting of 27 May 2003).

15. WT/WTGCP/M/12 (Minutes of the meeting of 2-3 October 2000); WT/ WGTCP/M/22 (Minutes of the meeting 26-27 May 2003).

16. 1998 Recommendation of the Council concerning Effective Action Against Hard Core Cartels, 25 March 1998 - C (98) 35/FINAL.

17. Communication from the OECD, WTO DoWT/WGTCP/W/221 (2003) ] .

18. Glossary of Industrial Organisation Economics and Competition Law, by Organisation for Economic Co-operation and Development.

19. Recommendation of the Council Concerning Effective Action Against Hard Core Cartels, adopted by the Council at its 921<sup>st</sup> Session on 25 March 1998

［C/M（98）7 PROV］.

20. Andrew R. Dick, Are Export Cartels Efficiency-Enhancing or Monopoly-Promoting, University of California, Department of Economics Working Paper No. 601, 1990.

21. Niklas Jensen-Eriksen, Predators or Patriots? Export Cartels as a Source of Power for the Weak, paper to be presented at the 14th Annual Conference of the European Business History Association, University of Glasgow, 26 – 28 August, 2010.

22. P. Stephan, Competitive Competition Law?, University of Virginia School of Law, Law and Economics Research Paper, 2003.

本书以博士论文而成。之所以迟至今日方付梓成书，实因本打算增加经济学内容，以期更加完善，究因精力和学力所限，未能成愿，只好对博士论文后记稍加删增。

漫长而又短暂的三年华政学习马上就要结束了，回忆自己的学习历程，我充满着无限感激之情，此情虽无法以语言充分表达，然难压心中倾诉之意，在此谨以后记，卿表我心中之感恩。

首先要感谢的是我导师刘宁元教授，无疑是他将我带入了博士学术研究的天堂，我的整个博士论文倾注了他无限的关心和厚爱。从论文的选题到最终的定稿，无不凝聚着刘老师的心血。2012年入学之时，导师就帮我选择国际反垄断法的经典之作，扶我迈进反垄断法研究领域门槛；为我规划学习进程，督促我定时汇报学习进展情况，即使放假期间也依然如此；学习遇到困惑，导师总是不厌其烦地给予指导，虽然有些问题的提出现在看来极为简单甚至荒谬，导师均耐心解答；论文的架构与逻辑主线遇到瓶颈时，导师抽蚕剥丝般为我捋清问题所在，使自己茅塞顿开，似有醍醐灌顶之感；无数次40号楼办公室的学习汇报，导师的点拨与鼓励，一直萦绕在脑海，大有余音绕梁三日而不绝……此情此恩，终生难忘！为了使我的反垄断法学习更加系统化，博士论文更加完善，结合自身实际情况，我决定到我国台湾地区访学，导师毅然支持。导师的谆谆教诲时刻激励着我。

　　导师对我的学习要求十分严格，千叮万嘱博士学习不能只为了一张文凭，要掌握研究方法，要有好的研究成果。其言外之意，似有期盼我带来较高水准的学术研究成果，可惜我天生愚钝，未能在专业核心期刊上发表文章，辜负导师之期待。然我已学会了研究方法，对反垄断法的研究已产生了浓厚兴趣，希望自己将来能够从事反垄断法的教学与研究，以期取得相应的成果来弥补这份感情之债。不仅如此，刘老师在生活上也给予了我极大的关心。他性格直率，多次强调，学习固然重要，强壮身体为本。考虑我岁数较大，他屡次关心我的休息和饮食。严厉之中充满着慈祥关爱，暖流时常涌上心头。

　　除了导师之外，还有很多老师在我学习期间给予了莫大帮助，没有这些老师的帮助我也难以顺利完成学业。王虎华老师经常关心我的学习和论文写作情况，并对我博士论文的逻辑架构给予了极大帮助。每次看到王老师批改我自认为比较满意的写作大纲时，除了自己写作水平得到提高之外，也深深佩服王老师的论文写作提炼能力。当我向林燕萍老师请教我的博士论文写作时，林老师对于我选题提出的建议给予了我很大启示。论文写作过程中，时刻以林老师的建议来反省自己，检验自己的博士论文是否有新意。新意是博士论文的生命力，林老师指明了我的写作方向。朱榄叶老师向以严谨治学出名，朱老师是著名的 WTO 专家组成员。由于我的博士论文涉及 WTO 内容，写作遇到困惑之时，常不顾及朱老师的散步休息，向其请教相关问题，带着朱老师的解答，我纠正了博士论文的错误。刘晓红老师为人谦和，虽然我的博士论文内容与刘老师研究方向不一致，但刘老师在授课之时展示的研究思维使我难以忘怀，在我的预答辩时提出的建议，使我顿悟写作的部分内容存在偏离逻辑问题，得到及时纠正。贺小勇老师在博士论文开题时提出的写作重点及结构安排建议，对于我博士论文的写作无疑起到了重要作用。管建强老师无论是在博士论文开题时还是在预答辩时均提出了一些值得我思考的问题，使我的论文更加完善，提供了有益的思考方法。

另外，我还要感谢我在台湾地区访学期间所拜访的老师，他们对我的论文均给予了无私的、慷慨的指导，对我论文给予肯定的同时也提出了许多宝贵的观点，开阔了我的思维，增加了我的反垄断法知识，在此我一并感谢！他们分别是东吴大学的成永裕老师和林桓老师、台北大学的陈荣传老师和何之迈老师、台湾大学的廖义男老师和黄铭杰老师，中原大学的陈志民老师，铭传大学的颜廷栋老师，清华大学的范建得老师，台湾公平交易会主任吴秀明老师，景文科技大学的庄春发老师。

学习反垄断法需要大量阅读英语资料，博士论文的写作，英语资料的获得也是必不可少的环节，为此我要衷心感谢我的博士同学王骞宇和郑派，两位同学给予了我莫大帮助，解决了查资料的拦路虎。郑派同学博学多识，刻苦认真，严谨踏实，在哲学知识的扩展方面对我影响很大。尤其值得留念的是，在台访学期间，王骞宇同学不仅介绍了各种风味小吃，更重要的是，与我共同分析探讨了我博士论文中所遇到的困惑，此情此景难以忘怀。除此之外，李承竺、张国斌、李建星、李军和孔令秋等同学均给予了我很多生活上帮助，使我这位年龄较大的同学得以较舒适地享受华政生活。

　　我还要特别感谢刘杨东同学给予的帮助，他曾经对我的论文从头至尾仔细校正，提出了许多宝贵意见，使我受益匪浅。同时，我还要感谢那些对我生活给予帮助的同学。

　　最后令我感激而无法忘怀的是我妻子的无私奉献，没有她的支持我无法完成博士学业。从入学考试及读博期间，妻子均给予了我坚定的精神支持。读书期间为了让我能安心学习，她不仅承担整个家庭劳务，还时常回乡下看我年迈的父亲，以解我心中牵念之忧。整整三年的学习，也是我女儿高中学习的关键时期，我没有尽到父亲应尽之职责，深感内疚。

　　本书虽以我名义写成，但无疑是众人之杰作，若没有帮我助我之人爱心，我不仅可能无法按期完成学业，恐也难以成就此文此书。我会在未来更加努力精进，以更好回报社会，弥补心中之憾。